創見文化，智慧的銳眼
www.book4u.com.tw   www.silkbook.com

創見文化，智慧的銳眼
www.book4u.com.tw　www.silkbook.com

The Legend of Richest Man

從細流到長江──

李嘉誠

首富傳奇

亞洲八大名師 **王擎天**／著

推薦序 | # 我不是奇葩！他才是！

　　我與擎天兄相識於高中時期，我們是建中高一 24 班同班同學。他坐我旁邊，我當時因為廣泛做了各版本參考書的題目，所以考試時很多題目看到就已經知道答案了（這是否代表命題老師不負責任：考試命題都直接去抄參考書的題目？），數學一科幾乎都考滿分，因而被譽為奇葩！但後來大學聯考數學一科我只考了 92 分，同屆的數學高手沈赫哲也沒有考滿分，反而是王擎天數自與數社都考了滿分，他的歷史與地理也考了滿分，轟動當時啊，所以其實我不是奇葩！他才是！

　　原本我以為像他這樣的數理資優生，應該是讀醫科的料，但沒想到他在高二時，因對文字創作更感興趣，為了主編校刊與其他刊物（還說將來要開出版社），竟然選了社會組就讀！

　　在種種條件的限制下，擎天兄仍帶領團隊排除萬難，出版了象徵建中精神的《涓流》等刊物，證明了人定確可勝天，也足見其文學造詣不凡，不愧為當年紅樓十大才子之一。

　　大學畢業服完兵役後，我們都找到了機會出國深造，身處美國的東西兩岸，擎天兄學成後即返台，我則留在美國繼續發展。前幾年我們因緣際會下見了一次面，也了解了他的近況，沒想到當年那位傳奇的熱血青年，居然真的投入了出版事業，憑著一隻手與一支筆，將昔日的夢想實現了。我們都知道，追求熱愛的興趣需要勇氣，要放棄天賦異稟的才能卻需要更多勇氣；然而，尤為可貴者，擎天兄自理想與現實中取得了平衡點，將興趣、專長相輔相成。

　　擎天兄不遺餘力地投入知識服務文創產業，他將文化創意結合所長的數學邏輯，字裡行間處處可見他那高人一等的理性思維，文中的觀點獨樹一格，卻又不流於標新立異。一本著作能擁有這般的深度、廣度與效度，

不可不謂是內容傳播事業中又一場的華麗。時至今日，擎天兄擁有台大經濟學士、美國加大 MBA 與統計學博士的高學歷，更榮登當代亞洲八大名師與世界華人八大名師尊座。但即使在諸多響亮頭銜的包圍下，他仍不曾懈於對知識文化的耕耘，如此多元的學識背景，加之對世間人事物的關懷，令他筆下的辭藻猶如浴火的鳳凰般直衝天際，在他宏偉抱負的感召之下，我們果然看到：文字的力量已為這個社會帶來了全新的氣象。

　　如今的他，不僅已是財經培訓與教育界的權威，在非文學領域的創作上更佔有一席之地。他對大千世界傾注了全部的熱情，並且善於微觀這個大而複雜的天地，也樂於分享自己從生活中覓得的寶藏。熱愛學習的他，更熱衷於向各界大師學習取經，總不遠千里赴中國、美國，上了不少中外名師的課程與講座，有幾次他在美國的行程還是我接待他的。也聽聞擎天兄在台灣開辦了如何揭露成為鉅富的秘密課程——擎天商學院系列。佳評如潮，轟動培訓界，為嘉惠其他未能有幸上到課的讀者朋友們，還特別與出版社合作將這些經典課程文字化，推出了一系列秘密套書，融合其多年的實戰驗證確實有效的精華，價值數百萬以上。跟著擎天兄這樣的大師學習全球最新的知識，跟上時代趨勢的腳步，無論您是才剛起步或已上軌道，都絕對會有莫大的成長，助您攀向巔峰！祝福各位了。

永遠的建雛

前言 | 超人傳奇——李嘉誠

　　李嘉誠，1928 年出生於廣東潮州潮安，現任長江和記實業有限公司及長江實業地產有限公司董事長，為香港華人首富。1940 年年幼時，為躲避日本的侵略，一家人逃難到香港投靠親戚；1943 年父親又操勞過度，因病過世，他只好中止學業，一肩扛起家中經濟的重擔，在當時如此動盪的年代，四處找工作，只為賺錢養活家人。

　　直至 1950 年，經過社會歷練的李嘉誠，決定白手起家自行創業，成立長江塑膠廠。他曾感觸良多地說：「當年長江塑膠廠只生產普通的塑膠玩具和家庭用品，所幸尋得塑膠花這塊市場，經由出口外銷至歐美地區。最初十年，我每天都在工作，一天至少工作 16 個小時，晚上還要自修；又因為工廠人手不足，我不僅是老闆，還要身兼採購、會計等工作，經常睡眠不足，早上都必須設兩個鬧鐘才爬得起來，可說是最難熬的時期。」長江塑膠廠靠塑膠花稱霸香港塑膠業，至 1958 年營業額突破 1,000 萬元港幣，李嘉誠也因而成為「塑膠花大王」。

　　1958 年李嘉誠開始轉型投資地產；1979 年購入老牌英資商行「和記黃埔」，成為首位收購英資商行的華人；1981 年被評選為「香港風雲人物」；1989 年榮獲英國女王頒布的司令勳章（Commander，簡稱 CBE）；1992 年被聘為「港事顧問」（中國政府為廣泛徵求香港各界人士對香港的意見和需求而設立，以實現社會平穩及經濟繁榮）；1995 年至 1997 年任特區籌備委員會委員；1999 年成為華人首富，之後始終在富比士全球富豪榜上佔有一席之位。

　　李嘉誠擁有數不清的頭銜和財富，他是一個會做人、會做事、會做生意的人，他的成功也得益於此。人們只要提到李嘉誠，都會自然而然地想到他的傳奇故事：從一無所有的貧苦少年一躍成為香港首富；從一名茶館

的跑堂倌到世界知名企業家；從一名四處求職的流浪兒到造福眾生的慈善家，迄今為止，他的人生故事被眾人視為「傳奇」崇拜著。

那他到底為什麼能成功呢？秘訣就在於他的做人之道。孔子曰：「子欲為事，先為人聖。」從小到大，做人的大道理我們聽了不下數十次，但卻因品性優劣而人各有異，結果自然也大不相同。成功者並非偶然，李嘉誠在談到自己的成功經驗時曾說：「只要一輩子都做位有德之人，絕對能贏得別人永久的信任！」謙虛、仁義，一直是李嘉誠成為成功者的關鍵要素。

一個人的做事的態度基本上由性格決定，雖然與具備的知識也有著一定的關係，但無論做什麼事，李嘉誠的態度都十分認真、仔細和執著，總是先為別人著想；在他看來，天下只有先憂事，才能後樂事。憂事，就要在做事前先謀事，把要做的事想深、想透，為什麼要做這件事、怎樣來做這件事、做好這件事的標準是什麼；若你的思想昏聵，做事馬虎，那絕對不可能成功。

他總說，在競爭場上一律平等，有錢大家賺，做生意最重要的就是講究誠信，互相合作、共同發展，這樣才能把格局做大，獲得更多利潤，而且他也確實因為誠信，替自己帶來很多意外的財富。因此，他的態度絕對是成功最主要的關鍵。

人生在世，不管做事還是做生意，都需要諸多的經驗與智慧。成功企業家李嘉誠給予我們最大的啟示：做任何事情，最重要的是先做人，一旦做人到位，態度對了，那做事和做生意可謂是手到擒來。

李嘉誠是一位時代巨人，心裡始終沒有忘記父親的教誨及期盼，不斷力爭上游，不因為安逸而自滿，始終看著更遠大的目標和未來。他可能沒有接受過太多的正式教育，但仍憑著積極努力的態度爬上來，他肯付出、肯吃苦，透過自學加強內在，又靠著前輩的協助及教導，一步一步慢慢往

上爬，憑著一己之力創辦了「長江塑膠廠」，譜寫出自己不一樣的未來。由此可證，一個人的出身高低，都不是影響一生的原因，一個人的態度跟行為，才是決定未來的關鍵。

　　本書主要分為四個部分，除李嘉誠的人生故事外，另從李嘉誠做人、處事的智慧，再加上他的管理、經商和投資之道來切入，透過具體事例為讀者剖析李嘉誠成功的原因，揭開一代商界奇才的傳奇奧秘，為有志向其學習和追趕的朋友們提供一個瞭解他的管道。

600

The Legend of Richest Man

第1章

顛沛流離的
人生故事

- 心中偉岸的巨人
- 從此背負著甜蜜的負荷
- 長江集團的源頭
- 長江後浪推前浪

　　華人首富李嘉誠，他所創辦的公司無人不知、無人不曉，但你知道那浩浩湯湯的「長江」是如何建立的嗎？從小經歷戰亂逃難至香港，他那顛沛流離的生活，非一般常人所能領會；因此，在瞭解他如何成功之前，你就要先知道他是如何在刻苦的大環境下存活下來。

心中偉岸的**巨人**，船隻停靠的**港口**

↘暴風雨前的寧靜

　　明末清初年間，李氏家族為了躲避戰亂，在第一代大家長李明山的帶領下，從福建舉家遷至廣東，定居於潮州城北門街上。

　　自李明山起，李氏便一直待在這塊土地上，傳承了十代（李嘉誠為第十代），屬書香世家，歷代都是讀書人，且李嘉誠的祖父李曉帆還是清末秀才，伯父李雲章、父親李雲經、叔父李雪松等也都獻身於教育；伯父李雲章遠渡重洋，學成歸國後在中學任職教務主任，叔父李雪松則受聘於隆都後溝學校，擔任校長。

　　至於李嘉誠的父親李雲經，畢業於潮洲中學，但因為家境貧寒，無法繼續往上深造，可先後也當過小學老師和校長。

　　之後礙於家境窘迫，李雲經只好向現實妥協，無奈之下棄教從商，離鄉背井至一家潮州人開設的公司當店員，但因為時局動盪，沒多久便回鄉，改至潮安一家恆安錢莊從事司庫和出納。不料戰火再起，在大環境的影響下錢莊被迫收店，李雲經才得以重執教鞭，回歸校園教書，並任教多年，廣受學生愛戴。

　　1928年7月29日，李嘉誠出生，他是李雲經這代的第一個男孩，因而備受寵愛，平時大人們就算事務再繁忙，仍會抽出時間關愛李嘉誠，由此可見他在李家人心中那十足的分量。

　　李嘉誠在襁褓時期，就有著高高的額頭和一雙黑亮的眼睛，讓他顯得格外引人注目，不管是親人還是鄰里鄉親，大夥兒都常常忍不住想抱著他，愛憐地說：「阿誠啊，大頭誠！」而這個大頭是指「聰明」的意思，

希望他將來長大能有出息，從小就被寄託著眾人的期望。

　　大概就是因為小時候擁有太多家人的呵護與關懷，李嘉誠十分懷念這段時光，令他無限依戀。他清楚記得，兒時他那親密無間、沉穩而富有教養的父親，是如何緊緊地抱著他，如何在他耳邊訴說著，他是父親的驕傲和希望，對他這個兒子有多麼自豪。

　　李嘉誠五歲時就進入觀海寺小學就讀，那是一所無比簡陋的學校，校內唯一的有價財產就是斑駁的黑板和笨重的課桌椅。那時雖然已1933年，但新文化運動（反傳統、反儒家、反文言的思想文化革新、文學革命運動）的浪潮，似乎就是拍打不到潮州的岸堤，所以這個窮鄉僻壤，可文風卻十分鼎盛的地方，孩子們所學得仍是「之乎者也」等守舊觀念，好似一處被社會遺忘的地區。

　　潮州還有一個傳統，舉凡書香門第的子女，唸書成績一定要品學兼優。因此不管是來自家庭的薰陶，或周圍環境，乃至於學校壓力，在這地區的學子們，學習課業時都相當勤奮，彼此間還會互相較勁比成績，特別是李氏家族的子女。

　　在李氏古宅，有一間面積雖小但藏書十分豐富的小書房，李嘉誠的童年時光大多在這塊小天地裡度過。每天放學回家，他就迫不及待跑到書房，如癡如醉地看書，天馬行空地思考問題；用他那聰穎的頭腦試圖自行推敲、領悟，並運用豐富且奇特的想像力，欲罷不能地咀嚼著知識。

　　李嘉誠太愛看書了，書是那樣的好，透過書本，他能瞭解許多從來不知道的東西，更教會他做人處事的道理；且他涉獵甚廣，不僅喜歡《詩經》、《論語》、《離騷》等古文書籍，還經常閱覽一些課外書，對他來說小書房散發著無限魅力，將他整個心靈空間全都佔據。

　　而書讀得越多，李嘉誠就越覺得自己的知識匱乏，更加沉醉於書海之中，廢寢忘食、如飢似渴地學習著。他的堂哥李嘉智後來回憶道：「嘉誠

那時就像書蟲一樣,日日啃食著書本,對書非常入迷,天生就是讀書的料。之後伯父一家人到香港生活,家鄉的人萬萬沒想到嘉誠竟會選擇從商創業,甚至成為首富,大夥兒都感到十分意外。」

另一位堂兄弟後來也感嘆地說:「嘉誠小我十多歲,卻異常懂事,而且非常刻苦自覺,我有好多次都看他窩在書房裡,點著煤油燈讀書,看得相當入迷,常常忘了要上床睡覺。他是我們這一群後輩中最會唸書的,平時大人們教的行為規範和做人道理,一講他就懂,任何事他都做得相當好。」

父親李雲經看兒子這麼熱愛學習,也感到相當欣慰,當時因為時局動盪、生活清貧,自己未能建功立業,所以只能將滿滿的期望寄託在兒子身上。因此,李嘉誠優異的學業,是對鬱鬱不得志的父親最大的慰藉,如果不是後來的風雲巨變,李嘉誠或許能順著求學、治學之路一直走下去,他也極有可能繼承父業,延續李家傳統,同樣獻身於教育之中,做一名教師,桃李滿天下。

然而,讓李雲經一家劇變的危機卻悄悄降臨,打亂了他們原先安穩的生活,步上流離失所的困境。

李嘉誠語錄

「我這棵小樹是從砂石風雨中長出來的,你們可以去山上試試,由砂石長出來的小樹,要拔除是多麼的費力啊!從石縫裡長出來的小樹,更富有生命力。」

世界驟變,人生隨之動盪

1937年春天,李雲經正想好好在任職的澄海中學定下來,心中才剛規

劃好完美的藍圖,卻突然被一聲槍響打亂了。同年七月,北京發生了震驚中外的「七七事變」,大批日軍入侵華北,氣焰囂張,消息很快便傳至各地、傳至潮州,李雲經得知後,連夜在澄海中學舉行集會,群起抗議日本的武力侵略。

李雲經會這麼激進,是因為平日裡他就告訴自己,要把心中對大環境積鬱已久的憤懣和仇恨,轉變為自己對教學的癡情,所以七七事變爆發時才會如此憤慨。

但日軍不斷來犯,更於1939年夏天舉兵入侵潮州,讓李雲經原先教育救國的理想澈底破滅,也因此打斷了李嘉誠求學之路。當時他正就讀小學,可學校受到戰亂波及,無法繼續授課,他只能待在書房中閱覽詩書,深刻體悟到文天祥、辛棄疾……等人對於戰亂的憂憤,治學的志向從而被埋葬。

1940年元旦,往年四季如春的潮汕地區,更經歷了有史以來最蕭殺、最寒冷的元旦,日軍的侵襲,讓李雲經一家被迫踏上離鄉背井的逃難生活。李雲經攜家帶眷逃到澄海縣隆都武坑鄉,寄住在親戚家,沒住多久又輾轉遷移到後溝,投靠在當地任教的弟弟李奕。

但李雲經始終找不到當地的教職或其他工作,逃難至今已整整失業了一年,其弟又薪水微薄,家庭負擔也大,不忍再花他的錢,眼看之前教書攢下來的錢就快用完了,於是李雲經與妻子商議,決定前往香港投靠她的哥哥莊靜庵。

莊靜庵是名香港商人,他們想,只要全家到了香港,不愁沒有安身之地,而且那時香港還很太平,是當時中國人的避難之所,弟弟李奕也相當贊成這個決定。李雲經打算趁著夜色悄悄上路,避免不必要的麻煩,所以兩家人就在寒冷的冬夜裡含淚告別,真正離開家鄉這片土地。

因為動亂,李嘉誠經歷了人生刻苦的轉折,每每提到「父親」這神聖

的稱謂，李嘉誠都會泛著淚光，哽咽地說著往事，訴說著他心中那偉大的巨人，也許人生的幸與不幸，只能用歷史來做總結。

李嘉誠語錄

「你想過普通的生活，就會遇到普通的挫折；你想過最好的生活，就一定會遇上最強的傷害。這世界很公平，若想要最好，它就一定會給你最痛。」

為了生存，赴港投靠莊靜庵

1940年冬天，中國的重鎮和要道都被日軍佔領，沿海水域也被日本軍艦封鎖；在這樣的情勢下，若沒有足夠的旅費，就踏上漫長的赴港之路，簡直無異於玩命！但年幼的李嘉誠和弟妹們哪會想這麼多呢？路途中，他們只想著香港有多美好，未來的生活肯定像萬花筒一樣絢爛美麗，完全不知道父母一路上在擔憂什麼。

前往香港的船隻難尋，就算找到了，他們也沒有足夠的錢支付昂貴的船費，一家人只能靠著雙腿，一步步朝香港前進，他們不敢住在旅館，只能露宿荒山野地，或借住山村人家的草屋；更不敢貿然在白天行動，只能選擇人煙稀少的崎嶇山路，跌跌撞撞地摸索著向前行進。而為了安全起見，他們通常都選在夜間趕路，有時特別幸運，能遇上破舊的小舢舨載他們一小段路程。

剛出澄海時，身上還有弟弟李奕給得一些錢和乾糧，但才到惠州，錢就已經用完了，李雲經只好沿路打零工賺取旅費。好在那時李雲經的體力不算差，還可以替人拉車、裝乾柴、搬家或修房子到處兼差，儘管打零工賺得錢很少，但勉強還能養活妻兒，供一家子吃穿。

　　就這樣，一家人走走停停，才好不容易到達香港，歷盡千辛萬苦。抵達香港當天下午，李嘉誠的母親莊碧琴就帶著丈夫及兒子，循著哥哥家書上的地址，到處找人問路，輾轉來到中環，找到一條名叫蘭桂坊的巷子。

　　狹窄的巷道旁開著滿滿的店家，在這地狹人稠的香港，每間店的面積都小得讓人喘不過氣來；忽然，李雲經眼睛一亮，指著前方一塊招牌，上面寫著「中南錶行」，莊碧琴看到高興得眼淚都快掉下來，那就是他們在找的店。一進店門，就看到一張熟悉的臉孔，那人就是她的哥哥——莊靜庵。

　　李雲經知道莊靜庵從小便學得一手修理鐘錶的好手藝，但因為家鄉薪水微薄，難以養家餬口，才會隻身來到香港發展。但他萬萬沒想到莊靜庵竟能在中環這個黃金地段擁有一間店面，且莊靜庵不因為他們一身狼狽而輕視他們，反倒親切地走上前關心。

　　莊碧琴看到哥哥後放聲大哭，向他哭訴著路途上的種種艱辛，講到家鄉遭到日軍侵犯，民不聊生、居無定所時更為激動。莊靜庵耐心安撫妹妹的情緒，詢問完家鄉其他人的近況後，隨即安排家中夥計準備飯菜，讓他們飽餐一頓，李雲經一家人已經很久沒吃飽過了，看到滿桌的飯菜也顧不及禮數，就在莊靜庵面前狼吞虎嚥地吃了起來。

　　吃飽飯後，妻兒都已上床準備休息，李雲經卻毫無倦意，和莊靜庵在客廳品茗閒聊，表示自己想馬上找份工作來做。不料莊靜庵卻制止他，要他別這麼著急，因為要想在香港找到工作實在不容易，李雲經無奈地說：「我現在不想別的，就只求能盡快找份工作來做，好養活一家六口。」

　　「不急，溫飽這件事暫且還有我幫忙，但工作這事急不得。」莊靜庵知道他不好意思寄人籬下，於是又開導他說：「放心吧！我明天問問朋友，看有沒有工作能讓你做的。」就這樣，李雲經一家暫時寄住在莊靜庵家中。李嘉誠也從此刻瞭解到，原來這個世界並非他想得這麼完美，香港

也不如想像中這麼美好，香港人更不像潮州人那樣敦厚、質樸，原先的生活真的變了調。

每當李嘉誠回憶起過往這段逃難的日子，他就很有感觸地說道：「小時候，我的家境雖不算富裕，可生活也挺安定的，我的父親、伯父、叔叔他們還受過教育，是受人尊敬的讀書人。但抗日戰爭爆發後，生活就全變了調，我隨父親來到香港，看到世態的炎涼、人情冷暖，沒想到世界竟是這樣的現實、殘酷。抵達香港，我開始產生很多想法，原本該屬於童年的快樂生活，那五彩繽紛、無憂無慮的天真幻想，就這樣一點一點地消失。」

二〇世紀四〇年代初，日本偷襲珍珠港後，又向英、美等國在西太平洋的屬地大規模進攻，太平洋戰爭因而爆發。當時的局勢，各地都苦不堪言，但李嘉誠仍熱切地希望能完成自己的學業，所以他在舅舅的極力幫助下，繼續初中的課業，開始學習香港較正規、較有系統性地西方資本主義，以及殖民主義教育。

從一開始潮州的傳統文化到香港的殖民教育，無論在教育制度、內容或教學方式上都有著天壤之別，要改變原先的學習方式絕非易事，但李嘉誠生性倔強，從小又被灌輸做事不能半途而廢的觀念，因此就算心中有些許不安，他仍樂於接受這個挑戰。

香港又是個金錢至上的商業社會，所以李雲經一到香港，便要求李嘉誠說廣東話，若不懂廣東話，那在香港絕對寸步難行；要想在香港好好生存下去，語言能力就得先過關，才有機會出人頭地，躋身香港上流社會。

李嘉誠從小就謹記父親教誨，將學習廣東話視為頭等大事看待，更視表弟妹為老師，努力學習，很快便說得一口流利的廣東話；而香港學校是以英文教育為主，所以除了廣東話之外，他還有一道難關要過。香港人從小學便開始學習英文，使用得幾乎是英文教材，李嘉誠深知自己的不足，

儘管學會了廣東話，心底仍泛出一股自卑感，讓原本就已複雜不安的內心，更添一筆惶恐不安。

「想要成就大事，非得學會英語不可。」父親時常這麼告誡著李嘉誠，這句話也一直縈繞在他耳畔；且當年父親為了供養他讀書，就連生病也不肯去看醫生，一心只想省下醫藥費，李嘉誠每每憶起，都不禁黯然神傷，想著父母親的辛勞。

而李嘉誠學英文到了走火入魔的程度，在上下學途中，邊走邊背單字；晚上怕吵到家人睡覺，還會到屋外的路燈下讀英文；一早又精神抖擻地起床，拿著英文課本大聲朗讀，經過這些努力，李嘉誠才終於跨過英文的初道關卡，聽懂老師的英文授課，並運用英文答題，跟上同學的進度。

但李嘉誠十四歲時，父親因病過世，生活變得更為窘迫，他只好休學至茶樓打工，天天工作十五個小時以上，可他回到家後，仍會挑燈自習，繼續讀到深夜，有時還因為看得太認真而忘記時間，準備上床休息時，才發現又到了要出門上班的時間。

即便離開校園，在茶樓打工、中南公司當學徒，李嘉誠也不曾間斷學習，利用業餘時間讀英文。所幸皇天不負苦心人，他順利掌握英文，能以流利的英文與人應答；且縱使現已年邁，也仍未停止學習英文，每天晚上他都固定觀看英文節目，以維持自己的英文能力。

平時在茶樓裡，李嘉誠的同事們就聚在一起打牌，唯獨李嘉誠捧著一本《辭海》在讀，還把辭海都翻破了，由此可見他有多熱愛念書。之後，李嘉誠到中南公司當學徒，他還決定利用工作外的時間，自學讀完中學的課程，但又因為沒有足夠的錢買學習教材而發愁。

李嘉誠回首過往這件事時，這樣說道：「父親去世時，我不到十五歲，面對嚴酷的現實，我不得不去工作，放棄中學課業。我當時非常想讀書，心中對念書有著極度的渴望，但家裡的經濟狀況並不允許，所以我只

好買二手書自學。我想自己的小聰明，就是被環境給逼出來的，我當時只花一點點錢去買五成新的書，學完之後又再賣給二手書店，然後再買別的教材；就這樣，我不僅學到知識，還省了一筆錢，一舉兩得。」

李嘉誠多次語重心長地告誡現代人：「知識改變命運。」他堅信：「今時今日的商場，一定要以知識取勝，只有勤奮學習，才能通往人生的新天地。」這都是李嘉誠累積幾十年在商場上的經驗之談、肺腑之言。

從茶樓堂倌到塑膠花大王；從地產大亨到股市大腕；從商界超人到知識經濟的巨擘；從產業至尊到現代高科技的急先鋒……這一路走來，李嘉誠幾乎都能占得先機，發出時代的先聲，掙得巨大的財富；而這些成就，都離不開父親的教育和他自身的努力。

李嘉誠語錄

「做事投入是十分重要的。只要你對自己的事業有興趣，你的工作就一定能做好。」

↘ 巨人倒下，當港灣不再能寄託

李雲經一家子初來香港，只得投靠大舅子莊靜庵，實屬萬不得已。到香港第二天，他就出去找工作，無奈四處碰壁，後來在莊靜庵的協助之下，才好不容易找到記帳的工作。李雲經雖然不懂英文，但他勤奮肯做事，又加上有莊靜庵的推薦，所以商行老闆都對李雲經很好；可最令他感恩的是，莊靜庵還為他們在九龍找了一間民房，讓他們一家人得以真正安頓下來，這份恩情他謹記於心。

但萬萬沒想到的是，來香港不過一年的時間，戰火竟又波及過來，香

港也淪陷了。家園再度受到日本侵占，食米嚴重不足、物價飛漲且燃料不足，生活好不容易趨於穩定，竟又陷入困頓，幸好又有莊靜庵的援助，他們才不至於餓死；但禍不單行，在家中正需要支柱之時，李雲經突然病倒了。

一個家庭若沒有了支柱，後果可想而知，最為嚴重的一次，李雲經還吐出半盆血來，可他仍堅持去上班，就這樣拖著病體工作，一直做到商行受戰爭影響倒閉為止。

1943年秋天，李雲經終於在妻子及大舅子的勸說下，勉為其難地前往醫院診治。經醫生診斷，發現他得了嚴重的肺病，以至於不停地咳嗽，甚至是咳出血來；在當時，肺病被視為難以醫治的絕症，即便是外國人的西洋醫院，也難以成功診治，所以李雲經在得知病徵後，心情異常的低落。但他為了讓兒子繼續念書，堅持不住院、不醫治，就算醫生開了處方簽，他也不願意前往藥房配藥，想省下藥錢，讓兒子多讀一點書，一直到身體不堪負荷倒下，才願意住進醫院診療。

就這樣，家中的主要收入來源沒了，李嘉誠的年少生活過得相當清貧，一天僅兩頓稀飯，若母親在市場收集到一些攤販不要的菜葉子，便是全家一天的「大餐」。家裡唯一的希望都放在李雲經身上，終日期盼著父親能早日康復。

每天放學，李嘉誠都會到醫院探望父親，向父親匯報自己的學習狀況。他知道父親之所以會生病，就是因為工作太過勞累所致，所以他希望能透過用功學習考得的好成績，讓父親心中獲得一份精神慰藉，努力戰勝病魔。

那時，李嘉誠也找來好幾本治療肺病的書籍，詳讀完那些書之後，才發現父親好久之前便已出現病徵，但他都沒有告訴任何人，一般人若沒特意尋查資料，也根本不會知道，因而讓李雲經的病情一拖再拖，越發嚴

重。

　　就在李雲經病逝的前一天晚上，他忽然從病床上坐了起來，以沙啞的嗓音叫喚著身邊的妻兒。李嘉誠站在病床邊，看著父親在昏暗的燈光下氣若游絲地喘息，就不禁眼眶泛淚，但他竭力忍住不讓眼淚掉下來；李嘉誠知道，父親已無力再與病魔對抗，所以死命忍住眼淚，不想讓父親看到他那痛苦的神情。李雲經握住兒子的手，輕聲呼喚他的名字，用乾瘦的手撫摸李嘉誠的前額，好一陣子才吐出一句話：「阿誠啊，爸爸對不起你，未來這個家要交給你了。」

　　李雲經心裡明白，若要扛起這個家，李嘉誠勢必得停止他的學業，開始工作掙錢；但李嘉誠當時不過十五歲，世界的局勢又如此震盪，兒子將如何面對這險惡的環境？一想到這，李雲經就不禁潸然淚下。

　　他也知道，未來兒子一定得靠各界親友的幫助，但他又不希望兒子過於依賴別人，便在臨終前留下「貧窮誌不移」；「做人必須有骨氣」；「求人不如求己」；「吃得苦中苦，方為人上人」；「不義富且貴，於我如浮雲」；「失意不灰心，得意莫忘形」等遺訓，勉勵兒子。

　　李嘉誠對此永生難忘，他現今仍記得父親臨走前的那些情景，每每提及都傷感不已：「父親過世前一天，他什麼話都沒多說，僅不斷告誡我做人處事的道理，並問我有什麼話想對他說，現在想想仍覺得很難過。我當時很有自信地回他：『我們一定會過得更好！』」當天深夜，李雲經走完坎坷的一生，離開當時動盪紛亂的時代，前往西方極樂淨土。

李嘉誠語錄

「雞蛋，從外打破是食物，從內打破是生命，人生亦是；人生從外打破是毀滅，從內打破是成長。」

從此背負著**甜蜜的負荷**

✎ 成為家中唯一的支柱

　　1943年冬天，是李嘉誠一生最難以忘懷的時節，因為從那時開始，他就得靠著自己瘦弱的肩膀，扛起全家生活的重擔。儘管舅舅表示願意接濟他們，並資助他完成學業，但李嘉誠果斷拒絕了，他毅然決然地休學，開始工作賺錢養活家人。

　　莊靜庵不再勉強，只對李嘉誠說自己也是讀完私塾，十多歲便離開父母、離開家鄉，獨自在外闖天下。舅舅的這番話，李嘉誠聽了心知肚明，未來的日子要靠自己了，但也因而讓李嘉誠走上首富之路；舅舅當時雖然看似無情，其實更勝有情。

　　李雲經遺下除了長子李嘉誠，尚有兩名兒子及一女兒，為幫助母親養家，李嘉誠放棄學業，十五歲就出社會找工作。但各大店家絕對不會輕易僱用一個沒有技能、沒有經驗，更沒有強健體魄的少年，尤其是那些大間商家更是把他拒之門外，所以李嘉誠求職遲遲未果，令他相當苦惱。

　　而就在他走投無路之際時，忽然發現西營盤有棟引人注目的茶樓，他走進這富麗堂皇的地方，心裡本是不報任何希望的，但還是決定試試看，他跟老闆說明完自己迫切的要尋求一份工作，發現老闆竟然也是潮州人，心中便燃起一絲希望；而老闆一聽到李嘉誠說話的鄉音，便也對他產生好感，當即決定雇用他。果然蒼天不負有心人，李嘉誠在多次碰壁後，順利謀得人生第一份工作，在春茗茶館跑堂倒茶。

　　春茗樓的顧客多為事業有成的商人，花起錢來揮金如土，有時光拿到的小費，就足夠讓全家用上好幾天，而且老闆給的薪水相當優渥，逢年過

節又會給夥計們發紅包獎勵；已苦了好一陣子的李家人苦盡甘來，終於不用再愁生計了。

當時李嘉誠在那跑堂，每天都要工作十五個小時以上，因為廣東人習慣喝早、晚茶，所以店內夥計必須在清晨五點左右，就要到茶館上工，為客人準備好茶水跟茶點，一直到晚上的茶客離開後，茶館打烊已是夜深人靜。

下午的茶客通常較少，但總有幾位茶客會固定到店裡喝茶，李嘉誠因為資歷最淺，所以前輩們忙裡偷閒時，他得要繼續待在外場伺候客人。由於這份工作得來不易，所以儘管被前輩使喚，李嘉誠仍相當珍惜，他恪守本分，認真敬業、勤勉有加，深獲老闆欣賞，也因而成為茶樓內加薪最快的員工。

茶樓是個小型社會，三教九流什麼樣的人都有，與父親之前所教他的古人聖賢完全不一樣，興許就是因為李嘉誠泡在書堆當中太久，所以對茶樓的人、事、物更加好奇，特別新鮮。他開始猜測每位茶客的籍貫、職業和性格……等等，養成觀察人的習慣，對他日後的業務生涯有潛移默化地幫助。

李嘉誠很喜歡聽這些茶客說東道西，說著各地的奇人軼事、談古論今，從中瞭解到社會和世界各地所發生的事情，聞所未聞；致使他的思維變得不再如一張白紙單純，所幸父親的遺訓刻骨銘心，才不至於讓他在風雲變幻的世界中迷失自我，仍保有一份初心。

有次他聽得過於入迷，忘了替客人倒熱水，聽到前輩叫喚後，才慌慌張張地拎著茶壺為客人添水，不料竟灑到客人的衣褲上。李嘉誠當場嚇壞了，像根木頭似的站著，滿臉發白，不知該如何是好。

李嘉誠就這樣晾在一旁，惶恐地等著客人咆哮怒罵，再來便是被老闆辭退；因為他之前曾有耳聞，有位夥計犯了一樣的錯誤，好巧不巧那位茶

客是名黑社會老大，老闆不敢得罪那位大爺，當下就叫闖禍的夥計下跪道歉，然後厲聲斥責，要他馬上滾蛋。

老闆跑過來正準備責罵李嘉誠，沒想到茶客開口說道：「是我不小心碰到他，錯不在他，不打緊。」看見這名茶客為李嘉誠開脫，老闆也就沒有再加以追究，但仍要他向客人道歉、賠不是。

事發後，李嘉誠仍心神未定，像失了魂一樣站在角落，老闆走過來對他說：「我知道是你不小心將水灑到客人的衣服上，記住，以後做事千萬要小心，萬一有什麼閃失，一定要馬上向對方道歉、賠禮，說不準對方便不再與你計較，大事化小、小事化無。幸虧那位客人心善，若得罪的是一名惡煞，還不知道會鬧成怎樣？」

回到家後，李嘉誠將今天上班發生的意外跟母親說，母親回道：「真是佛祖保佑，好險客人和老闆都是善心人。」她又告誡兒子：「種瓜得瓜，種豆得豆，積善必有善報，作惡必有惡報。」這次的事件，讓李嘉誠更加謹言慎行。

茶樓的生意越來越好，他能拿到的小費也越來越多，不用再為生計煩惱，但李嘉誠似乎並沒有覺得如釋重負，他心中不斷地想，之前家族先祖皆有著光耀門楣的事蹟，不然就是位讀書人；如今他卻什麼作為都沒有，難道李氏就這樣斷送在他手中嗎？未來就只能仰人鼻息，繼續當夥計，從事替人端飯碗的工作嗎？現在的生活雖然過得平穩，家中生計沒有問題，但日子過得越平淡，那等於是背離了父親的期望，光這點就令他相當不安，他不知道自己的未來究竟在哪裡？

「將相本無本，男兒當自強。」李嘉誠始終用這兩句話勉勵自己，於是他決定找份更有前途的工作，否則將來定尋不到更好的出路。因此，李嘉誠辭去茶樓工作，改到舅舅的鐘錶行當學徒。

李嘉誠語錄

「年輕的時候，我非常驕傲，雖然我外表謙卑，內心卻十分高傲，為什麼呢？因為我很清楚，在我身邊的人，大家都一樣沒有讀過什麼書。但他們在玩樂的時候，我卻努力的學習，所以我一直進步，他們卻只能維持原狀。」

開始為人生另謀出路

李嘉誠依依不捨地辭別人生第一份工作，展開全新的生活。在決定到莊靜庵的公司之前，他還為此猶豫好久，因為之前找工作時，他曾婉拒過舅舅的一番好意；所以他想了好久，才終於下定決心，覺得自己已是在社會上闖蕩、磨練過的人，進舅舅的公司，不是為了接受恩賜，尋求援助，而是要讓自己多學一點東西，未來能有更好的出路。

剛進到公司上班的時候，李嘉誠被要求從雜事開始做起，掃地、泡茶、跑腿樣樣包辦；因為之前在茶樓做過類似的事情，所以得心應手，做得又快又好。舅舅對他的表現讚譽有嘉，不久便將他調到高升街上的一間分店當店員。成為店員後，李嘉誠才鬆了一口氣，因為這代表他終於有資格當學徒，能正式學藝了。

但之後的工作更為辛苦，舅舅對他特別嚴厲，遠超過其他學徒，心中難免會有些許失望和不滿，不過他很快便釋懷了，調適好心情後，更專注於工作之中。

李嘉誠勤奮努力，雖然年輕力壯，但在舅舅那裡工作，仍被操得筋疲力盡、全身痠痛，累得連走路的力氣都沒有；但一想到家中有重擔要扛，還有自己的未來要打算，再怎麼辛苦他也咬緊牙根撐過。下班回到家後，

他還每天自學到深夜，為了避免早上上班遲到，還特地準備了三個鬧鐘叫自己起床。

他每天第一個到錶店開門，做完雜事後，便躲在技工看不到的地方偷學，觀察他們如何修理精密的手錶和掛鐘，將他們修理的技術和細節全都記在心裡，下班回家後再寫在小冊子上。

久而久之便對各類鐘錶瞭如指掌，也掌握了一些銷售的技巧，將工作做得有聲有色，天天抱著「學藝不如偷藝」的態度積極學習。有好幾位師傅都對李嘉誠刮目相看，各個對他以禮相待，但礙於莊靜庵有個規定：「未滿三年的學徒，不得從事修錶工作。」所以，李嘉誠始終做著推銷的工作，令他相當苦悶，且業務員還要四處奔波，讓他覺得自己又回到剛踏入社會的情景，每天東奔西跑的到處找工作一樣。

莊靜庵和李嘉誠深談過一次，設身處地的站在他的角度思考，心想自己當年也是一步一步拼上來，剛開始同樣是捧別人飯碗，才慢慢爬到高位，自己創業當老闆。李嘉誠現在雖然還無法創業，但莊靜庵當時就認為他遲早會踏出去；尤其是李嘉誠曾說出：「修錶不如製錶。」令舅舅大為震驚，打定他未來定能成就一番大事業，前途不可限量。

莊靜庵萬萬沒想到李嘉誠竟一眼就看出錶行這幾十年來的盲點，更何況他當時到店裡才不到一年的時間；後來，莊靜庵果斷地採納了李嘉誠的建議，開始朝生產鐘錶發展。二〇世紀八〇年代，莊氏的中南錶行已可以生產出與國際品牌相比擬的手錶，這無疑是李嘉誠的功勞，一句話便為錶行指出了新出路。

而李嘉誠在中南錶行待了一年後，再次踏上不同的人生之旅，1946年初，他去了間名不見經傳的五金廠做業務員。錶行的同事始終搞不懂，李嘉誠不僅是位不容小覷的有為青年，又是莊靜庵的外甥，若繼續待在店裡發展，肯定前途無量，為什麼要跳槽離開呢？原來有次李嘉誠在半島酒店

推銷瑞士錶時，意外結識一位熱心的同鄉——李嘉茂。

李嘉茂是惠州人，比李嘉誠年長許多，但因為同樣是戰亂而逃來香港的難民，所以兩人相見如故，十分投緣。他到半島酒店也是為了推銷自己的產品——鍍鋅鐵桶（垃圾桶），當時酒店的客房都會放置，以利清潔人員蒐集房客不要的垃圾。

雖說是同鄉，但李嘉誠之所以會特別欣賞他，是因為李嘉茂隻身一人來到香港奮鬥，自己創立了一間小小的五金廠；和他相比，李嘉誠根本不知道自己的未來在哪裡，理想究竟何時能夠實現。無論這間五金廠的規模是大是小，未來是否具有發展潛力，對李嘉誠來說這都是一面鏡子，讓他引以為鑑。因為他從李嘉茂的五金廠中，看到了自己的無能與卑微，因而讓他下定決心離開中南鐘錶，想到外面闖出一番事業。

李嘉茂這間五金廠雖然極不起眼，加上李嘉誠總共也不過八名員工，但工廠的利潤卻十分可觀。可是與李嘉茂相處久了，會發現他是名急躁的人，而且老愛按自己的主見行事，對員工訂有一個工作標準，若沒有達到便會進行懲處，輕則扣薪水，重則約談解雇。

李嘉誠對他這套管理方法相當不滿，但又不由得心生佩服。李嘉茂雖然沒有什麼文化素養，頭腦卻十分清楚，他管理員工採取的手段可能過於強制，令人難以接受，可手下的員工確實被他管理得服服貼貼，工廠業績日日都能達標，保值保量，每月都有穩定的營業額。

且儘管李嘉誠跟老闆是同鄉人，也得不到任何特殊待遇，比照所有員工的工作配額。李嘉茂對他說：「你可以不用每天進來工廠，我會根據你的銷售業績，來決定你的薪水。若你有本事，我薪水自然給得大方，如果你能賣出五百個以上，除了薪水外，我還會另外發獎金給你。」

李嘉茂如此作法在當時很少見，因而能有效激發底下員工的工作積極

度，賣力替公司賺錢，因為公司賺錢了，自己也能拿到豐厚的薪水和獎金；老闆將五金廠所得利潤，大部分都按功勞分給底下的員工。

李嘉誠聽到這句話幹勁十足，因為之前在中南錶行時，不管推銷多少客戶，領得都是固定的死薪水，久而久之便不再有銷售的動力，在不知不覺中開始偷懶，整個人怠惰起來。所以他決定給老闆露一手，好好展現一下自己的能力，改變之前店家代銷的方式，轉而直接向用戶推銷。

旅館算是大戶，所以李嘉誠第一次推銷，便朝這個方向下手，只要成功銷售，一間旅館少說也會訂購一百多個小鐵桶；而家庭用戶則是散戶，一戶人家通常只願意購買一、兩個；至於高級住宅區，早就在使用鋁桶。所以，李嘉誠除了旅館之外，決定來到中下層居民的住宅區，專找歐巴桑或家庭主婦推銷他的產品，只要成功推銷一個鐵桶，就等於賣出了整批，為什麼呢？因為平時她們在家閒來無事，老喜歡到左鄰右舍串門子、聊天，只要話題一提到鐵桶，勢必就會有人心動想買，之後又再向別人或親友推銷，每位婆婆媽媽都有可能成為李嘉誠免錢的活廣告。

但如果一直在中下層居民的住宅區推銷，他們會因為手頭不是那麼寬裕而企圖壓低價格，如此一來，就算訂單數量多，賣出的利潤卻可能與成本持平，這樣也無法獲得豐厚的獎金。

「若我想在五金廠中站穩腳步，就必須做出幾筆大訂單，否則我肯定熬不出頭。」李嘉誠這樣心想，肩上的壓力與日俱增。他深怕做不出成績，那李茂生會對他失去信心，嚴重一點還可能被炒魷魚；倘若被解雇，他根本不知道該如何面對母親，因為當初是自己執意離開舅舅的公司。

李嘉誠語錄

「即使本來就有百分百的力量足以成事，但我仍要儲足二百的力量後才去進攻，而不是隨便去賭一賭。」

✎ 事業心全面啟動

李嘉誠將眼光放遠，開始轉向君悅、太古、文華、半島等這類的高級飯店。據他瞭解，這些飯店客房中的小鐵桶都是由大型五金廠提供，他們定期將小鐵桶運到酒店換新，且商品物美價廉；即便是李嘉茂積極洽談，也多次碰壁，連酒店老闆的面都見不著。

李嘉誠知道要想在高級飯店尋求大量訂單的希望渺茫，但他就是不甘心，別人或許無法成功推銷，但不代表自己也會失敗。成功的與否要自己親身去做了才會知道，唯有盡心盡力，才無愧於自己。

因此，李嘉誠仍來到君悅飯店進行推銷，無奈老闆祕書根本不願意幫忙通報，他只好退出祕書辦公室。但他認為自己好不容易下定決心來到酒店洽談，即便生意無望，仍應該和老闆會上一面，所以他並沒有馬上離去，繼續站在辦公室外的走廊等待。

一小時後，祕書走出辦公室發現李嘉誠還站在門外，才於心不忍地破例為他通報，但結果也如祕書所說，老闆嚴厲回絕：「不見業務員！」

聽到這番話，李嘉誠只好悵然地離開，但才走到飯店大廳，他心中又覺得不甘願，想將這件事辦好，讓自己沒有遺憾。所以，他就這麼坐在大廳沙發上等著，相信老闆總會下樓，這樣他就有機會能跟老闆說上話。

但沒想到，老闆一直沒有走出辦公室，反倒是祕書因事下樓，意外發現李嘉誠還在，被他的精神所感動，又去向老闆通報一次，想再幫他一把，而這次，老闆總算願意會一會李嘉誠。

李嘉誠進入辦公室之後，老闆便覺得他跟以往所見到的業務員相當不同，渾身散發著高雅自重之氣，雖然還是拒絕了他的產品，但沒想到李嘉誠離開辦公室之後，老闆竟反覆思索著剛剛李嘉誠進來的情景。儘管這名業務員的身分較為低微，態度卻十分禮貌且從容；儘管他跟其他業務員一

樣，為自己的產品說盡了好話，可又與那些人有著本質上的不同。

正當飯店老闆還在思索之餘，抬頭看到李嘉誠站在辦公室門口，他敲了敲門謙和地說：「是這樣的，因為我剛剛就這樣直接離開是不禮貌的，而且我還想請教一下您的意見，不曉得您認為我剛剛推銷的方式如何？我還年輕，剛入這一行，難免有些疏忽之處。您不購買我的產品沒有關係，我只求您能用前輩的角度給我一些意見，對我稍加提點。」

李嘉誠講完後，老闆不得不對眼前這位年輕人另眼相看，依他多年的經驗，凡是碰壁的業務員，無一不是摔門離去的，不然就是死纏爛打。但李嘉誠不僅溫文儒雅、知書達禮，又謙遜受教，渾身散發著一股書卷氣息。他自己也是一位有學識的生意人，所以對李嘉誠再次上門的行為頗有好感，於是請李嘉誠坐下，叫祕書為他沏了杯茶。

老闆說：「年輕人，你剛才推銷時並沒有什麼不禮貌的地方，你很會做人，小細節你也都有注意到，推銷的工作也做得很稱職。但你們五金廠的規模太小了，產品難登大雅之堂，更何況是我們這樣的大飯店？我們通常只會跟有規模的工廠進貨，以確保品質，請你別在意，不用特別放在心上。」

「沒關係，如果我是您，我也會這麼做。」李嘉誠通情達理地回道。他看老闆已對等的與他談話，也就很索性地把心中的問題說了出來：「如果我沒有記錯，貴酒店是從很有名的XX五金進貨的，對嗎？」

「是阿，你怎麼知道？」老闆詫異地問道。李嘉誠笑了笑，說：「都是做五金生意的，自然有所耳聞，只是想再確認一番。」

「原來是這樣。坦白說，他們生產的小鐵桶我們相當滿意，所以也不打算再向其他工廠進貨了。」

李嘉誠點點頭，微笑地回道：「先生，您可能對小鐵桶的生產方式不太瞭解，據我所知，XX五金雖然在香港相當有名氣，公司相當大間，但他

們用得其實不是進口的鍍鋅材料。他們在推銷產品時打著日本原料的招牌，可實際上卻是用一般五金廠不用的邊角廢料進行加工罷了，只要再稍加包裝一下，改用進口材料的名義就能嶄新上市了，有很多人都被他們蒙騙了。」

「什麼？竟然有這種事情！但年輕人，你為了推銷自家產品，就隨便敗壞同行的名聲，這行為不值得讚許呀！」

李嘉誠溫和地回道：「是的先生，我這麼做實在不符合道義，但經過剛剛的談話，我便知道您品格高尚，一定也是位讀書人，所以才忍不住講出來，若有失言我向您道歉。但還是請您相信我說的話，不要上當了才好！」

李嘉誠離開後，老闆心裡也開始有些疑慮，特意請來專家查驗酒店內的小鐵桶，經調查後發現，客房內的小鐵桶確實是用邊角廢料及廢舊鍍鋅板製成。而李嘉誠他們工廠所製作的小鐵桶才真的是用上好鍍鋅板製造而成，價格還比大廠更為低廉。

於是，老闆馬上派人與李嘉誠洽談，一次就跟他下訂了五百個小鐵桶。而李嘉誠之後又陸續與其他飯店簽下好幾筆訂單，讓五金廠的業績日益上漲，名聲越來越好，但沒想到一年後，他又準備跳槽了。

李嘉誠語錄

「苦難的生活，是我人生最好的鍛鍊，尤其是當業務員，它讓我學會不少東西，明白不少事理，這些是我用十億、一百億也買不到的。」

長江集團的**源頭**

✎ 一切的機緣從這裡開始

1947年，李嘉誠在一家英國人經營的高級飯店談妥一筆訂單，正開心得準備回工廠回報時，突然有人叫住他：「先生，您可是李嘉誠嗎？」李嘉誠聞言回頭一看，原來是一位同行叫住了他，但對方賣得商品跟自己完全不同，一條條紫紅色的皮帶掛在他側邊包上。

李嘉誠之前就有看過這種非皮革製的皮帶，是新式的塑料製品，最近才引進香港。當時香港地區大多是五金製品，像皮帶這種塑料製品十分少見，李嘉誠看到這樣新奇少見的東西，覺得十分好奇，隨即反問：「先生，請問您是……？」

那名年輕人友善地回道：「之前曾與您有過一面之緣，但那時不知道您就是大名鼎鼎的李嘉誠。之後我又去打聽，才知道原來就是您，您可是我們業務圈裡的大紅人。」

李嘉誠聽完，才意會到原來自己在這幾年的業務生涯，竟也闖出了一條路，且還有些許名氣。他謙虛地回：「不敢當，不敢當。那請問您是在哪間公司服務呢？」

「啊！不好意思，都忘了自我介紹。我叫林樂怡，是萬和塑膠公司的業務。」邊說邊遞出一張名片。李嘉誠看到對方的名片後，心中微微一顫，這間公司他早有耳聞，算是間大公司；之後林樂怡把李嘉誠帶到一間咖啡店，想藉此機會和他聊聊。

坐下後，林樂怡替李嘉誠點了一杯咖啡，向他說道：「您一定覺得奇怪，為什麼我會突然叫住您，還硬把您拉到咖啡店。其實這一切都是我老

闆的指示，他特別囑咐公司所有的業務員，只要在路上看到李嘉誠，就一定要把您叫住，務必請您喝杯咖啡。」

李嘉誠聽到這仍覺得莫名其妙，回說：「你老闆？他怎麼會知道我這小小的業務員呢？」

「您太謙虛了。我們老闆之前就曾聽過您的事蹟，這兩年您將五金廠的業務拓展得有聲有色，把好幾家大飯店的訂單都包了下來，誰能不佩服您呢？特別是半島酒店這類的頂級飯店，一般的業務員連進去都不敢呢！您不僅敢於推銷，連酒店老闆娘都對您相當佩服，業界都在談論您呢！這不就代表您相當有實力嗎？所以他一再叮嚀我們，若在路上有遇見您，一定要好好招呼您，更重要得是把您拉攏過來！」

李嘉誠聽完後，完全不敢想像自己能夠得到大老闆的賞識，甚至還想將他挖角到自家公司。林樂怡看李嘉誠的神情略顯驚喜，便興奮地繼續說道：「我們公司目前所生產的產品，可說是香港現在最新、最熱門的東西。公司業績一直穩定成長，但我們老闆卻不這麼認為，直說：『若能把李嘉誠挖角過來，公司業績肯定會翻倍成長。』我們公司從不缺資金，但卻缺少您這種能跟客戶打好關係的業務員。」李嘉誠認真地聽著。

「李先生您也知道，現在五金製品是越來越難做，塑膠製品卻是越賣越好，那它為什麼能打倒五金產品呢？那是因為塑膠製的東西物美價廉呀！五金業每況愈下，我勸您還是盡早想清楚，不然等五金廠倒閉後，您才另尋工作可就太遲了呀！」

林樂怡說得都是事實，李嘉誠也認為五金業確實漸趨式微，未來勢必不會有更好得發展，但他認為還是要好好思考才能下決定，所以，他向林樂怡表示要再回去和家人討論一下。

下班回家後，李嘉誠跟母親講述了今天發生的事情，也將心中有意前往塑膠公司發展這件事告訴了母親。但想法一向保守的母親說：「阿誠，

既然現在五金廠的收入不錯，就索性這樣做下去吧！現在五金廠還在營運，最好不要輕易跳槽才好呀，不然有人會說你喜歡這山卻望著那山高。」李嘉誠當晚躺在床上反覆思考，輾轉難眠。

他對塑膠公司的挖角心動不已，但原因並不在於今天那名業務員是如何美言自己，又或是那老闆如何求才若渴；關鍵在於李嘉誠早已發覺到五金業的前景堪憂，他不斷思索著自己的未來，而今天又碰巧遇上這件事，彷彿是老天在暗示他什麼一樣。

如今家中大小全倚賴他的薪水溫飽，弟妹們也都還在念書，且一家五口除了衣食飽暖之外，其他的開銷也是越來越多。假如李嘉誠等五金廠倒閉了，才去找塑膠業相關或其他工作，恐怕為時已晚，不可能有像現在這麼好的機會。

想到這，李嘉誠從床頭櫃裡翻出幾本他最近新買的英文雜誌，封面上的標題盡是一些與化工、塑膠產業有關的資訊，李嘉誠就靠在窗邊，利用月色讀起來，才讀了一半，腦袋瞬間清楚，心中的決定明朗起來。

雜誌內每篇文章都在介紹著塑膠工業，大膽推測塑膠製品未來定會取代絕大部分的鐵製品，且這些資訊、新知識，大多數的香港人都還不知道，這是香港尚未充分接觸的新領域。

他在塑膠產業中看到一個美好的新未來，待塑膠業引進香港，肯定會蓬勃發展，家家戶戶一定都會改為使用塑膠製品；到那個時候，誰又會再花錢去買那些笨重的鐵製品呢？

李嘉誠反思，如果當年他滿足於茶樓工作的話，那他現在就還是一位遞茶水的小堂倌；如果他當初守在舅舅的錶店，那他現在也只會是一名小小的修錶工，如今他靠著當業務員推銷產品，不但在業內小有名氣，又能讓一家人溫飽，且還有剩餘的薪水足以讓他存一些小錢，想到這，李嘉誠便確定未來的方向，心中不再猶豫了。

　　隔天，李嘉誠隨即向老闆李嘉茂遞出辭呈，告知他想要轉換跑道，去塑膠公司闖闖看，李嘉茂一聽到，頓時急得跳腳，連忙留人。

　　眼見老闆態度不太對，但他仍然以笑臉迎對，既不慌也不惱，維持他那一貫溫文儒雅的態度。李嘉茂早已察覺各家工廠千方百計地想把李嘉誠挖走，可令他訝異得是，才過了一年的時間，李嘉誠就動了另謀新路的念頭，他當然不肯放他走。

　　但李嘉茂看李嘉誠心意已決，也不好意思繼續挽留，這一年來他確實盡心盡力，為五金廠奮鬥，若他想走，於情於理都不該強留住他。可是他害怕李嘉誠離開後，會把工廠現有的客戶全都帶走，畢竟這些客戶都是他拉進來的。

　　李嘉誠看老闆面有難色、欲言又止的樣子，隨即就明白了，他笑著回道：「老闆，我知道您擔心什麼。但放心吧，即便我去了塑膠公司，也肯定不會將五金廠的客戶拉走的，塑膠跟五金本就是兩個風馬牛不相干的產業呀！我到了那邊，鐵定得另外找尋客戶，而且我李嘉誠也不是這麼見利忘義的人，像這種不仁不義的事情，我絕對不會做的。」

李嘉誠語錄

　　「做人最要緊的，是讓人由衷地喜歡你，敬佩你本人；而不是你的財力，也不是表面上讓人都聽你的。」

人生首次挫敗，山不轉路轉

　　而李嘉誠這次的跳槽很幸運，才剛進到萬和公司，就被委以重任，手下管理九名業務員。但他心裡很清楚，雖然有九名下屬，但他們在公司都做很久了，服務得大多是老客戶，若想提升整個團隊的業績，一定得付出

許多努力。更何況他才剛到這間公司，手上沒有任何客戶名單，他絕對要比他們付出更多，加倍努力才行。

當時，塑膠製品才剛在國際間起步，若想打開香港市場，就一定要批量銷售才行，如同之前推銷小鐵桶一樣，必須取得大筆訂單，搶得先機；於是李嘉誠將目標放在九龍地區最大的批發商——九龍太平洋商行。

這間商行老闆財大氣粗，在李嘉誠進到公司前，就有一些業務員打這間店的主意，但店老闆根本看不上香港製的塑膠產品，店內產品大多是從歐洲、新加坡等地進口，商品價格雖然高昂，但品質確實優良。

但李嘉誠才剛踏入塑膠產業，他該如何敲開太平洋商行的大門呢？且商行可不等同於飯店，飯店沒辦法拒絕客人進出，可商行完全不是這樣，能進去的只有買貨的大老闆們；更何況他還是名業務員，可能才剛走到門前，就被趕出來了吧？

李嘉誠在商行前躊躇多時，頭兩次都想一鼓作氣地直接向前走近，可又怯生生地打住腳步，直至第三次，才終於鼓足勇氣，硬著頭皮進入商行。他為了成功進入商行，還特地穿西裝、打領帶，提了只嶄新的皮包，再加上他那瀟灑的舉止和從容不迫的態度，確實讓守門人難以辨別他真正的身分。

而這次好不容易見到的商行老闆又跟飯店老闆大不相同，商行老闆是位三十出頭的年輕人，一進到店內，便看到老闆只顧著在櫃檯前手忙腳亂地接聽電話。見到這個場景，李嘉誠心都涼了一半，因為這老闆根本不把他放在眼裡，才正要開口說話，便遭到厲聲驅逐，許多事先想好的介紹詞，就這樣堵在口中說不出來，他只好惆悵地離去。

這次的挫敗，讓李嘉誠苦惱、消沉了幾日。他到萬和公司任職一眨眼就過了一星期，但他連一筆訂單都沒有拿到，手下帶領的幾名業務員也好似在嘲笑他一樣，總對他投以不屑和嘲諷的眼神；老闆看他的眼神也有所

改變，原先熱絡的態度也開始轉為狐疑，眾人漸漸開始質疑他是否真的有本事，開始議論他那風光事蹟的真實性。

李嘉誠雖內心著急，卻仍不肯放棄太平洋商行。他默默地反思前幾次的教訓，可要順利接觸這個崇洋媚外、得意忘形的年輕老闆比登天還難，但如果不想辦法接近這名老闆，打聲招呼的話，根本別想要談生意了。

這幾天下來，他的心情糟透了，一想到再過幾日，他可能就要因為出師無果而辭掉工作；想到一家人已穩定下來的生活；再想到自己的未來，他便感到一片茫然，不知該如何是好。他心灰意冷地走進一家小酒館，請吧檯倒一杯滿滿的威士忌給他，才剛到手便一口喝掉，內心實在憋得煩悶，於是他就這樣對著空酒杯落下了男兒淚。

這時，一位老人朝他走來，坐在旁邊的空位與他隨意攀談起來，而李嘉誠由於心情過於沮喪，又看這位老人十分面善、親切，就索性把這幾天的遭遇宣洩出來，向他傾吐一番。這位長者聽完很是同情，便告訴他其實自己剛好是商行的管家，商行大小雜事幾乎由他發落，日後看是否有辦法幫助他；李嘉誠聽到這番話大為欣喜，握住老人的手，邊道謝邊將內心的鬱悶大哭了出來。

獲得紓解的李嘉誠，整理好心情後決定再出發。他突然想起那天在商行，有位一直糾纏著老闆，一直嚷嚷要看賽馬的小男孩，那男孩想必是他的兒子，李嘉誠靈機一動，內心謀劃著一個大膽的計畫。

隔天下午，幸虧有老人的搭橋，李嘉誠順利與老闆兒子結識，並邀請他去「快活谷」馬場看比賽；之後又相約了幾次一同看馬，老闆兒子與李嘉誠很快熱絡起來，結為朋友。而老人見兩人的交情日益加深，便有意無意地拿著李嘉誠和小少爺在賽馬場合影的照片給店老闆看，並說多虧有李嘉誠，小少爺才越來越乖。

老闆看到那張照片後，心裡雖有些感動，但只回了句「喔」，就把老

人打發走了。後來，老闆利用空檔拿著照片詢問兒子，小男孩回道：「他是我朋友呀。爸爸，這位李先生對我非常好，他常常帶我去看賽馬，還自掏腰包幫我買票、買點心。」

老闆對李嘉誠的行為心中有數，只是他萬萬沒想到，不過一名小小的業務員，竟會為了推銷產品把心思花到他的家人去；雖然對李嘉誠稍有改觀，但心中仍有些障礙無法跨越，因為他就是看不起本地製造的產品，才不惜花大錢向國外進口。所以，儘管李嘉誠再怎麼與小少爺打好關係，仍未拿到這筆訂單，但他並沒有因此放棄，持續想著法子讓店老闆改變心意。

直到有一天，老人拿著李嘉誠送的粉紅色塑膠壺到樓上澆花，碰巧被老闆看到，他看那只澆水器的色澤鮮豔、造型精美，著實令他驚豔；他把那粉紅色的精緻澆水壺拿到面前仔細端倪，反覆審視打量多時，最後嘆息一聲，自言自語道：「看來我真是狗眼看人低呀。」

當天上午，店老闆便派人到李嘉誠的公司，和他洽談一筆金額相當可觀的訂單。萬和公司的老闆手中接過李嘉誠這筆沉甸甸的訂單，眼角有些許濕潤，他作夢也想不到李嘉誠在坐了一個多月的冷板凳後，竟然一舉攻克了太平洋商行，順利取得如此大筆的訂單。

且太平洋商行還取消了原先與國外廠商的訂單，日後所有塑膠製品都跟李嘉誠訂購。這場戰役雖然打得較久，卻贏得十分漂亮，成功改變了李嘉誠原先在公司的地位，每個人都對他刮目相看，他那用慢活兒軟化敵手的銷售策略，更被傳為業界美談。

李嘉誠語錄

「人生自有其沉浮，每個人都應該學會忍受生命中屬於自己的一份悲傷，只有這樣，你才能體會到什麼叫做成功。」

↘創業前的學習機會

從事業務是一項辛苦的工作，得四處勞苦奔波拜訪、開發客戶，但李嘉誠不怕苦，且他為了節省交通費，拜訪客戶時幾乎不坐車，無論多遠都盡量走路前往。李嘉誠也從不高談闊論，總在客戶心中留下彬彬有禮，為人謙和的好印象；他話不多，但句句貼近客戶心中所想；他說話不快不慢，從不流露出自己急切想成交，反而讓對方覺得產品真的是自己所欠缺的。

李嘉誠從不盲目推銷，在拜訪客戶之前，他會先做好功課，分析好市場和消費者對此類產品的使用情況，然後根據分析結果去確認目標客戶；他一定會做好萬全的準備才去尋找客戶，堅信知己知彼，百戰百勝的道理。

他當時還自行將香港劃分成不同的區域，將每個地區的生活水平、商店分布……等通通考察記錄下來，然後再根據這份資料，統整出各地的需求，並開發出新的需求。所以不到一年的時間，李嘉誠的業績就遠遠超過其他同事，成為公司第一名的業務員，成績還比第二名高出七倍之多，令眾人跌破眼鏡，發自內心地佩服他。

李嘉誠轉戰塑膠業後，名聲越來越響亮，開始有公司出高價想把他拉攏過去，紛紛邀請他吃飯，和他商議跳槽事宜。讓萬和公司的老闆十分擔憂，為了留住這位人才，他特意將李嘉誠升為業務經理，並給他優渥的薪資；但他仍不放心，最後還將公司20%的股票轉到李嘉誠名下，只為了留住他。

其實李嘉誠答應跟其他大老闆吃飯，只是為了趁機瞭解同行的狀況，關於跳槽這件事，他想都沒有想過，無論對方開的價碼有多高，他都不會動心，因為他始終覺得自己虧欠萬和老闆一份恩情，當初要不是老闆將他

從五金廠找過來，他現在也不會有這樣的發展，如此亮眼的成績。

　　而升官的李嘉誠，他並沒有因此心狂氣傲，心中仍謹記父親臨終前的教誨，他不得意忘形，依然辛勤、努力工作著，盡心盡力的投入工作之中，帶動著公司全體員工的積極性。且李嘉誠就算工作再忙，他也不忘抽出時間閱讀，希望透過各類報章雜誌，從中發現、分析國內外塑膠市場的需求變化。

　　他會特意花時間至茶樓、咖啡店等場所，聽著客人閒聊的話題，掌握香港對塑膠的看法，然後將這些資訊妥善消化，加以制定新的銷售策略，更教導其他業務員如何做好推銷；業務部門在李嘉誠的帶領下，公司銷售額日益大幅成長。

　　兩年後，李嘉誠再次升遷，不到二十歲的年紀便坐上公司總經理之位，負責整間公司的事務。他十分熟悉銷售工作，但對生產線的管理卻是一竅不通，這方面他毫無經驗；所以，他時常穿著工作服到工廠和工人一起學習，極少時間會待在辦公室內，以瞭解整個生產線的流程。每道生產環節他都親自操辦一番，有次他在工作檯上使用刀片時，不小心割傷了自己的手指頭，鮮血直流，但他一聲都不吭，迅速纏上OK繃繼續作業。

　　隨著生產管理範圍的擴展，李嘉誠再次展現他那勤勉好學的精神，他在極短的時間內，就完全熟悉塑膠製品的生產流程；又隨著社交圈的擴大，結識了更多老闆和高層管理者，不斷拓展人脈，提升自己的人際關係，更在交流的過程中，從中學習到更多的管理與經營方式。

　　才二十出頭的李嘉誠，便爬到了許多人夢寐以求的高位，照理說他應該覺得心滿意足，可他的人生字典裡偏偏沒有「滿足」二字。已功成名就、地位顯赫的他，決心再投入社會一次，但這次他要憑著自己的力量，用這些年所學到的知識及人生歷練，開始一段新的人生，且是由自己打拼的人生。

　　於是，李嘉誠決定要離開這間公司，他想用自己存下來的積蓄從零開始，打造一個真正屬於他的王國。他心裡明白，只要出去做了，他將成為自己的老闆，不論成功還是失敗，他都要當那唯一的承擔者；這也意味著日後的生活會變得戰戰兢兢，他得隨時擔憂著自己的王國是否會覆滅，這龐大的壓力將沉重地壓在身上。

　　而萬和公司的老闆自然捨不得讓李嘉誠離去，一再地挽留，雖最後仍挽留不成，但老闆也沒有對他惡言相向，未對外抨擊他忘恩負義，反倒設宴為他辭行，令李嘉誠十分感動。

　　席間，李嘉誠對大夥兒說了一句老實話：「我離開這間塑膠公司，是打算自己也開間塑膠廠，所以我難免會使用在這所學到的技術，且應該也會開發一樣的產品。不過我絕不會把公司的客戶帶走，也不會用這裡累積到的人脈，來推廣我的產品，我會另尋他路，尋找新的客群。」

李嘉誠語錄

　　「當年我用一分鐘的時間算了一下上班的結果，於是我離開了；但很多人卻用一生的時間去試，才發現我算得是對的。上班很簡單，就是生活很困難；創業很困難，就是生活比較簡單，很多人雖有體面的工作，但從沒過上體面的生活，而創業不體面，卻能過著很體面的生活。」

➘ 不畏艱辛，踏上創業之路

　　李嘉誠懷著愧疚之情離開了塑膠公司，但他不得不這麼做，因為他要開創自己的未來，他想讓自己更好、飛得更高。他將工作多年存下的積蓄全拿出來，再跟朋友稍微借了點錢，用僅有的五萬元港幣作為創業基金。

　　他從離職那天起，就一直思考著公司名稱，先後想了不下十個，才終

於選定「長江」。之所以會取名長江是因為它不擇細流，浩蕩萬里，源頭雖然僅涓涓細流，東流而去，容納了無數支流，形成汪洋之勢；日後長江塑膠廠的發展定也會和長江一樣，由小到大、浩浩湯湯，宏圖偉業。

香港經濟起飛後，大量人口湧入，導致房舍供不應求，形成土比金貴的情況，這對資金有限的李嘉誠來說是個大問題。他為了租到一間比較實惠的廠房，從香港島一直找到九龍，一雙腳跑遍了香港各個角落，最後才選定東北角的筲箕灣，租下勉強中意又負擔得起的廠辦。當時筲箕灣尚未開發，本就不是建立工廠的好地點，但條件使然，李嘉誠只好委曲求全，在此設立他的創業基地。

破舊的廠房再加上國外淘汰的第一代設備，面對如此的創業，李嘉誠心中有說不出的酸楚，彷彿自己也是一位「二手老闆」般，但看到機具搬入工廠，正式開始運作時，李嘉誠仍感動地眼中泛淚。

而聘請來的員工先前皆為農民，都沒有相關經驗，對機械操作一竅不通。所以，李嘉誠既要當老闆又要做技工，他耐心地指導員工如何操作器械，以順利生產；他不會無緣無故訓斥員工，也不會任意扣他們的工資，李嘉誠抱著與大家同甘共苦的態度，和大夥兒一同奮鬥、一起勞苦。老闆那吃苦耐勞、誠懇熱心的態度深深打動了他們，大家都心甘情願地賣力工作，獻出自己那微薄之力。

生產管理、工程操作、業務推銷、出納結帳，這些在創業初期全由李嘉誠獨自包辦，白手起家的他，憑著自己勤能補拙的精神，終於艱苦地撐了下來。而他對銷售早已輕車熟路，再加上當時朝鮮戰爭爆發，美國和中國在戰爭中交火，互相壓制，致使香港的經濟政策轉變，由進口轉為加

工，讓他跟上市場趨勢，工廠訂單與日俱增。

礙於生產規模有限，面對數量龐大的訂單，李嘉誠只好從早做到晚，工廠整天上機，利用時間來換取金錢。但長江塑膠廠的設備老舊、落後，若要順利趕件，便顧不得品質，導致一家家客戶先後投訴商品品質低劣，要求退貨、退款，讓當時好不容易成長的事業又面臨重大危機。

為挽回工廠信譽，謀求各方客戶的原諒，李嘉誠登門拜訪，親自向客戶致歉，幸虧大部分的客戶感受到他的誠意，因而接受道歉，同意再與他合作。而資金方面，原料商也表示願意諒解，同意放寬付款時限，再度合作；銀行也同意讓工廠的貸款費用延遲支付，公司才終於有喘息的空間，危機稍微緩和了下來。

因此，李嘉誠再度籌措資金，欲將老舊的設備替換掉，提升產品的生產速度及品質。有些員工也願意拿出家中積蓄已久的存款；有些朋友則致電關切，主動提出幫助的意願，才使得工廠的信譽漸漸回升。經過五年的時間，公司的營運再次步上正軌，好不容易將之前積欠的貨款及貸款支付完畢，重新贏得各界的信任。

李嘉誠語錄

「創業的過程，其實就是恆心和毅力堅持不懈的發展過程，其中並沒有什麼秘密，但要真正做到中國老格言中的勤、儉也不太容易。且創業之初，還要不斷學習，把握時機。」

不只是塑膠花大王，更是華人首富！

初度難關的長江塑膠廠，煥發出前所未有的生機，讓大家開始佩服李嘉誠這年輕小夥子的毅力和能力，反而更加相信他的產品，願意與他合

作，再加上當時香港工業化轉型確定，使長江塑膠廠的營業額與日俱增。

　　這次李嘉誠吸取前次的教訓，未被龐大的利潤沖昏頭，他現在懂得思忖塑膠廠的未來。若想趕在別人前頭，走在別人之前，那就要做敢於創新的第一人，這樣你就能走在市場趨勢的前面；李嘉誠深諳這個道理，於是他開始將目光放至全球的塑膠產業。

　　某天，他在雜誌上看到一條簡短的報導：「義大利某工廠發明出用塑膠原料製成的塑膠花，即將開始大量生產，投放到世界市場上。」這一簡短的消息，讓李嘉誠那敏銳的商業頭腦活絡起來，塑膠花可說是業內的創新，於是他快速地排開工廠所有的事務，隻身前往義大利，考察塑膠花的生產狀況。

　　若要掌握這門技術，那就必須熟知這生產流程，所以李嘉誠以打工旅遊的身分巧妙混進工廠內部做雜工，趁機一探生產機密。他透過打雜這一特點，在工廠內部到處走動，悉心觀察每一項作業的細節，並暗暗記在心中，等下班後再詳細記錄在筆記本之中。

　　但塑膠花的關鍵技術在於配色和施染，這可不是光看就能學會的，幸虧李嘉誠是負責打雜的，並不太會被懷疑，很快便贏得了工頭和技師的好感，從而獲得一些關鍵技術的要領。之後李嘉誠順利結束「雜工」的工作，滿載而歸，為自己的塑膠廠帶回嶄新的希望。

　　回國後，李嘉誠將他在義大利所學、所看的東西，在大腦中不斷高速運轉、彙整著，他最後做出一個決定，打算開發出一批順應全世界喜好的新款式，將野心直接放在世界市場。李嘉誠和員工們反覆進行測試，不眠不休地研究了十幾天，才終於將產品研發出來，成功打入歐洲市場。

　　長江塑膠廠因為塑膠花的推出，讓營業額

快速增長，在1958年達到一千萬元港幣，純利潤為一百萬元港幣，從此，這間位於筲箕灣的長江塑膠廠聲名大噪，全港聞名，李嘉誠也被冠上「塑膠花大王」的稱號；但李嘉誠仍未就此滿足，他決定要再闖入美洲市場，成為「世界塑膠花大王」。

他將自己的商品型錄廣發至美國，成功吸引到一間貿易公司的關注，對方決定馬上派人至香港洽談，順道看一下長江塑膠廠的生產規模。李嘉誠知道外國人對工廠規模及技術相當挑剔，而長江塑膠廠過於簡陋，除產品品質優良和款式新穎之外，工廠給人的第一印象定會大大扣分。

李嘉誠只好趕鴨子上架，試圖在一週內將生產規模、廠房配備和機器全都升級，全部現代化。他將原先的廠房退租，將廠辦轉至新穎的工業大廈，然後購置新的辦公室設備和新機具，並將還可使用的舊機器遷移到新工廠，再招募新員工；這段擴張的黑暗期，他沒有任何喘息的時間，只知道硬著頭皮幹，每天像顆陀螺不停打轉，忙得不可開交。

整整七天，李嘉誠每天的行程滿檔，終於順利整頓好新廠辦，隔天一早帶著一顆忐忑不安的心，驅車前往啟德機場（現已停用）接機。而性急的老外似乎有著用不完的精力，剛下飛機連行李都還沒放，就急著要去參觀工廠，李嘉誠只好先將車子開往公司。

李嘉誠和外國客戶正準備要進入廠房，就聽到機器運作轟隆作響的聲音，空氣中也帶著些許塑膠氣味，這才令他緊繃的心情稍加鬆懈下來。踏進一看，一流的廠房、一流的設備、一流的產品調色器具，這一流的生產線印入眼簾，讓外國客戶大為驚喜，驚嘆不已。「我們這就趕緊到辦公室簽約吧！」外國客戶興奮地說，比想拿到訂單的李嘉誠還著急。

長江塑膠廠的營業額持續向上成長，但李嘉誠卻已開始擔心塑膠業到底能熱銷多久？他隱約覺得這行不會有長遠且非常光明的發展，就算現在生意再好，他也無法安心。所以在大家還一頭熱地投入塑膠業時，李嘉誠

早已準備漸漸淡出，放棄目前還有著可觀利潤的市場，而且他當時還身為塑膠商會的主席，但他不以為意，一心想尋求新的出路。

他開始將目光轉向地產，在別人尚未嗅到商機前，就先洞察出香港地產的巨大潛力和那廣闊的前景。1958年，李嘉誠拿出公司部分資金，在繁盛的北角工業區購地興建一棟工業大廈，並將長江公司分出塑膠部和地產部，開拓新的業務範疇。

1966年，香港受到中國文革的影響，爆發五月風暴，當時有錢人紛紛拋售手中的地產物業，新建好的樓房乏人問津，且還有新房子正在建設之中，讓地產、建築商各個焦頭爛額，一籌莫展；香港當時的房地產可說是一片蕭條。而手中有數個地產、物業的李嘉誠也憂心忡忡，不時地蒐集資訊，聽廣播、看報紙，密切注意當局情勢的發展。

他再三臆測著目前的局勢，最後決定放手相信自己一次，開始大規模擴展地產；他將塑膠業和之前物業的盈餘、利潤都集中起來，全心全意地投入房地產，大肆購買土地及舊樓房，興建新的建築或是翻修大樓。最後，李嘉誠再次證明自己的判斷沒有錯，1970年香港經濟全面復甦，地產業崛起，他成為此次風波中最大的贏家。

李嘉誠為事業、為目標、為自己所立下的宏願，勤奮操勞了近七十年的時間，白手起家到成為華人首富，其中所付出的心血自然不是你我能確實體會的，但他那令人折服的商業頭腦，著實讓人佩服萬千。

▲長和集團總部。

　　且不管是在香港還是在國際商界，李嘉誠都因恪守商業道德而樹立起良好的大家風範，贏得高度的讚賞。這千金難買的聲譽，也回饋了他無數的生意和財富，這樣一個賺錢謀略是間接且具有戰略性的，這比直接戰術性的賺錢更具威力。因為這樣的賺錢術不是一、兩樁的生意，而是連綿不斷、永無窮盡的生意基礎，更讓他於1999年榮膺華人首富之位，蟬聯十七年之久。

李嘉誠語錄

　　「天地之間有一不可衡量、永恆價值的元素，只有具使命感的人才能享有。回憶過往，人生似夢非夢，七十年匆匆而去，原先同鄉看不起的瘦弱、無神少年，一直憑努力和自信建立自我，追求無我。」

長江**後浪推前浪**

✎ 教子不言商，重在做人

　　李嘉誠一生中看重的人很多，除了父母親及妻子外，那就是他那兩個優秀的兒子——李澤鉅、李澤楷，他對兩個兒子寄予很大的希望。「『澤』這個字是我們家族的輩序，我替他們取名時，希望他們能做到『鉅』大，足作『楷』模。」因而以此命名。

　　且李嘉誠自幼便熱愛讀書，深知教育對人生產生的影響，所以打從兩兄弟還小就苦心孤詣的教導，對兩個兒子加以培養與薰陶；又因為自己早年失學，因而更加重視他們的教育。

　　兩個兒子才八、九歲時，李嘉誠就經常帶他們到公司看員工們開會，要兒子坐在一旁，聽得懂就學，聽不懂就安安靜靜的坐著。李嘉誠說：「其實我的目的不是要教他們如何做生意，讓他們受到環境的薰陶，而是想讓他們瞭解，做生意其實沒有那麼簡單；若要完成一件案子，員工要花多少心血，大家必須開多少次的會議，得靠多少人才能完成一件事。」當時兩個人年紀尚小，對父親說的話不怎麼上心，但長大後回想起來，才真正體會到李嘉誠的用心良苦，心中充滿感動。

　　有一次，李氏大宅前有一棵大樹被颱風吹得橫倒在家門口前，兩名菲律賓工人冒著強勁的風雨，趕到門前鋸樹，全身濕透。李嘉誠見狀，連忙叫兩個兒子起床，要他們趕緊去協助工人鋸樹，由他們負責把鋸開的樹拖開，方便工人繼續作業。

　　李家人不因為對方是工人就投以不一樣的眼光，他們和你我一樣平等，只是因為家裡環境不如我們，才背井離鄉到這裡工作。兩個兒子也很

聽話，這都歸因於李嘉誠對他們的教育。

一般來說，富家子弟等於溫室長大的花朵或其他植物，即使生長得再美，其根部一定不壯；若再放縱他一點，將來遇到什麼打擊，他肯定沒有辦法應付。李嘉誠道：「我雖然不是真的很有本事，但仍略有成就，我這顆小樹是在風雨中，從砂石縫中長大的；你可以到山上試一試，要拔起從石縫中長出來的小樹是相當費勁的。」

小兒子李澤楷便對媒體報導李嘉誠從小就教他們經商，學習做長江日後接班人這說法相當反感，因為現實根本不是如此；他對媒體駁斥說：「父親根本不教我們如何做生意，而是教育我們做人做事的道理，而且還是孔孟之道。」

李嘉誠曾說過，對子女的教育應該是99％教他們做人的道理，即便他們長大成人，也應該依此準則為主，2／3做人，1／3才是做生意。所以李澤鉅和李澤楷從小就謹記這個道理，遵循著父親的教導──真正地做個好人、做一個正直的人，然後才去做成功的人。做正直的人必須不貪圖小利，多為他人著想；而做一名成功的人，則必須勤奮努力，誠實守信。

在他們的童年時期，每天晚上都會坐在書桌前，跟著父親一起閱讀、學習；假日李嘉誠雖會帶著兩兒子出門放鬆，但仍會給他們上一堂課，長久下來，自然而然就將那些做人準則牢記於心。在日常的教育中，李嘉誠將做一個好人、正直的人，透過互動潛移默化地灌輸到兒子的思想之中，由此可見，他的教育並不是說說而已，從生活點滴做起，要他們真正做個良善之人。

李嘉誠語錄

「不要總對孩子一本正經，要多和孩子一起歡笑，因為笑聲能讓孩子更加熱愛生活，引導孩子積極、輕鬆愉快地看待事物。」

↘ 引領兩艘巨輪順利出航

身為浩浩長江的掌舵手，李嘉誠也極力培養他那兩個兒子，奮力引領他們出航，將兩兒子送到國外讀書，看看不同的世界，大兒子主修土木工程系，為了接管公司做準備，但小兒子就不一樣了，反而選擇電腦工程系；若要以公司為主，那他應該主修商科或法學相關的科系，與大哥相輔相成，一個偏向於管理，一個則主要是公司的技術專業。但李嘉誠也很尊重小兒子的選擇，因為他認為只要孩子的品行優良就可以了，培養一個人只能培養他的價值觀跟心胸，父母並不能幫他走完每一步路。

一次，李嘉誠到國外探望孩子們，那天剛好下著雨，他遠遠便看到一位年輕人背著一個大行囊，騎著自行車在車陣中穿梭。他心想：「這樣也太危險了。」沒想到再仔細一看，那人竟然就是自己的兒子，差點沒嚇死，但也對兒子在外的獨立感到相當欣慰。

兩名兒子求學的過程相當順利，順利畢業於史丹佛大學，學成後準備進入長江集團任職。但李嘉誠不像一般企業大老，讓自己的孩子當空降部隊，直接坐上主管高位，反而嚴肅地對他們說：「我希望你們自己先打造出自己的江山，用成績來證明你們真的有能力進到我的公司。」

兩兄弟好不容易畢業歸國，又再度踏上背離家鄉的生活，飛到加拿大白手起家，一切從零開始。李嘉誠並未給予任何援助，任憑他們在商海中掙扎、拼搏，因此兩兄弟的發展過程相當辛苦，所幸在跌跌撞撞的努力下，兩人終於略有小成；大兒子成功經營了一家地產開發公司，小兒子則成了投資銀行最年輕的合夥人。

之後，兩兒子再次順利歸國，獲得父親的讚許，正式進入長江集團，但必須從普通職員開始做起。李嘉誠這麼安排其實是想讓兒子熟悉整間公司的組織流程，讓他們瞭解公司的業務範疇到底有些什麼，又有哪些是他

們不知道的？李嘉誠還特意找了一位知名大學經濟系的教授，讓他們學習經濟管理，充實商業知識與管理的才幹。

　　且李嘉誠老早在為自己的退休做準備。1990年，他在公司新建案推出時，便安排李澤鉅接受雜誌專訪，將他向外推，開始讓大眾注意到他。1992年，李嘉誠更帶著兩名兒子，一同出席中國前主席江澤民的會見，讓他們雙雙在大眾前曝光。

　　長子李澤鉅聲名遠播，已是社會大眾公認的長江接班人，而次子李澤楷的能力也不在話下，他十分看好衛星電視的發展，也認為自己該學一些不一樣的東西，因此毫不猶豫地離開長江集團。在1991年初，成立了衛星電視公司，自己和馬世民任職公司的副總裁；而老爸投資了三十億元港幣，出任公司董事長。

　　電視公司發展順利，在1991年底就已將頻道數擴展至五個頻道，但李澤楷和爸爸一樣，並沒有因此感到滿足，野心勃勃的他，又獨自成立一家公司，名為「盈科拓展」，在電訊業大放光彩，獲得「小超人」的稱號。

　　在外界看來，李澤楷帶點反抗的意味兒，不願接受父親的期盼進入長江集團，反而出來自行發展。雖然忤逆了父親的規劃，但其實李嘉誠並不以為意，他在兒子選擇的道路上顯得豁達，曾說道：「小兒子十二歲的時候，我就已經管不動他了，他很早就有自己的想法。年輕人都會有自己的理想，若他執意如此，那我自然不會阻止他，抑制他心中那蠢蠢欲動的野心怪獸。」

　　在李澤鉅和李澤楷成長的過程中，李嘉誠就很注重他們培養自己的志向，他認為：「若想要孩子優秀，那必定要有志向，才能憑實力去闖天下；反言之，若沒有出息，只顧著享樂，好逸惡勞，存在著依賴心理，那即便你留下萬貫家財，也只會助長他們的惡習，最後非但一事無成，反而成了名符其實的紈褲子弟，甚至是社會的蠹蟲。」因此，我們也應引以為

鑑，看重孩子們的品行和志向發展。

對兒子們，李嘉誠是慈愛的，他的慈愛不亞於任何一位父親；但若涉及孩子們的教育與培養，李嘉誠肯定會就事論事，只因他希望孩子們能更好。

李嘉誠語錄

「先成人再成才，教育的根本目標是培養人，一個健全的人。」

第三個兒子，善心不絕於人後

誰都知道，李澤鉅是李嘉誠的長子，李澤楷是他的次子，除此之外，膝下再無其他子女，但之前有一段時間，李嘉誠見熟人就說自己有了第三個兒子，朋友們聽到後都一臉疑惑，卻不好意思恭喜他。李嘉誠說：「我很高興，不僅我愛他，我的子孫們也會愛他，我的基金會就是我第三個兒子。」李嘉誠還規劃將部分財富分給這個「兒子」，因為這不只是造福更多人的「李嘉誠基金會」，更是他另一個事業，是造福更多人的慈善事業。

自此，李嘉誠傾注感情不斷投入，要讓這個「兒子」不斷壯大，去造福人類。他說：「我就算留給兩個兒子，他們也只是多了一點；我現正努力培育『第三個兒子』，想讓更多的人得到多一點。」李嘉誠從此邁入生命的新旅程，而和他結伴同行的就是他的「第三個兒子」。

「財富能讓人內心擁有安全感，但超過某個程度，安全感的需要就不再那麼強烈了。」李嘉誠從小因為家境不好，所以拼命的賺錢，想改善家中的生活狀況，但等到事業成功，擁有無數財富之後，卻發現金錢所帶來

的快樂、滿足感，似乎並不能長久；不用再擔心沒錢吃穿後，好像並沒有想像中那麼好。

　　李嘉誠為了這個問題思考了兩個晚上，最後他終於得到心中的解答：「人不是有錢就什麼事都能做到，但又有很多事是沒錢卻做不到。如果我擁有花不完的財富，那我為何不對社會奉獻些什麼呢？對社會上貧窮的人付出，是我目前能做到的事情。」從那時起，李嘉誠開始對金錢有了不一樣的看法，他不再重視金錢、物質生活的改善，而是開始享受簡單的生活，他領悟出「內心的富貴，才是人生的真富貴」這個道理。

　　所以，李嘉誠在二十八歲那年，把原先不斷賺錢的想法改為探索內心的富貴，積極幫助那些有需要的人，更在1980年成立「李嘉誠基金會」，從此慈善變成李嘉誠生命中的一部分，甚至將「他」視為第三個兒子。

▲上方兩張圖分別為汕頭大學落成及舊校門。

◀左圖為汕頭大學改建後新校門。

　　1981年，廣東潮汕地區第一所大學──汕頭大學，在李嘉誠資助與官方同意下共同協辦成立，這間大學共規劃了九個學院，其中醫學院可說是中國最優秀的醫學院之一，擁有一定的指標性意義。且李嘉誠不僅在香港本地搜尋資源，還動用自己的人脈資源，在世界各處挖角，只為了將最優秀的師資挹注在汕頭大學，致力於教育改革。

　　將少年失學的痛，轉化為一份憧憬和關切，全數投入到汕頭大學中，這位華人首富的學歷雖然僅有初中程度，甚至未能畢業，但他卻能創辦一所大學，將心心念念的遺憾轉為對其他學子的期待。「就算汕頭大學在一夕之間被別人摧毀，我也會再把它重建起來。」李嘉誠這麼說道。

　　談起父親的教育，大兒子李澤鉅曾感慨萬分地說：「爸爸很懂得用錢，而懂得用錢是指他知道生命中有哪些事情對他很重要。他覺得如果能在一生中，幫助那些較不幸的人，不論在醫療或教育也好，這樣做可以使他感覺自己更富有……我覺得自己很幸運，別人可能想不到我們的生活這麼簡單，但這份簡單對我來說是幸福。」

　　而除了教育之外，李嘉誠也相當重視各地區的醫療，若將教育視為他當初少年失學的一份執著的話；那醫療就可以說是他對父親因病過世的另一份執著。他對各地醫療不遺餘力，至今已撥款約六十四億元港幣至各地有需要的醫療機構，基金會創辦至今，李嘉誠投入難以計數的資金，且這些皆為他的私人捐款，但究竟有多少？基金會從不公開，也難以估計，因為香港政府的法令允許基金會可進行投資，投資回報可在基金會內滾存，所以李嘉誠基金會的規模可能比大家想像中大得多了，但也純屬臆測。

　　「財富到達一定的數字，食衣住行都不再有問題，那緊握在手中也沒有什麼其他的用途。如果你不能做到慷慨解囊，反回饋給社會的話，那就沒有太大的意義，僅遵照我們華人一般的文化傳統，將財富傳給下一代，不斷世代交替而已。」李嘉誠又說：「但如果我們能將建立社會的責任，

視為跟延續自己的後代一樣重要的話，那我們所捐贈的財產，就如同分配給兒女一樣重要，將許多人的明天帶來更多的希望。」

李嘉誠曾說過：「我對教育和醫療的重視，將超越自己的生命極限。」若你有能力，又何不將之貢獻出來，付出回饋於社會呢？在他的眼裡，慈善並非一件可做、可不做的事情，而是一件必須付出絕對心力和時間去做的事情；慈善也是一名商人應該承擔的責任。若你的眼睛僅盯住自己的小口袋，那你就永遠是一名小商人，所以應該將格局放大，不僅是投資，對社會的心胸更是如此。

但其實他在創立基金會之後，也曾對自己的付出迷惘過。在2003年的某個夜晚，他為了基金會的未來輾轉難眠，他知道自己年事已高，若未來走了，他希望基金會也能一直持續下去，為這社會永無止境的付出心力。但基金會若要持續運作，那就要不斷挹注金錢下去，才有辦法做更多的事，但他又想，這樣是否就剝奪了原本應該留給後代子孫的財富呢？

李嘉誠一生都在努力奮鬥，為事業拼搏，好不容易才累積到現在的財富基礎，每一分每一毫都得來不易，但每項計畫所投注的資金，都是付出給不認識的人，這樣做到底值不值得？一想到這，他就難以入眠，他不知道自己的後輩子孫們是否能理解他創立基金會的用意？他的理念為何？因為他吃過苦，所以不希望自己的後代或其他孩子也同樣受到苦難。

李嘉誠曾跟兒子說：「我吃蘋果的味道，跟你們都不一樣，可比你們要香得多。因為我小時候家裡沒有錢，所以只要經過水果店我總會駐足很久，看著燈光打在水果上，色澤鮮艷又香氣動人，在一旁猛吞口水。我現在每吃一口蘋果，都會想到當初的情景，覺得格外好吃。」

想著基金會的未來，李嘉誠的內心就陷入天人交戰，不知道該如何是好，不管是家人還是基金會，對他而言都有著一定的分量。正當他一籌莫展之際，腦中突然浮現一個念頭，他想：「我現在只有兩個兒子，但如果

我有三個兒子，我是否還會這樣煩惱呢？我一定會將遺產平均分給每個兒子。」所以，只要將基金會也視為自己的孩子，同等地分財產給「他」，那就一切都沒有問題了，凡事只要心念一轉，任何事情都能撥雲見日；因此，李嘉誠現在擁有三個兒子，每個付出、每筆開銷他都喜笑顏開。

但令李嘉誠最高興的其實不是自己的內心豁然開朗，而是他公布自己的捐款計畫，對外正式宣布基金會為他的第三個兒子之後，至少有五名企業家表示相當認同他的想法，並願意一同為社會付出一份心力，共同捐款資助給有需要的團體及項目。他們當時對李嘉誠說：「家誠，你講到我們之前都沒有想到的，我們也跟著你做吧。」甚至還有一次，李嘉誠在英國遇到一位大公司的老闆，他也這樣說：「你的做法，解決了我心中一大煩惱。」

李嘉誠的內心真正滿足後，他跟家人說：「我一生可以成立如此規模的基金會，心裡都是滿足，完全不會因為付出這些錢而感到惋惜。捐錢，是高高興興地捐；去做，也是心甘情願地做，我一點兒都不會感到後悔。」他曾在一場演講中，將中國古代著名的商人范蠡與美國開國元老富蘭克林（Benjamin Franklin）做比較。

范蠡是政治家、軍事家也是一位富商，他在協助句踐復國後，看透時局，轉而赴齊，準備從商轉政。但齊國人希望委與大任給范蠡，可范蠡卻擔心盛名會為自己帶來惡果，於是散盡家財，分給周遭的街坊鄰居，只帶著少數財產遷至陶國，自稱陶朱公；並在當地繼續從商，沒過多久又成為富商。

致於富蘭克林當初在美國制憲會議時，主動提名華盛頓擔任大會主席；他雖是當時唯一能與華盛頓齊名、相競爭的人，但他想留給制憲會議的並非名譽、高位，而是無人能及的胸襟與智慧。美國人民也稱他為「最偉大的公民」，給予高度的評價。

兩人的故事值得我們省思，李嘉誠說：「范蠡為改變自己而遷就社會，只想過著自己想要的生活；富蘭克林則是為了推動社會變遷，利用自己的智慧及資源，極力奉獻精神，建立未來美好的社會。」

「他們倆人雖然都不吝嗇將財富所得餽贈給他人，但方法和成果卻有著天壤之別。范蠡將財富贈與鄰居，富蘭克林則用於建造社會能力（Capacity building），推動人們更有遠見、能力、動力和衝勁；有能力的人可以為社會服務，有奉獻心的人才可以帶動社會進步。」

李嘉誠基金會是實實在在的在運作，據統計，基金會至2017年底，已向社會捐款超過兩百億元港幣，不懈地推動著教育改革以及醫學研究；且李嘉誠對社會捐贈項目親力親為，比投資房地產項目更認真。一般人關注的往往只有該如何賺錢或投資，但李嘉誠不同，他更關心他賺來的錢使用在哪邊，如同前面提到，大兒子李澤鉅曾說父親很懂得用錢。

至於李嘉誠基金會在教育方面最著名的投資即為設立汕頭大學，這是他對家鄉教育事業的貢獻。李嘉誠對汕頭大學相當看重，未來也會持續投入，且每年都會到汕頭大學的畢業典禮進行演講，勉勵即將步入社會的有為青年。

李嘉誠曾說過，在華人傳統觀念中，傳宗接代可說是一種責任，因此他呼籲亞洲有能力的人士，都要能視幫助建立社會的責任有如延續後代同樣重要，選擇捐助資產如同分配給兒女一樣，我們今天的一念之悟，將會為明天帶來很多新的希望。

他在1980年成立了基金會，這是他的第三個兒子，這個老三早已擁有不少的資產，他也會一直全心全意地愛護這寶貝兒子；他相信基金會的成員還有家人，一定會把他的理念繼續傳承下去，透過知識教育改變命運，持續以正確及高效率的方法，幫助陷入深淵痛苦無助的人，把這心願延續下去。

　　李嘉誠還曾跟兩個兒子這麼說道：「我現在有第三個兒子，『弟弟』不會給你們添麻煩，你們也別去麻煩『他』，你們彼此之間一定要和睦相處。」

　　曾有傳聞李嘉誠會在九十歲大壽前退休，交出久握在手中的棒子，退居於幕後，擔任顧問職，但不論未來如何，任何的發展定會是最完美的結果。現在，他過著「賺錢」和「花錢」的日子，每天為事業和基金會奔波，樂此不疲；倘若真的退休，那他便將心力都放在基金會上面，有更多的時間去設想哪些地區欠缺教育或醫療資源，實現內心的理想。

李嘉誠語錄

「當一個人真正覺悟的一刻，他放棄追尋外在世界的財富，而開始追尋他內心世界的真正財富。」

The
Legend
of
Richest
Man

第2章

修身養性的
做人之道

- 特立獨行，不隨波逐流
- 天道酬勤，力爭上游
- 成功就是不斷地學習
- 吃得苦中苦，方為人上人
- 探究自己，實現自我

　　提到李嘉誠，許多人總羨慕他那耀眼的頭銜和難以估計的財富，卻從未思考過這樣一位傳奇人物背後所隱藏的人生真理。作為大部分生意人的榜樣，李嘉誠總強調「商道即人道」，要經商，先做人。

特立獨行，不隨波逐流

在別人眼光中獨行

看完華人首富李嘉誠的成長經歷，你可以發現他始終有著積極的態度和正面的評價，因而讓自己產生一股自信；而這種自信是一種魔力，即便他幼時的家境並非十分理想，但仍使他充滿奮勇前進的鬥志，是他的精神動力。

在我們的生活中，每個人都曾想過自己未來要成為什麼樣的人，也許是科學家，或者是醫生、律師，可大多數人都寧願懷抱夢想，不具體實踐，甚至是希望能得到別人的協助，靠他人之手來完成自己的人生。但其實要成為夢想中的人很簡單，只要堅定地相信自己，勇敢地朝著夢想奮進，就一定能成為自己心中所期望的人。

李嘉誠小時候的生活條件十分不好，但他仍憑著品格、個性和能力，在生活中找到快樂。因為他認為，人往往要在重重困難中，才能活出真正的自我；因此，不管是現在還是未來的生活有多困苦，我們都要建立起足夠的希望和信心，千萬不能過分沉溺於怨懟和不滿當中。

李嘉誠曾在某次演講中提到：「你們知道嗎，我以為活到這把年紀，早已看盡太陽底下所有事情，但沒想到還有許多莫名其妙的事是我料想不到的。近期媒體不斷炒作現代年輕人能否成為像李嘉誠般的巨人，各界觀點之多，但各家媒體煞有介事的炒作實在是令人費解、發笑。對我而言，這議題本身其實挺空泛的，每個人都有著不同的天賦和經驗，按自己的選擇走出自己的人生；沒有人應該追隨驥尾，盲目地模仿他人，但你可以從他人的經驗中悟出心得，這是相當不錯的成長教材。所以，我想坦白地對

大家說，我熱愛當我自己！也希望你們如此。」

　　許多人總羨慕李嘉誠頭頂上的榮耀和光環及各項頭銜，渴望成為下一位李嘉誠或其他成功的名人；但每個人都是獨立的個體，並非一定要成為誰，成功最好的做法應該是評估自身的具體狀況，做出準確的分析，再從別人的經驗中總結心得，加以實踐，成為真正的自己。

　　在追尋自我的這條路上，李嘉誠就曾以親身經歷，告訴過眾人：「人若勇敢，就是自己最好的朋友，每個人都要善於在別人的眼光中獨行。」

　　少年時的李嘉誠，就顯現出自己的與眾不同，但因為家裡沒有錢，社會地位較為低下，所以不會被其他人注意到。他初在茶樓打工時，常常利用片刻閒暇的時間看英文單字，甚至是抱著《辭海》唸唸有詞，完全不在意旁人的眼光。

　　他明白眼下是溫飽比求學更重要，但他為了實現對父親的承諾，就得加倍努力才行，要想出人頭地，學習是唯一的武器。因此，一邊工作，一邊自學，雖然艱辛，但他覺得十分充實，最終成為我們眾所周知的華人首富。

　　李嘉誠扛起家中的生計重擔，但也不忘自己當初的承諾及夢想，拼命苦讀來加強自己的能力，因而讓自己邁入成功的殿堂。有的人夢想成為明星；有的人夢想成為富翁；有的人則夢想成為偉人，但他們通常卻因為缺乏勇氣，而與夢想失之交臂，這是為什麼呢？

1. 你是否缺乏勇氣？

　　小時候，幼稚園老師總有意無意地引導我們：「將來長大想成為怎麼樣的人？」那時，我們都自覺地認為自己知道將來想成為怎麼樣的人，但長大後卻並未朝著夢想前進，或是早已忘了當時的夢想。因為我們在追求

夢想的過程中，往往都缺乏勇氣去追尋，因而讓夢想觸礁擱淺。

2. 做自己想成為的那個人

一個人究竟想成為什麼樣的人，內心深處想成為什麼樣的人，這種念想是不會輕易改變的。所以，在追逐夢想的過程中，我們要勇敢向前，克服畏懼心理，努力成為自己想做的那個人。

夢想需要我們勇敢地去拼搏，才能做自己想做的人。在追尋夢想的過程中，我們會遇到許多的機會，但常常會因為怯弱和畏懼，而放棄努力；又因為長大後的惰性養成，導致機遇一次次地擦肩而過。因此，只要我們克服膽怯心理，勇敢地堅持朝著夢想前進，就能成為自己想做的人。

李嘉誠語錄

「人若勇敢就是自己最好的朋友。」

↘ 未來由自己親手打造

李嘉誠十四歲那年剛失去父親，就飽受一位同鄉人惡意打擊：「雙眼無神，骨架瘦弱，未來恐難成大器；安分守己，終日乾乾，勉強謀生是可以的，但飛黃騰達，恐怕是沒有福分。」身旁的母親聞言，強忍住心中的酸澀，安慰他道：「阿誠啊！天命難算，上天勢必會厚待善良、努力的人。不管再艱難，只要我們一家人還能相依在一起就不錯啦。」李嘉誠雖相信母親，但他更相信自己，因為他認為，只有靠自己雙手打造的未來，才是唯一能信任的命運。

在李嘉誠眼裡，未來跟明天是兩回事，天命和命運也是不同的；每天都將是新的一天，未來只是我們一生中的各種選擇所產出的結果。所以，李嘉誠曾告訴所有人：「追求自我，努力改善自己是一股正面的驅動力，當你把思維、想像和行動譜成樂章；在科技、人文、商業的無限機會中實踐自我；知識、責任感和目標匯集成智慧，天命不一定就是你人生注定的藍圖。」

從我們來到這個世界上，上天就賦予了每個人不同的禮物，就好比有的人生下來就很幸運，是一個完美無缺的洋娃娃；但有的人運氣卻沒有那麼好，是一個修補過的洋娃娃。對於前者而言，他所走的路會平坦一些，可是對於後者而言，他每一步都要步步為營，付出很多才能達到目標；但不管我們屬於前者，還是後者，只要我們時時刻刻都堅信自己，那即便你是一個修補過的洋娃娃，也同樣能締造出輝煌的成績。

傑克·韋爾奇（Jack Welch）出生在一個典型的中產階級家庭，父親在鐵路公司工作，每天早出晚歸，所以，教養孩子的任務自然就落在母親的身上。但她與其他母親不太一樣，不像一般母親對自己的孩子噓寒問暖、呵護備至，擔心孩子在成長的過程中是否遇到阻礙，反而是注重於韋爾奇的獨立思考和志向發展，教導韋爾奇凡事都自己解決，要學習獨立。只要他的行為有任何不妥時，母親就會給予正面且有建設性的意見，在旁引導他，鼓勵韋爾奇重新振作；母親的話雖然不多，但只要一開口，總令他心服口服。

母親一直教他這樣的理念：坦白的溝通、面對現實、主宰自己的命運。這三個觀念，使他終生受益，母親曾告訴他：「若想掌握自己的命運，你就必須相信自己能締造出命運的輝煌。」

韋爾奇出生後發現說話略帶口吃，但母親總安慰韋爾奇：「這不算什麼缺陷，你只不過是思考比說話快了一些。」母親所給予的這份自信，讓

口吃不再成為阻礙韋爾奇成長的絆腳石，反而成為令他驕傲的獨特標誌。時任美國全國廣播公司新聞部總裁麥可就對韋爾奇十分欽佩，還開玩笑地說：「他十分有力量，且充滿效率，我真恨不得自己也有口吃。」

韋爾奇的高中成績本應進入美國最好的大學，但礙於種種原因，最後只能至麻州大學就讀。起初，韋爾奇為此感到十分沮喪，但進入大學後，他反將沮喪轉變為幸運，曾回憶這段經歷，這麼說道：「如果當時我選擇麻省理工學院（MIT），那我就會被昔日的夥伴們打壓，永遠沒有出頭的一天；但我之後就讀的州立大學，反倒讓我獲得了許多自信。我堅信每個人所經歷的一切，都將成為未來成功的基石，包括母親的支持、運動、上學和取得學位，雖然我天生口吃，但我仍相信自己可以同一般人，締造出屬於自己的輝煌人生。」

韋爾奇的大學班主任威廉也這樣評價他：「他的成功來自於他的雙眼，總表現得很有自信，且他痛恨失敗，即使在足球比賽中也一樣。」

1981年，韋爾奇成為通用電氣（GE）公司史上最年輕的CEO，而自信正是通用電氣的核心價值觀之一，韋爾奇總這樣說道：「我相信人生的輝煌可以由自己來創造。」

戴高樂將軍也曾說：「眼睛所看到的地方，就是你將到達的地方，唯有偉大的人，才能成就偉大的事；而他們之所以偉大，就是因為下定決心要做出偉大的事。」在我們生活周遭，也一定有很多像韋爾奇這樣有著口吃或其他生理病症的人，但像他一樣成功的人卻很少，這是為什麼呢？因為大多數的口吃患者或先天缺陷之人，每天都因為上天的不公平而不停抱怨，他們渾然忘記，即便自己雖是較為弱勢的人，但人生還是掌握在自己手裡，人生精彩的程度完全靠自己創造；除了那獨特的弱點，自己其實與其他人並無不同，並不會因此影響你活出自己的人生。

1. 不去計較上天給予的不公平

在命運一開始，上天發給我們的或許不是一手好牌，但如果我們能保持良好的心態，即便是一手爛牌，也同樣可以贏得勝利；同樣地，若我們相信自己，即使生活再困頓，也能活出自我，那就叫信念。所以，與其花時間抱怨上天不公平的待遇，倒不如花費心思，打好自己手中的爛牌，由逆轉勝。

2. 人生的輝煌需要靠自己努力

每個人的命運都掌握在自己手中，如果我們想讓生命綻放出煙火般璀璨的光輝，那就得靠我們自己的努力，而不是寄望於上天的恩賜。假如我們喜歡比較，那就與自己比較，想想自己是否確實努力過？是否拼命過？唯有真正努力付出後，才能締造出人生的輝煌。

那在生活中，所謂的強者又是誰呢？真正的強者並不是憑藉著各種資源努力向上爬的人，而是締造輝煌的人；雖然他們遭遇了人生不公平的待遇，但依然可以衝破重重阻礙，摘取成功的果實。

 **李嘉誠語錄**

「只有自己雙手創造的未來，才是唯一能相信的命運。」

✎ 敢於做自己，不隨波逐流才能成功

一名隨著水流順勢而走，時時刻刻都在模仿的人，永遠不會引起焦點；只有保持特立獨行品格的人，才能在競爭激烈的世界中嶄露頭角，脫

穎而出。且這個真理不僅適用於生活中，在商場上亦是如此，凡是抄襲的東西都叫山寨版，只能風行於一時，最終都會隨著時間推移，而淹沒在時間這巨大的洪流之中，唯有那些特立獨行、生產自身商品的品牌或公司，才能久經時間的試煉，永不消逝。

　　成功的人，他們也都是經過長時間在商海打滾後，才逐漸明瞭要在激烈的競爭中脫穎而出的道理，只有保持特立獨行，才能在眾人之中脫穎而出，儘早佔有市場。

　　你可以看一下其他成功者的傳記，幾乎都能從中找到一條規律，那就是成功者都是敢於想別人不敢想，做別人不敢做的人。別人不敢做的事情未必就是不能做的事情，別人都做的事情也未必就是正確的事情；別人沒有想過的事情，不敢做的事情，你做了，那你就極有可能脫穎而出，在別人沒有看到商機的時候搶先大賺一筆。

　　十九世紀中葉，美國的加利福尼亞州掀起一股淘金熱，淘金的人潮蜂擁而至，有的人發財了；有的人卻收穫寥寥；有的人甚至血本無歸。在眾多淘金者之中，有一位名叫亞默爾的年輕人，他也想靠淘金一夕致富。但他發現淘金的地方，有個十分不便的問題，那就是「喝水」，若淘金者疲累口渴想喝水，就必須到幾里之外的一個小山溝才有水源。

　　他敏銳地察覺到這潛藏著一個巨大的商機，他來這裡的目的就是為了賺錢，而淘金只是原先的想法，若有其他賺錢的機會不妨嘗試看看，於是他決定不再跟風淘金，改以賣水為生。他將全部積蓄投入開採水源上，終於挖掘出一口井，他將這些水過濾消毒，變成人們可以喝的飲用水，在淘金處做起生意來。

　　起先他的同伴都對他冷嘲熱諷，認為他最後會白忙一場，但亞默爾卻堅信自己一定能賺到錢，並沒有因此動搖，放棄自己的想法。他還特地進了一

些小零嘴、飲料等，就這樣在短短的時間內賺了八千美元。

　　後來他更憑著自己獨特的眼光，又做成其他幾筆生意，一躍成為美國商業鉅子。

　　上述亞默爾的成功經驗告訴我們，若想要成功，盲目地跟著大家走是行不通的，只有走出一條適合自己的路，才能在商場上獲得勝利。特立獨行的人，要有敢為天下行的氣魄，畏首畏尾不敢前進的人，絕不可能在商場上擁有多大的成就；一味地模仿別人，跟著別人的腳步走，拾人牙慧，永遠都成不了氣候，等你開始行動時，商機早已喪失了，模仿的人又那麼多，怎麼可能還有多的利潤等著你去賺呢？

　　愛因斯坦（Albert Einstein）曾說：「想別人不敢想，你已經成功了一半。做別人不敢做，你將成功另一半。」所以別人走過的路往往只能借鑑，就像科學領域中只能出一位愛因斯坦，商場上只會有一名洛克斐勒（John D. Rockefeller）一樣。成功人士的豐功偉業，永遠只是給你作參考，他們的成就終究還是他們的，不可能成為你的。

　　且這同樣適用於市場上，一名商家想讓自己的產品，在琳瑯滿目的商品中吸引顧客的目光，就必須有自己的特色，千篇一律的商品只會讓人感到厭煩和麻木。所以，我們應該換個方式思考，緊緊抓住顧客的心理，不斷另闢蹊徑、推陳出新，只有這樣，你我才能佔據至高點，創造出世上那獨一無二的自己。

　　每個人都有一條自己該走的路，只有特立獨行才能吸引人們的注意，世上之所以會有很多不敢特立獨行的人，那是因為沒有向前邁步的勇氣，為什麼不將自己的特色展現出來？為什麼不讓自己的優點長處突顯出來呢？既然不想被大眾埋沒，我們就得有自己的特色，就要有值得驕傲的地方。因此我們要拋開成見，刪除自己的怯弱，書寫自己的人生，千萬不要

成為和別人一樣的人。

特立獨行的做事風格能讓你獨領風騷、嚐到甜頭，有些人之所以成功，就是因為他們能想出別人不敢想的好主意，且現今是一個多元化的社會，只有你想不到的，沒有你做不到的；什麼東西都可以拿來拍賣，就算是一文不值的東西，也可以在富有創意的人手中變得價值連城。

所以若想脫穎而出，賺取大量的利潤，你只有一條路可以走，那就是走自己的路，保持特立獨行的風格，誠如李嘉誠所說，每個人都有獨特的天賦和經驗，按自己的選擇走出自己的人生；成功是不可以複製的，任何成功者所走的路都是一條自己創造的路。

 李嘉誠語錄

「每天告訴自己一次，我真的很不錯。」

天道酬勤，力爭上游

↘ 不滿足是向上的車輪

　　世界上有兩種人可能一事無成：一種是自甘墮落、無所追求的人；一種是容易滿足、不思進取的人。而李嘉誠不屬於其中任何一者，他認為認識自己、把握自己，從而不斷地「修築」自己，才能讓事業儘快揚帆啟程。在遠行的途中，任何光彩奪目的成就，往往只是邁向事業成功的一小步，只有不滿足現在的成就，才能體認到自己在成功的道路上只走了一小步；只有不滿足，才會懂得不斷提升和完善自己；只有不滿足，才能追求下一次更大的成功。

　　李嘉誠的父親過世後，他便開始工作，跑堂、打雜樣樣來，之後到一間塑膠公司當業務員，工作雖然繁忙，可是他仍利用下班閒暇之餘的時間進修、學習。他更因為勤奮好學、精明能幹，不到二十歲就坐上總經理高位，但他並沒有因此感到滿足，他希望能再幹出一番大事業，因而毅然決然地辭去總經理的職位。

　　當時，塑膠工業早已在歐美地區興起，作為國際性貿易大港的香港，塑膠製品公司當然也希望在此開闢市場。所幸李嘉誠恰恰看準了這個前所未有的市場，透過在塑膠公司這些年的學習，掌握到很多關於塑膠製品的資訊，他便拿著多年攢下來的積蓄，建立了屬於自己的公司──長江塑膠廠。

　　在他的苦心經營下，長江公司營業額直線上升，成為香港塑膠業的龍頭企業；不過，他並不因此感到滿足，希望能獲得更長遠的發展，所以轉向瞄準歐美市場，不願只在香港當地發展，他看出塑膠花有著無比市場潛

力，馬上投資進行生產。最後，因為出手比市場上的競爭對手快，因而再次大獲全勝，成為名副其實的塑膠大王。

對於那些永不滿足，希望人生能不斷實現突破的人來說，人生最精彩的部分永遠是下一次、在未來；唯有對未來充滿憧憬，才能以更好的心態去面對、去希望，然後滿懷希望地做任何事，取得更大的成就。

畢卡索（Picasso）的大名無人不知無人不曉，一生中創作了約兩萬件畫作，但即便作品數量眾多，只要一拿起畫筆，他就目光如炬，對眼前的事物無不感到新奇，創作靈感不斷浮現，彷彿自己的生命就要用來作畫一般。

一般普遍認為，年輕人總喜歡探索新鮮事物，探索解決問題的方法，他們朝氣蓬勃，熱衷於試驗，從不安於現狀；老年人則害怕變化，他們知道自己什麼最拿手，寧願把過去的成功之道如法炮製，也不願冒風險。可畢卡索不是普通人，他在九十歲高齡時，仍像年輕人一般思考，不安於現狀，始終尋求著新的思路和新的表現手法，讓自己成為二十世紀最負盛名的畫家之一。

畢卡索生前體驗了從窮困潦倒到榮華富貴的轉變，其藝術作品也從乏人問津到被人高度讚賞，經歷兩種境遇；而這正是因為他永遠把成就看作成功的一小步，滿懷希望地憧憬著下一次的成功，永不滿足、不懈追求的結果。

「球王」貝利在足壇上初露鋒芒時，有名記者曾問他：「你覺得自己哪場球踢得最好？」他回答說：「下一場！」當他在世界足壇上大紅大紫、踢進一千球之後，記者又問他同樣的問題，他依然回答：「下一場！」

世界頂尖潛能成功學大師安東尼·羅賓（Anthony Robbins）在心靈革命的課程中，也曾為了證明人類的巨大潛能，做過以下實驗：

這是一堂赤腳從火上走過的課程，課堂所有學員都必須接受挑戰——用赤腳走過木炭所鋪成的「火路」。這對於那些沒有類似經驗的人來說，是極為駭人的場面，有的人哭叫，有的人渾身發抖，更有人腿軟跌坐在地，苦苦哀求，希望免去這項「考驗」。但不管大家如何排斥，還是得走過這條路，因為沒有經歷過這場考驗的人，就無法在課程中取得最大的效果。

對此，安東尼·羅賓說：「我們當中很少人有過這樣的經驗，但相信有不少人都看過赤腳過火路的表演，特別是在寺廟祭拜的慶典之中。當我們看見別人平安走過火堆之後，總以為是神明在庇護那些人，或是有人預先在火堆中做了手腳，殊不知其實只要經過妥善的安排，人人都能平安走過。」

1. 所有的限制皆來自於內心

由於大多數人不瞭解人體神奇的機能，總用無知的態度來看待可怕的遭遇，因而使自己陷入畏縮不前的狀態中。但其實那些原先認為做不到的事情都可以輕易實現，而且是毫髮無傷，可見任何受限都是從自己的內心開始。

2. 不滿足是成功的前提

所有的成功都是由不滿足開始，當一個人過於滿意現狀時，那就表示其對生活、人生的追求停住了腳步，只有不滿足的人，才會想著去超越、改變；具有強烈進取精神的人，才不會被社會淘汰，被人所遺忘。假如小有成就便感到滿足，那永遠都沒辦法攀登上事業的高峰，永遠無法取得傲人的成績；因此，唯有時刻保持不滿足的心態，才可能受益更多。

優秀的人永遠把現在的成就視為一個新的起點，現在的成功只是萬里長征的第一步；但普通人卻是取得一點成就，就洋洋得意，滿足於現狀。所以，成功者一步一步從優秀走向卓越，普通人則固步自封，最後坐吃山空。

李嘉誠語錄

「人生最怕的就是滿足，人一旦滿足，就會停下前進的腳步，停止更高的追求。」

人生只有向上的方向

人生最重要的，不是你所處的位置，而是你所朝的方向。年輕人總覺得自己好像少了些什麼，那我來告訴你：「沒錯，就是方向。」若空有模糊的目標，卻少了清晰的方向，那絕對無法成功。李嘉誠認為，年輕人必須有一個正確的方向，無論你多麼意氣風發、足智多謀，煞費了多少苦心，假如沒有一個明確清晰的方向，你肯定會對人生感到茫然，在前進的路途中，漸漸喪失鬥志，忘卻最初的夢想。

在人生的路途中，李嘉誠先是找到了人生的方向，才得以順勢而行，奮鬥出屬於自己的未來。生活中有很多人努力前進著，但卻是盲目的，最後因為找不到正確的方向，而徒勞無功。

1928年，李嘉誠在廣東省潮州市出生，其祖父是清朝末年的秀才，父親李雲經受過良好的教育，主要工作便是教書，所以他從小就受到家庭環境的薰陶，在詩書禮樂中成長，三歲讀唐詩，小學畢業時便能通讀《紅樓

夢》、《老殘遊記》和《資治通鑒》。

但家裡的經濟每況愈下，生活越來越困難，李雲經不得不棄教從商，可始終沒能賺到錢，又礙於大環境的動盪，無奈之下只能回去繼續教書，艱難地扛起一家人的生活，所幸李嘉誠從小就很懂事，每天放學都會去碼頭撿拾煤屑貼補家用。有次父親生病，但為了省下醫藥費，只能忍著病痛，苦撐著去工作，有時還邊改作業邊咳血，李嘉誠看在眼裡十分難過。

之後抗日戰爭爆發，李嘉誠一家人匆忙逃難，先後在汕頭、惠陽、廣州等地流浪、在車站露宿；儘管他們會在大街上販售香煙、糖果、針線⋯⋯等東西賺取零頭小錢，但日子依然毫無改善。日本侵略者又不斷進逼壓迫，李嘉誠一家人只好逃到香港投靠親戚——莊靜庵，但不到幾年的時間，父親便積勞成疾，病倒在床，於1943年去世，李嘉誠不得不輟學工作以維持家計。

兵荒馬亂的年代，人們到處失業，李嘉誠和母親都找不到工作，母親只好批發小東西去賣，但每天所賺的幾角錢根本無法養活一家五口。李嘉誠作為家中長子，對母親十分孝順，他希望能找到一份穩定的工作，幫助母親承擔家庭生活的重負，幸而順利找到一份在茶樓跑堂的工作。李嘉誠雖然在十五歲的時候，即踏入紛紜複雜的社會，但也因此重新確立了人生方向。

好比說高爾夫球的初學者，都會犯下一樣的錯誤，他們往往只顧著把球打遠，卻忽略了方向的重要性，但把球打直其實比打遠更重要！所以，擅長打高爾夫的人，時時謹記這樣一條原則：「方向比距離重要。」這項法則，同樣適用於生活和事業的處理方式，只要方向對了，哪怕是走得慢，一樣能一步步靠近成功；但如果方向錯誤，不僅白忙一場，更可能離成功越來越遠。

伊辛巴耶娃，是史上第一位跳超過五公尺高的俄羅斯撐杆跳選手，她

在撐杆跳這項運動的成就眾所周知，但誰能想到，她最初的夢想其實根本就不是撐杆跳，而是她最喜歡的體操呢？

伊辛巴耶娃從小就對體操情有獨鍾，總夢想著自己有一天能成為世界體操冠軍；而為了實現自己的目標，每天沒日沒夜地練習著體操，不管是寒冷的冬天，還是炎熱的酷暑，她都不敢有一絲的懈怠。

但隨著年齡的增長，她的個子越長越高，這對一名體操運動員來說將是一種阻礙。一般來說，運動員都能翻四次筋斗，可是伊辛巴耶娃因為身高（174公分）太高，只能翻兩圈半，在體操隊中沒有任何競爭優勢。

該怎麼辦呢？如果繼續在體操這條路堅持下去，最終只能碌碌無為，甚至是被淘汰。所以，伊辛巴耶娃在經過客觀的分析與權衡後，果斷地離開了體操隊，不過她依舊沒有放棄自己的夢想——成為世界冠軍。雖然她因為身高受限，無法成為體操界的冠軍，但她將夢想重新寄託在能充分發揮身高優勢的撐杆跳上。

經過不懈的努力，伊辛巴耶娃在撐杆跳運動中贏得了舉世矚目的成就。她二十四歲時就成為史上最出色的女子撐杆跳運動員，不斷打破世界紀錄，更不停超越自己的極限，還擁有五項重要賽事的冠軍頭銜——奧運冠軍；世界室內、室外錦標賽冠軍；歐洲室內、室外錦標賽冠軍。

佛蘭克林（Franklin）曾說：「若將寶貝放錯了地方，那就成了廢物。」所以，年輕人要找準自己的方向，學會經營擅長的項目，讓自己的人生增值；經營自己的短處，只會讓人生貶值。伊辛巴耶娃無疑是聰明的，她放棄了自己喜歡，但無法發揮自己優勢的體操，轉而選擇更具優勢的撐竿跳，從而實現世界冠軍的夢想。所以，我們不要再把時間浪費在難以彌補的缺點上面，別再讓所謂的「短處」阻礙自己的成功之路，反而應該不斷地強化優勢，成為超強項。

1. 找出自己的定位

　　如何找尋人生的方向？每個人都需要瞭解自己擅長的領域，努力讓工作與這些興趣愛好結合，將自己的才能發揮最大化，如此一來，做事情也更容易成功。只要有了準確的定位，就會知道自己在幹什麼，為了什麼而奮鬥，有了信念，才會努力奮鬥。

2. 尋找到合適的方向

　　只知道跟在別人身後漫無目的地奔跑，將來必自食其果。在你的周遭，是否也有很多這樣的人呢？擁有自己的方向，懂得正確努力的人，就如同一名職業高爾夫球手，能在人生的競賽中取得優異的成績。

　　荷馬史詩《奧德賽》中有一句至理名言：「沒有什麼比漫無目的地徘徊，更令人無法忍受的了。」沒有方向會造成內心的恐慌和迷茫，不斷地在徘徊中掙扎，且最終仍是一個平庸的人生。無頭蒼蠅因為找不到方向，才會處處碰壁；一個人也是因為找不到出路，才會迷茫、恐懼，所以找到前進的方向比努力更重要。

 李嘉誠語錄

「人只要不失去方向，就不會失去自己。」

✎ 天道酬勤，有耕耘就有收穫

　　一個人的成功跟他是否勤勉有著重要的關係，若一個人是勤奮的，那他就擁有成功的機會；若一個人是懶惰的，那他就一定不會成功。勤勉和

成功兩者是互相制約的，很多人會因為勤勉造就成功，但卻很少人會因為懶惰而成功；雖然勤奮不一定會為你帶來成功，但無論如何，我們都該辛勤工作，因為這是造就成功最基本的條件。

年近九十歲高齡的李嘉誠，從早年創業至今，一直保持著兩個習慣：一是睡覺前一定要看書，若是非專業書籍，他會抓重點看，但如果跟公司產業相關，就算再艱澀，他也會把它看完；二是晚餐之後，一定要看二十分鐘的英文新聞或英文雜誌，且不僅要看，還要跟著大聲說，以上這兩種勤奮，非一般人能比。

李嘉誠最初成功的原因也是因為自己勤奮敬業，套一句他說的話便是：「披星戴月去，萬家燈火歸。」他剛從事業務員工作時，業績可能不是最優秀的，但絕對是最勤奮的。

曾有位記者問他推銷的訣竅，但李嘉誠沒有正面回答這個問題，反倒是說了一個故事。

時年六十九歲的日本「推銷之神」原一平，他曾在一次演講中也遇到一樣的問題，有位記者詢問他成功推銷的秘訣時，他沒有直接回答對方的問題，反而是脫掉鞋子赤腳站在台上，然後請提問者上台，說道：「請你摸摸我的腳底板。」

那名記者雖然覺得莫名其妙，但還是摸了摸原一平的腳底，才剛摸到便驚呼：「您的腳皮怎麼這麼厚呀！」

原一平回道：「因為我走得路比別人多，跑業務跑得比別人勤，腳皮自然比別人厚上許多。」提問者聽完便馬上頓悟，全場給予熱烈的掌聲。

李嘉誠講完故事後，微微一笑地對提問的記者說：「我沒有資格請你摸我的腳底板，但我可以告訴你，我的腳皮也蠻厚的。」李嘉誠還在做業

務員時，每天都背著一個大包包，裡面裝滿公司樣品，從堅尼地城出發，挨家挨戶拜訪，尋找可能的潛在客戶，一天下來也要走十幾個小時。

但他並不因為勞苦而埋怨，直說：「別人做八個小時，那我就做到十六個小時，因為我也別時他法，只能勤能補拙。」他的事業，也因此被他「走」了出來。

《聖經》中有一句話：「流淚撒種的，必歡呼收割！那帶種流淚出去的，必要歡歡樂樂地帶禾捆回來！」我們把自己像種子一樣撒出去，如同農夫撒種，但我們不僅是種子，也是農夫。一位農夫出去撒種的時候，乃是出於他的自願，雖然辛勞，可他知道這是必須做的；雖然帶著眼淚，但他仍主動播種，將種子撒在泥土裡耕作，沒有人強迫他，完全是自己心甘情願。

遠古時代的原始人為了生火，都要花很長的時間去摩擦木頭或石頭；若要吃果實，就要爬到很高的樹上去摘。所以，不管是生起一堆火、摘得果實，成功的背後勢必有其辛苦努力的一面。

洛克斐勒（John D. Rockefeller）也是一位對工作異常勤奮的人。一天二十四小時，他有十五、六個小時都在工作，超過一天大半的時間，他有時甚至可以工作十八、九個小時，常常是別人都已經下班了，他還在勤奮地工作。曾有人替他計算，他一生中平均每週工作七十六個小時，休息的時間非常短，他常對別人說：「如果你什麼都不想幹，那一天工作八個小時就可以了，但如果你想做點什麼，那別人下班的時候，正是你工作的時候。」別人會問他：「你怎麼可以一天工作二十個小時呢？」沒想到他卻說：「一天工作二十個小時怎麼夠呢？我還想一天工作四十八個小時。」他總是不停地在工作，凡是認識洛克斐勒的人都說，他只有睡覺和吃飯的時候不談工作，其餘時間都泡在工作裡；這位世界級的大富豪就是如此勤奮地工作，才能取得舉世矚目的成就。

洛克斐勒之所以能獲得成功，就在於他始終如一的勤勉態度，他將勤勉轉化為頑強的奮鬥，在他的眼裡，一天二十四小時已經不夠用了，他希望一天能有更長的工作時間。因此，只有勤勉才能嚐到勝利的果實；只有勤勉才能得到命運的眷顧，洛克菲勒用實際行動證明了這樣一個道理，倘若你也是一位態度認真，做事勤勉的人，那成功一定離你不遠。

而我們通常稱猶太人為世界上最聰明，最努力、勤奮的民族，他們這種頑強的精神，成就了許多猶太富翁，像Google創辦人謝爾蓋‧布林（Sergey Brin）以及Facebook創立者馬克‧祖克伯（Mark Zuckerberg）……等等。但不僅是猶太人，凡是傑出的人物都勤勉地專注於自己的事業，他們都具備頑強忘我的奮鬥精神，好像不知道疲倦這兩個字是什麼意思，長期默默地埋頭工作，一點都不被外人所知曉，彷彿世界遺忘了他們；但有一天，他們會突然竄出來，獲得偉大的成功，讓你不得不欽佩他們所付出的辛勤。

1. 後天培養的勤奮

卓越的人大多因自己的勤奮，才能獲得巨大的成功；他們或許都不是天生的勤奮者，但他們卻願意由後天培養出勤勉，並把它視為一種習慣。韓愈也曾說過：「業精於勤，荒於嬉；行成於思，毀於隨。」可見，一個人若想成就一番事業，一定要守住「勤」字，忌掉「惰」字，面對生活或事業，你用什麼樣的態度付出，就會得到相應的回報。

2. 辛勤換來豐碩的回報

如果你以勤付出，那回報你的必將是豐碩的成果；反之，懶惰的人，是不會獲得任何東西的。懶惰的人是思想上的巨人，行動上的矮子，如果你懶得面對自己的人生，就等於把自己的生命一點一點送入虛無；成功的

人，絕不會讓懶惰悄悄萌芽。

我們要時刻提醒自己：「成事在勤，謀事忌惰。」人生苦短，勤勉往往是取得成功的一個必要條件，而懶惰則會讓你的生命陷入慢性自殺，阻礙你通往成功。勤勉、懶惰並非一個人的本性，不會有人一生下來，就是辛勤的勞動者，或是天生的懶蟲；很多人的勤勉或懶惰，其實都是後天養成，被習慣所影響。

李嘉誠語錄

「在競爭激烈的世界中，你多付出一點，便可贏得多一點。就像奧運比賽一樣，一百公尺短跑第一名的選手跟第二、三名只有些微的差距，但他快一點，就是贏。」

成功就是**不斷地學習**

＼ 成功的奧秘在於堅持學習

李嘉誠說：「在知識經濟的時代裡，即使你有資金，但缺乏知識，沒有最新資訊的話，無論何種行業，你越拼搏，失敗的可能性越大；可是如果你充滿知識，雖沒有資金，但小小的付出仍可能會有所回報，甚至很有可能達到成功。跟數十年前相比，知識和資金在通往成功的道路上所起的作用完全不同，現今知識就是力量。」

毛澤東常說：「飯可以一日不吃，覺可以一日不睡，但書不可以一日不讀。」他無疑是學習最佳的典範。在長征途中，他還曾躺在擔架上看《列寧與革命》；他家中那寬大的床，絕大部分的面積都被書本佔據；在他生命裡最後一段時間，他甚至要求助理唸書給他聽。無論在什麼樣的環境，他都堅持著學習，將學習變成一種習慣，視為人生中的一部分；一個人若想做到時時學習、處處學習、終生學習，就一定要讓學習成為一種習慣。

李嘉誠擁有一個巨大的工、商業王國，曾是華人首富、世界十大富豪之一，儘管現今首富位置已被取代，但仍維持著不凡的地位。有位記者曾問他：「今天你能擁有如此巨大的商業王國，靠得是什麼？」李嘉誠回答：「靠知識。」有位外商也曾問過李嘉誠：「李先生，您成功是靠什麼呢？」李嘉誠毫不猶豫地回答道：「靠學習，不斷地學習。」不斷地學習新知識，便是李嘉誠成功的秘訣。

李嘉誠勤於自學，在任何情況下都不忘記讀書，充實自己。他在年輕工作時就堅持「搶學」，創業期間也堅持「搶學」，建立起自己的「商業

王國」後，他也不忘搶學，孜孜不倦地學習。他曾說過：「年輕的時候，我非常驕傲。我雖然外表謙卑，但內心卻十分高傲，為什麼呢？因為我很清楚，在我身邊的人，大家都一樣沒有讀過什麼書。他們在玩樂的時候，我努力的學習，所以我一直在進步，他們卻只能維持原狀，且我不光是『求學』，而是『搶學』！搶在別人之前學習，我就能搶先贏得一步。」

李嘉誠認為自己一點一滴累積的學習，就如同長江不擇細流般，終能浩蕩萬里，所以他睡前一定會有閱讀的時間，他喜歡看人物傳記，無論在醫療、政治、教育、福利哪一方面，對全人類有所幫助的人他都佩服不已、心存景仰。

且李嘉誠就算一天工作十幾個小時，他仍堅持學英語，專門聘請一位家教，每天早上七點半準時上課，上完課再去上班，更訂閱了與產業相關的英文雜誌，不僅能學英文，又能瞭解世界最新的產業動態。

在苦讀之下，英文確實讓李嘉誠與其他企業家有所區別；當年，懂英文的華人在香港屬「稀有動物」，但因為他懂英文，所以他能直接飛往英、美等地參加各種展覽，更能直接與外商或銀行的高層主管打交道、談生意。如今，雖然他已年逾耄耋，可仍愛書如命，堅持不斷地讀書學習。

讓學習成為一種習慣，最重要的就是要行動起來，充分認識到學習的重要性，將學習視為一種責任、一種追求。當然，讓學習成為一種習慣，並不是一蹴而就，而是一個長期的過程，在這個過程中，我們要把自己的壞習慣變成學習的好習慣，不要沉溺於牌桌上的玩樂，更不要沉浸在觥籌交錯的應酬當中；任何一種習慣都有強大的慣性，好習慣是這樣，壞習慣亦是如此，一個人的時間和精力有限，如果你想讓學習變成一種習慣，那就務必改掉壞習慣。

有人說：「賈桂琳（美國前總統甘迺迪的夫人）的魅力是深不可測的智慧美。」熟識她的人都知道她有多熱愛閱讀。賈桂琳是典型的書迷，她

對書的癡迷，是常人難以理解的，就連她的丈夫甘迺迪也驚歎：「實在無法理解她為什麼那麼喜歡看書。」

賈桂琳博覽群書，不管什麼書都看得十分認真，尤其喜歡詩集、歷史或是藝術類的書籍，且隨著地位的提升和年齡的增長，她看得書是愈加廣泛，透過閱讀不斷提升自己。如此學習經歷，使她在離開白宮後仍被世人記住，還變得更有名，成為一位具有影響力的女人。

賈桂琳的公寓和別墅裡擺放了各式書籍，不管是桌上、桌下、沙發還是椅子，到處都堆滿了書，整座別墅就好比一間圖書館。她經常告訴朋友希拉蕊（前美國國務卿）：「要做一位讀很多很多書的女人。」在賈桂琳看來，要想成為一位傳奇女人，其中的奧秘就是書和學習。

萊因霍爾德（Reinhold Messner）曾說：「賈桂琳在社會學和神學上所表現出的智慧深深感動了我，因而下決心支持她的丈夫。」戴高樂將軍在見識賈桂琳的智慧之後，也這樣說道：「賈桂琳女士對法國歷史瞭解的程度，遠遠超過法國當地的婦女，她不介入政治，但卻能替丈夫增添藝術和文學支持者的聲望。自從認識賈桂琳以後，我對美國更加信任，更有信心了。」

賈桂琳那非凡的智慧，全歸功於她熱愛學習，且終生不輟，即使她的地位和名聲日益升高，也不放棄任何學習的時間與機會，甚至更加刻苦地學習，透過學習來提升自己的文化修養；這位偉大的前第一夫人將學習當作一種習慣，視為自己生命的一部分。

1. 學習是一種習慣

學習，是我們每個人都應該養成的良好習慣與性格，一個人若是將學習變成一種習慣，他就能掌握住人生的正確方向。在現實生活中，許多人知識匱乏，能力不足，碌碌無為，甚至步入歧途，就是因為他們沒有充分

地學習，導致他們的視野不夠宏觀，無法有所建樹。

2. 慢慢領悟學習的樂趣

碌碌無為的人之所以無法成功，其實還有一個很重要的原因，就是他們不能自發性地學習。有的人從來不把學習看作樂趣，而是把學習視為一種負擔；有的人談起學習頭頭是道，但缺少實際行動，所以，不學習絕對不是因為「學習枯燥乏味」、「太忙沒時間」，關鍵在於他們沒有養成良好的學習習慣。

著名語言、文字學家周有光於2017年初逝世，享壽一百一十一歲。儘管因為年邁，而行動較不方便，但他仍堅持每天伏案學習，手不輟筆。有人問他：「您都一百多歲了，又有那麼多成果，為何還那麼辛苦呢？」他微微一笑，回答說：「辛苦嗎？我從不這麼覺得，一輩子的習慣，想改都難。」當學習變成一種習慣後，你想擺脫都很難了；一位善於學習的人，他的內心是極為滿足的，因為他的才情都是用豐富的知識和生活經歷所累積。

李嘉誠語錄

「我不間斷地閱讀有關於新科技和新知識的書籍，所以不會因為不暸解新訊息而與社會潮流脫節。」

✎ 不是運氣不夠好，只是不努力

李嘉誠於1928年出生，已年高九十歲，每當記者詢問他的退休計畫

時，他總這樣說道：「我已做好退休的準備，只是現在還沒有這個計畫。我每天都樂於為公司或基金會付出時間和精力，數十年如一日，我可能是公司病假請最少的人之一。」許多人對身邊那些做出成就的人，總是抱以羨慕嫉妒的目光，感歎自己命運多舛、生不逢時。如果你也是這樣的人，請重新審視一下自己，難道真的是因為運氣差嗎？運氣往往與好運相連，如果足夠努力，那好運自然會到來。

世上不會有好運無緣無故的降臨，絕大多數的人都是靠自己努力所換來的，你付出多大的力氣，就會有對等的成功。對此，李嘉誠還告誡過世人一句話，要大家永遠不要忘記——越努力，越幸運。

李嘉誠認為：「勤奮絕對是成功的要素之一，所謂一分耕耘，一分收穫，一個人所獲得的報酬和成果，與他所付出的努力有著極大的關係；運氣只是其中一個小因素，努力才是創造事業最基本的條件。」

成功靠什麼？眾說紛紜，有的人談到成功，總是以「運氣」兩字以蔽之，但事實並不是這樣，事業的成果有運氣的成分，可最主要還是靠勤勞；尤其是在尚未成功之前，事業成果百分之百得靠勤勞換來。華人首富李嘉誠從小生意起家，並一步步發展壯大，憑藉的就是勤勞刻苦的品質。

當年，李嘉誠的父親離開人世後，為了生計，被迫輟學，但他勤奮好學、出類拔萃，二十歲就被提拔為業務經理，後來更升任為總經理。在剛接觸推銷工作的那段日子裡，他為了做得比別人出色，只能不斷努力，用勤奮來彌補自己的不足。

現代作家、藝術家老舍曾說過：「才華是刀刃，勤奮是磨刀石，很鋒利的刀刃，若日久不用磨，也會生鏽，成為廢物。」對於商人來說，勤奮就是做生意的磨刀石。李嘉誠認為：「做好一名推銷員，一要勤勉，二要動腦。」李嘉誠當推銷員時，工作雖然繁忙，但他仍用工餘之暇進修，學習知識，他也常說自己從推銷中獲得的成功經驗就是：一是，學習；二

是，勤奮。

正如一位哲人所言：「成功者大都起始於不好的環境，並經歷了許多掙扎和奮鬥。」成功者人生的轉捩點通常都是在危急時刻而產生，經歷這些滄桑之後，他們才具有更健全的人格和更強大的力量。

所以，請放下你的浮躁，放下你的懶惰，放下你那三分鐘熱度，重整容易受誘惑的大腦；放開容易被事物吸引的眼睛；閉上喜愛聊八卦的嘴巴，靜下心來好好思考。當你真正付出努力之後，你會發現自己比想像中還優秀，好運也會在不知不覺中降臨。

古人說：「一勤天下無難事。」勤奮可說是亙古至今所有成功者都在踐行的真理，但卻有很多人把成功寄託於勤奮之外的「偶然性」。

對於此，李嘉誠認為：「勤奮是個人成功的要素，所謂一分耕耘，一分收穫，一個人所獲得的報酬和成果，與他所付出的努力是有極大的關係的。運氣只是一個小因素，個人的努力才是創造事業最基本的條件。」

因此，通往成功的道路上，任何抱怨都無濟於事，任何藉口都是白搭，唯有努力才是真本事。努力的人，他根本不用去尋找好運，因為本身就有著好運；越努力越幸運，這是成功的法則。

努力帶給我們的價值其實遠大於成功之後所衍生的名與利；在努力的過程中，不斷磨練、不斷嘗試，到成功那一天，所有的努力都會聚沙成塔，成就自我。

李嘉誠語錄

「天才是 1%的靈感加上 99%的努力。」

✎ 業精於勤，不懈的努力是成功的緣由

　　一般我們都會認為猶太人是世界上最聰明的人，全球約有一千五百萬名猶太人，占全世界總人口的0.3％；但他們獲得諾貝爾獎的比例卻是其他民族的一百倍。美國有六百八十萬的猶太人，約占美國人口1.9％，而排名前四百名的美國富豪中，就有一百人是猶太人，這些數據，似乎真的印證了猶太民族的優異。

　　但猶太民族並非生來就比其他人更聰明，若你真這麼認為，那實在是很荒謬，而且沒有任何根據。其實只要仔細研究，你就能發現猶太人之所以擁有如此盛名，完全是因為他們的勤奮和執著；也正因如此，他們才會比其他人更容易成功，獲得最聰明的稱號。

　　他們喜歡專研於專業領域，勤奮地專攻自己所熟悉的領域，而且是非常執著。所以，才會有猶太科學家在七、八十歲的時候，仍能獲得諾貝爾獎提名，甚至是得獎；他們一生都在勤奮耕耘自己的事業，因而讓成功屬於他們。

　　有這樣一句話：「要造就一位成功的政治家，也許只需要數年的功夫；但要造就一名成功的商人，尤其是一名白手起家的商人，則需要用一生的時間。」李嘉誠的成功便說明了這一點，一個商人要想成功，沒有捷徑可走，一分耕耘一分收穫，奮鬥一生才能收穫一生。

　　1950年，李嘉誠以自己的積蓄，並和親友借了些錢，籌得五萬元港幣租賃廠房，創辦長江塑膠廠。他的公司雖不曾出現巨大的失誤，但他仍用了近一生的時間，才做到如此成績。俗話說，勤能補拙、業精於勤，李嘉誠能有今天的成就，主要得益於勤勞刻苦的性格，他認為早期的勤奮，正是他儲蓄的資本，也就是外國人所說的「資本累積」。

　　勤奮、信用和學習就是李嘉誠最大的財富，推動他不斷地走向成功。做了一輩子生意的李嘉誠，這樣總結自己的成功之道：「因為我勤奮、節儉，有毅力，肯求知，並建立良好的人際關係。」每當面對挫折時，他都比別人更勤奮，在行動中總結出失敗的教訓、發現跨越挫折的路徑，一次次地走出困境。最讓李嘉誠難忘的，是早年勤奮進取的時光，茶樓下班回家後，他依然挑燈夜讀，勤奮思考，不斷規劃自己的人生，絲毫不敢懈怠。

　　勤奮絕對是個人成功的要素，正所謂「一分耕耘，一分收穫」，李嘉誠少年喪父、小學畢業，成功全憑勤勞、智慧和不斷地學習。李嘉誠認為，個人的努力才是創造事業的最基本條件，勤勞可以彌補資金、技術等許多方面的不足，在競爭中獲取比較優勢。

　　人必須經過勤奮努力才能在某方面獲得成功，一個人無論再怎麼聰明，如果不注重後天的學習，天分終究會消失；而一個人無論再普通，但只要他具有勤奮的精神和毅力，將來勢必能取得傲人的成就。

　　眾所周知的著名物理學家愛因斯坦（Albert Einstein），小時候就曾被老師認為是笨學生，可後來他卻能在物理學上取得重大的成就。他曾說過一句至理名言：「在天才和勤奮之間，我會毫不猶豫地選擇勤奮，它幾乎是世界上一切成就的催生婆。」

　　許多成功人士用他們的親身經歷向我們闡述著：「人若想取得非凡的成績，非得付出超常的努力不可。如果你想取得成功，就要比別人更加勤奮。」

　　成功的人，對於勤奮的理解和我們不太一樣，在他們眼中，勤奮並不是一味地吃苦，他們會認為吃苦等於是蠻幹，不會產生任何的作用；所以，若要勤奮，那就應該要能產生巨大的價值，而不是一味地埋頭苦幹。

　　很多成功人士在最初創業的時候，都是靠勤奮才成就一番事業，而成

就事業之後，他們仍會保持勤奮，只是轉換個方式，用在管理等其他統籌方面的工作上。

　　因此，我們可以知道，勤奮是成功的一個很重要的條件；倘若李嘉誠當初沒有勤奮的努力，今日也許就沒有這些輝煌的成就。

 李嘉誠語錄
　　「覺得自己做得到和做不到，其實只在一念之間。」

吃得苦中苦，方為人上人

✎ 如今的成就，全靠背後的努力

許多年輕人都認為自己很平凡、能力很普通，覺得自己先天條件有所欠缺，導致他們對自己失去信心，在他們看來，不管再怎麼努力，最終都只會成為一位平庸的人。而抱著這樣的想法，他們就不會再付諸努力，只知道渾渾噩噩地生活著，有的人甚至選擇了自甘墮落的生活；他們渾然忘記，成功之路不可能一帆風順，每個人都有可能迷茫，不知道未來究竟在哪裡。

李嘉誠以自己成功的經歷告訴我們：「相信夢想，夢想自然會回饋於你，努力比任何東西都來得真實，用堅忍換機遇，用時間換天分，哪怕走得慢，終究會抵達。」

父親去世後，李嘉誠不得不挑起養家的擔子，但身處兵荒馬亂的年代，要想在香港找份工作十分不容易，多次碰壁後，才總算在一家茶樓找到一份堂倌的工作。這份工作對年僅十四歲的他來說著實不容易，每天凌晨五點就必須趕到茶樓準備，又因為他是茶樓裡最資淺的堂倌，其他人休息的時候，他卻還要留在外場聽人差遣，往往得到下班才能真正鬆懈下來。

儘管辛苦，李嘉誠卻十分珍惜這份工作，他不僅勤快又機靈，很快便得到老闆的賞識，成為調薪最快的堂倌。但他並不滿足於在茶樓工作的環境，希望能學到更多的東西，以備未來所用；所以，勤奮工作的同時，他也勤於動腦，為客人服務的時候，他試著根據茶客的特點，瞭解對方的年齡、籍貫、職業、財富、性格，並找機會進行驗證，不然就是揣摩顧客的

消費心理，訓練出察言觀色、見機行事的本事。

在外人看來這可能是一段艱辛的日子，但其實李嘉誠在回憶起這段時光，卻認為別有一番成長的樂趣。

我們都一定有聽過龜兔賽跑的故事，兔子機靈跑得快，讓牠自以為是，認為自己勝券在握，安心地睡起了大覺。誰知道看起來溫吞吞的烏龜，以堅持不懈的努力和不放棄的精神，賣力地爬，最先抵達終點；所以，一場比賽誰能笑到最後，還真是不一定。

有一個孩子想不明白為什麼同學每次都能考第一，自己卻永遠只能排在他的後面。

回家後他問道：「媽媽，我是不是比別人笨？我和他一樣聽老師的話，一樣認真地做作業，但為什麼我的成績就是比他差勁呢？」媽媽聽了兒子的話，發現兒子開始有自尊心了，而這股剛萌芽的自尊心正源自於學校的課業排名。她望著兒子，沒有說話，因為她不知道該怎麼回答；之後，又經過一次考試，孩子考了第二十名，而那位同學還是第一名。回家後，兒子又問了同樣的問題，她真想說，人的智力確實有高低之分，考第一的人，腦子就是比一般人聰明，但這樣的回答，真是孩子想知道的答案嗎？所以，她仍沒有回答兒子。

到底該如何回答兒子的問題呢？她好幾次都差點說出那些被上萬名父母重複上萬次的話，例如「你太貪玩了」、「你在學習上還不夠勤奮」、「和別人比起來還不夠努力」……等等，以此來搪塞兒子；但像她兒子這樣腦袋不夠聰明、在班上成績不甚突出的孩子，難道平時學習得還不夠辛苦嗎？所以她並沒有那麼做，她想為兒子找到完美的答案。

不久，兒子小學畢業了，雖然他比過去更用功，可依然沒趕上他的同學，但跟過去相比，他的成績一直在進步，為了對兒子的努力表示讚賞，她

帶他去看海邊玩；而就在這次旅行中，她回答了兒子的問題。

母親和兒子坐在沙灘上，她指著大海對兒子說：「你看那些在海邊爭食的鳥兒，當海浪打來的時候，小灰雀總能迅速地飛起，輕鬆拍打兩、三下翅膀就飛上天空；海鷗雖顯得非常笨拙，從沙灘飛向天空需要很長時間，但飛越大海的卻是牠們。」

一句「海鷗雖顯得非常笨拙，從沙灘飛向天空需要較長的時間，但飛越大海的卻是牠們。」讓兒子瞬間瞭解自己與同學之間的不同。

平凡又怎樣，不起眼又怎樣，只要你夠努力，一樣可以飛過大海。當我們在討論這個問題的時候，應該先反思自己是否努力過，如果你都不曾努力過，又怎能抱怨社會太現實呢？

威廉大學畢業後積極求職，大概投遞了二十多份履歷出去，卻沒有得到任何回應，那些履歷宛如石沉大海、杳無音訊；在找工作的過程中可說是曲折坎坷，好不容易才接獲幾家公司面試通知。

威廉在筆試上失意過，也在集體面試時，因插不上話而被刷掉，和許多求職的年輕人一樣經歷過低潮期，但他始終沒有放棄，仍不斷努力尋找。遇見太多糟糕的事情，他反而覺得一切都會慢慢好起來；情緒太過糟糕，他反而知道該如何梳理情緒；瞭解自己的缺點之後，他反而知道什麼工作才是最適合自己的，在每一次求職失敗後，威廉都會反思自己的缺陷和不足，總結失敗的經驗，從沒有過放棄努力的念頭。

威廉說：「天賦決定了一個人的上限，努力則決定了一個人的下限。」許多年輕人根本沒有充分努力，就先放棄了，而威廉深知自己沒有一步登天的本事，所以只能用努力換取天分。最後，如願找到了一份好工作。

成功就是運氣恰巧撞到了努力而已，努力永遠不會出錯，即便現在無法感受到努力的回報，但未來某一天總會獲得回報。選擇自己喜歡做的事情，然後努力堅持到做不下去為止，我們不僅要相信夢想，更要相信努力，因為遺憾比失敗來得更可怕。

1. 擁有堅持到底的決心

年輕人追逐夢想的時候，世界總會製造許多挫折與困難來阻擋你，殘酷的現實會捆住你的手腳，但其實這些都不重要，重要的是，你是否有努力的決心。

2. 用努力換天分

平庸並不可怕，可怕的是永遠平庸，既然上帝沒有給予天賦，那我們就用後天的努力彌補；越努力越幸運，如果你覺得自己平凡，那就用努力換取天分。在這過程中，我們要相信努力奮鬥的意義，讓未來的你，感謝現在努力拼搏的自己。

堅持不懈可以讓你在失去動力的時候，幫助你繼續行動，使結果漸漸好轉；只要你持續努力，最終將會得到回報，而這個回報可以為你帶來強大的動力。

李嘉誠語錄

「我從十七歲開始做業務員，深刻體會到掙錢的不容易和生活的艱辛，所以人家做八個小時，那我就做十六個小時。」

↘動心忍性，擺脫逆境

不管做什麼，人都必須在事情上多磨練自己才能受益，如果只想停留在舒適圈，不願在複雜的環境之中歷練，那遇到事情就會緊張慌亂，以至於錯失成功。有一句名言：「請享受無法逃避的痛苦，比別人更早、更勤奮地努力，才能嚐到成功的滋味。」只有經受住風雨，才能等到雨過天晴後的彩虹；自古以來，許多獲得成就的人，都是抱著不屈不饒的精神，忍耐著枯燥與痛苦，在逆境中奮鬥過來的。

在人生的道路上，會面臨各種不同的挫折與困難，而面對挫折，每個人都有著不同的理解，有人說挫折是人生道路上的絆腳石；也有人說挫折是墊腳石。所謂「百糖嚐盡方談甜，百鹽嚐盡才懂鹹」人生就跟玉石一樣，需要經歷洗練才會更美麗；唯有經過枯燥與痛苦，才能收穫成功的果實。

李嘉誠二十二歲那年，察覺到塑膠製品業在市場上的脈動，無論老闆如何賞識和挽留，都執意要另立門戶，獨自創立新興的塑膠產業。他拿出自己多年的積蓄，又向親友借錢，籌措出五萬元港幣租賃一間廠房，「長江塑膠廠」因而誕生，開始步上艱辛的創業之路，這樣說做就做的行動力，體現出李嘉誠的獨立性和堅定果斷。

創業後不久，嚐到幾次成功甜頭的李嘉誠，也不免俗地遭遇過一些坎坷。長江塑膠廠曾因為產品品質問題，一度瀕臨破產，他足足用了五年的時間，營運才逐漸好轉；但不管經營得如何艱難，李嘉誠仍拼盡全力，始終沒有放棄，而這份堅持正源自於他那超強的抗壓性，這份堅持也替他贏得了轉機。

1957年，李嘉誠親赴義大利學習塑膠花製造技術，千方百計地搜集相關資料，甚至進到塑膠廠辦當打掃人員，只為了將最新的技術帶回香港，

更不惜重金聘請專業人員進行研究；又透過市場調查，決定出要大規模生產的塑膠花品種，就是這番堅持，因而造就李嘉誠成為塑膠花大王，讓他從塑膠花中挖掘到第一桶金。

每個人都不喜歡磨難到來，但當它與你不期而遇時，千萬不要掉頭或轉向；磨難是一隻魔鬼，一旦他找上你，就會對你窮追猛打，若選擇躲避甚至逃跑，只會被它折騰得更悽慘。記住，人生往往要經過坎坷的歷練，才會變得多采多姿。

所以，凡成大事者，都必須經得起磨難的歷練，經得起失敗的打擊。成功需要風雨的洗禮，一位有追求、有抱負的人，總是視挫折為動力，有句話說得很好：「能受天磨真鐵漢，不遭人嫉是庸才。」挫折磨難對天才而言，是塊通往成功的跳板；對強者而言，則是一筆寶貴的財富；而對弱者來說，就是使之堅強的助力器。

曾有人說：「成功的人生是痛苦與失敗的交織，是磨難與順利的交替。」卓越的人生就從卓越的目標開始，而卓越目標的背後，必然是充滿荊棘和坎坷的路；經受了荊棘的刺痛和坎坷的摔打，追求成功的意志才會堅強起來。歷練是人生不可多得的寶貴財富，有了這筆財富，就沒有什麼困難是不能克服的，就沒有什麼曲折可以將人擊倒，人生歷練可說是邁向成功的奠基石。

俞敏洪是新東方教育集團的創始人，但之前也是經過兩次高考落榜後，才考上北京大學外語系。且在北大讀書的日子，俞敏洪初期完全不會說英文，經常受到老師和同學的白眼和不屑，指導教授甚至這麼評價他：「只聽得懂俞敏洪三個字，連鸚鵡都不如。」這些刺耳的話深深烙印在他的心底，因此下定決心，每天花費十幾個小時狂聽狂背英文，熟練掌握八萬個英語單字。

畢業後，他留校當了正式老師，可卻被北大邊緣化，長達六、七年之久，所以他只好到校外的培訓機構授課，但不幸被學校發現，受到校方嚴厲的譴責及批評。他因而憤然辭職，開始了新東方學校（簡稱新東方）的創業歷程。

起初，他租用中關村二小的一間小平房，拎著糨糊桶，獨自一人在零下十幾度的冬夜四處張貼招生廣告。一直到1995年，新東方才蓬勃發展起來，業務範圍不斷拓展，在校學生數達到千人的規模。據公開資料統計，現今每年有近一千萬人在新東方接受英語培訓，俞敏洪也成為中國史上最富有的教師。

俞敏洪的成功是經過淬煉的結果，其坎坷不平的人生道路造就了他不屈不撓的性格；造就了踏實前行的人生之路。他的經歷告訴我們，人生道路上有曲有折、有高有低、有起有落，若想成功，必然要經過一番艱苦的歷練。有人說，人生是由幸福和痛苦所組成的一串珍珠，誰也無法避開四季的風雨冰霜，逆境將使人得到歷練。所以，我們要有戰勝挫折的信心和勇氣，鍛鍊人的品格；磨礪人的意志；激發人的智慧；增長人的才幹；顯露人的本色。

命運賜給我們機遇和幸福，同時也給我們缺憾和苦難，我們千萬不要畏畏縮縮，更不要怨天尤人，要用堅強的意志和剛毅的態度對待磨難；用豁達的心態對待生活，這樣才會多一些希望，多幾分幸福。

李嘉誠語錄

「在逆境的時候，你要問自己是否有足夠的條件，能在逆境的時候，認為自己夠堅強！我勤奮節儉有毅力，肯求知、肯建立一個信譽，所以才能站住腳。」

成功在於戰勝自我

1996年，李嘉誠的長子李澤鉅（三十二歲時）曾被張子強綁架，對方開口就勒索巨額贖金，李嘉誠馬上同意，而他的鎮靜令張子強感到十分意外，便問他：「你為何這麼冷靜？」

李嘉誠回答說：「因為這次是我錯了，我們在香港的知名度這麼高，卻一點防備都沒有。比如我去打球，早上五點多自己開車去新界，路上只要幾部車就可以把我攔下來，但我竟然一點防備都沒有，所以我應該自己檢討一下。」

李澤鉅當時乘車返回家中，遭張子強為首的集團攔車綁架，傳聞當時李澤鉅被囚禁在一處偏遠的廢棄雞舍，然後張子強在自己身上綁炸彈，隻身前往李氏大宅勒索贖金，一開口便要了二十億元港幣。

李嘉誠隨即點頭答應，但因為手頭現金不夠，最後才以10.38億元港幣（同長江基建的股票編號：1038）談妥，事後也沒有報警處理。且他當下不僅反省了自己家族的維安不周全，甚至給了歹徒一番忠告：「你拿了這麼多錢，下輩子也夠花了。趕緊趁現在遠走高飛吧，洗心革面做個好人，屆時再犯錯，可沒有人會再這樣寬容你了。」張子強成功拿到贖金後，親自駕車將李澤鉅送返李家，毫髮無傷，隔日也如常到公司上班，大家絲毫不知他經歷了一場恐怖的綁架案。

事後宛如過往雲煙，社會大眾完全不知曉，一直到十七年後，李嘉誠才在一場專訪上不經意地道出此事，且在陳述案發狀況時，他語氣平靜，好像在說著一段別人的故事；而李嘉誠的自省言論，更令大家佩服。他還透露張子強事發之後有再與他聯繫，表示自己拿到的錢都賭光了，特別打來請教李嘉誠一些投資的方法。

　　李嘉誠僅回他：「我只能教你做好人，若你要叫我再做什麼，我不會了。你只有一條大路，那就是遠走高飛，不然你的下場會更悲慘的。」後來，張子強的下場果真很慘，在中國因其他罪刑被捕，遭到處決。

　　可見，就算一個人僥倖逃過一劫，但如果不懂得反省，一錯再錯，那人生結局定不會有任何的改變。孔子曰：「見賢思齊焉，見不賢而內自省也。」自省，其實就是透過自我意識來省察自己言行的過程，日省其身，有則改之，無則加勉。自省是自我意識能動性的表現，一種行之有效的德行修養方法。

　　李嘉誠將兒子被綁架的責任歸咎於自己身上，因為他之前並沒有意識到，有錢其實也是一件危險的事情，因此從未做過任何防備。所以在經過綁架事件後，李家人出門都會帶上幾名保鏢，尤其是孫子出生之後，更雇用貼身保鏢來保護他們的安全。

　　曾子說過：「吾日三省吾身：為人謀而不忠乎？與朋友交而不信乎？傳不習乎？」可見，自省絕對是認清自己最好的方法。

　　夏朝的時候，有一位叛變的諸侯有扈氏率兵入侵，夏禹派兒子伯啟到前線抗戰，不料伯啟被打敗。他的部下很不服氣，要求繼續進攻，但伯啟說：「不必了，我的兵比他多，營帳也比他大，卻被他打敗了，這一定是因為我的能力不及於他，帶兵方法也不如他的緣故。從今天起，我一定要努力增強自己才是。」

　　從此之後，伯啟每天都很早起床工作，粗茶淡飯，照顧百姓，任用有才幹的人，尊敬有品德的人。過了一年，有扈氏知道了，不但不敢再來侵犯，反而自動歸順投降。

　　遇到失敗或挫折，假如我們都能像伯啟這樣，虛心地自我檢討，改正有缺失的地方；那成功一定是屬於我們的。一個人只有保持自省的習慣，才能瞭解自己，對自己進行正確的認識和評價，也只有這樣，才能揚長避短，讓人生道路更為寬廣。

　　自省是審視、反省自己，明代思想家王陽明，他在靜坐時通常會進行八點反思：

✓ 分析，我有什麼私欲？

✓ 目標，我要透過什麼方法來克制這些私欲？

✓ 信心，我要堅信自己能克制這些私欲；

✓ 毅力，必須具備強大的意志力，一日不成就兩日，兩日不成就三日，絕不能半途而廢；

✓ 心態，在克制私欲的過程中保持良好的心態，不能為克而克，更不能克制私欲的目的，一旦有了這種心態，就會產生新的私欲；

✓ 學習，所謂學習知識就是透過各種手段致良知，以良知的力量幫助自己完成自我管理；

✓ 檢驗，當確定自己克制私欲之後，要透過實踐來進行檢驗；

✓ 反思，我為何會有這種私欲，私欲是如何誕生的

　　因此，我們要向王陽明一樣，時時自省，一一反省到位，才不會再犯同樣的錯誤，重蹈覆轍。

　　司馬光是位貪玩、貪睡的孩子，常受到老師的責罰和同學的嘲笑，但在老師的諄諄教誨及感化之下，他決心改掉貪睡的壞毛病。他為了能順利早起，特地在睡覺前喝了滿滿一肚子的水，結果早上不但沒有被腹脹憋醒，還

尿了床；於是聰明的司馬光改用另一種方式，找了根圓木頭作警枕，早晨的陽光刺眼，只要他一翻身，頭便滑落在床板上，自然驚醒。

從此，他天天早起讀書，堅持不懈，最後成為一位學識淵博的大文豪，更完成了巨作——《資治通鑒》。

懂得時刻審視自己的人，一般來說都很少犯錯，因為他們會時時思考：「我到底有多少力量？我能幹多少事？我該幹什麼？我的缺點在哪裡？為什麼失敗？為什麼成功？」保持自省的習慣，輕而易舉地找出自己的優缺點，為日後的行動打下基礎。

有一天，有位年輕人打電話問：「是王公館嗎？我是打電話來應徵園丁的，我的實務經驗相當豐富，一定可以勝任這份工作。」

接聽電話的人回道：「先生，你恐怕弄錯了，我家主人對現在聘請的園丁非常滿意，直說他是一位盡責、熱心勤奮的人，所以我們這兒並沒有園丁的需求。」

年輕人聽到，有禮貌地說：「對不起，那可能是我搞錯了。」便掛斷電話。小店的老闆聽到這年輕人的話，便說：「年輕人，你想找園丁的工作嗎？我的親戚正要請人，你有興趣嗎？」他回道：「多謝你的好意，其實我就是王公館的園丁。我剛才打電話只是為了自我檢查，看看自己的表現是否合乎老闆的標準而已。」

人只有不斷自我反省，才能不斷進步。生活中，確實有很多人會抱怨：「我每天努力工作，一刻都沒有停下來過，但為什麼付出這麼多努力卻還是無法成功呢？」

一個人必須懂得不斷自我反省和自我總結，改正錯誤才能完善自我；

只有透過自省，時刻檢討自己，才能走出失敗的陰影，走向成功的彼岸。

「自省」不等於是自我批判，它包括自我肯定，在逆境時要懂得自省，順境時更要自省，在自省中總結過去，暢想未來；在自省時承認錯誤與過失，但切勿為此而哭泣，因為矯正過錯之後，你仍可以繼續向前邁進。

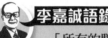

李嘉誠語錄

「所有的勝利，跟征服自己的勝利比起來，都是微不足道的。」

探究自己，實現自我

↘ 堅持自己，人無志而不立

李嘉誠認為：「人，第一要有志，第二要有識，第三要有恆。有志，則斷不甘為下流。」

對於李嘉誠來說，他幾乎用了一生的時間立志，他不僅立了大志，在人生每個階段也都有小目標。李嘉誠的經商之路可謂平步青雲，但事業成功的背後，我們不可忽視他那遠大志向所帶來的動力，正所謂「成大事者無不有大志」，立志要擺在人生第一位，一個人若有了遠大的志向，就能夠無事不成；若不立志，必然會失去奮鬥的力量，這輩子或許就只能碌碌無為了。

李嘉誠小時候的夢想是像父親李雲經一樣，做一位桃李滿天下、博學多聞的老師，即便從商之後，他最大的夢想仍是「賺一大筆錢，再去搞教育」。他的父親又很重視李嘉誠的教育，很喜歡帶他去看海，因為父親認為，海的浩森、雄壯能讓孩子的心胸博大，使他時時充滿熱情。

有一次，李雲經領著年幼的李嘉誠來到汕頭海邊。他一邊指著港口往來如梭的巨輪，一邊講著人生的道理給李嘉誠聽。李嘉誠當時很佩服船長，他認為那麼深的海水，這巨大的輪船卻還能漂在水面上，船長一定很有本事，於是他說道：「爸爸，將來我也要做大船的船長！」

李雲經高興地說：「好孩子，有志氣！阿誠，做一位船長不容易，他必須全面性地考慮很多問題。」然後，父親嚴肅地告訴李嘉誠：「你看，港口現在的天氣看似很好，但出海後可能就不一樣了，在大海上若暴風雨來襲該怎麼辦呢？做船長就要事先設想到，提前做好一切的防備。而且，

阿誠，你要記住，做任何事情都要像船長一樣，預先準備好一些事情，隨時準備應付突如其來的事情，世上不是只有開船才會遇到危險。」

從此以後，船的形象和船長的意識緊緊地伴隨著李嘉誠的一生，他從小就把人生比作一條船，更把他馳騁商場、縱橫東西的李氏王國比擬為一艘巨輪；所以，他總是很自豪地說：「我就是船長，是航行在波峰浪谷間的船長。」他立下志向之時，不過是弱冠少年，可是他卻能用一生的時間，來實踐心中的理想之志。

生活在現代社會的我們，從小不乏聽過「志向、理想」等字眼，當稚嫩的小手寫下遠大的志向時，我們心中湧起的是興奮、自豪；但隨著時間的流逝，我們曾立下的遠大志向也日漸模糊，從心中的第一順位一直向後退，已不再有舉足輕重的地位。

而對於剛進入社會的我們，心中的志向可能退而求其次，轉為「安安分分做自己的工作」，失去前進的動力，也喪失為理想而奮鬥的鬥志。我相信大多數的上班族都是如此，每天經歷的便是這樣的狀態：無精打采、計算著休假和假期的到來，過一天是一天。如果你問他：「你有什麼遠大的志向？」他反而會覺得茫然失措，因為過去所立下的遠大志向，早已千瘡百孔，無法實現。

小輝和小楓同時間到職，任職於業務部，兩人學歷相當，但家庭背景卻有著天壤之別。小輝來自於偏遠的農村，由於家庭貧困，幸虧有好心人的幫助，才得以上大學，畢業後又憑著優異的成績，在第一輪面試就勝出；而小楓從小在大都市長大，雖說不上大富大貴，但家境殷實，從小衣食無憂，大學畢業後沒費多大的力氣就進入這間公司。

進入公司後，小輝自覺出身不好，輸在起跑線上，所以在心中暗自和小楓較勁，更替自己立下志向：「至少要在一年內升上副主管的位子。」而小

楓卻是一個沒什麼大志、好逸惡勞的人，能偷懶就偷懶，毫無向上奮發之意。

幾個月過去了，業務部所有同事都在背後談論當初這兩位新人，現在部門裡最努力的是小輝，最懶散的是小楓。在這幾個月的工作中，小楓也感到些許的變化，覺得自己進入了人生低潮期，但他也不知道為什麼會這樣，明明沒犯什麼大錯，也從來不會和小輝搶客戶，可主管就是不喜歡他，總是丟死單給他，讓他業績慘澹。

所幸小楓和小輝私交還不錯，某天下班兩人一同去喝酒，小楓忍不住問小輝：「你知道為什麼主管就是不喜歡我嗎？」

小輝說：「每位主管都不會喜歡混日子、摸魚的員工，他們喜歡有志向、有抱負的人，有志向才會有拼勁，你要瞭解一個道理：『辦公室裡只會有兩種人，不是主角就是跑龍套的，志向將決定你的角色定位，進而影響你的命運。』」

在每間公司，只要有充滿野心、積極往上爬的人，自然就會有老想偷懶，沒有大志的人。大家剛進公司的時候，可能都站在同一條起跑線上，但過了幾年，有遠大志向的人不斷地升遷，或是跳槽找尋更好的工作，而沒有大志的人則永遠都是小人物，蝸居在公司的最底層。正如小輝所說：「辦公室裡永遠只有兩種角色：主角和跑龍套的。」若你沒有做「主角」的大志，那你就只能跑跑龍套，毫無發展，更別怨天尤人。

1. 立下大志

君子立志，應有包容世間一切人、事、物的胸懷，有著高遠的志向。李嘉誠就替自己訂定了一個偉大的志向，儘管現今年事已高，可他始終在為遠大的志向不懈地努力。所以，一位有野心、有志向的人，最終定能成

為主角；反之，一名碌碌無為，只想偷懶的人，永遠只能當跑龍套的配角。

2. 立長志

每個人都會立志，但只有極少數的人會立長志，尤其是在職場，所以成功的人才永遠都是少數。因此，你要為自己立下一個長遠的志向，而不是經常立志，將長志劃分為各個小志向，讓志向能階段性地完成，得以成就最終的夢想。

3. 立志應敢想敢為

亙古亙今，舉凡那些取得成就的人，他們都是敢想敢為的人，跟常人相比，他們總多了一份勇氣和智慧；所以，他們才能贏得成功。正所謂「立志須有膽」，唯有敢想才能敢為，成就志向。

立志，可以使人有所追求，人生有所方向，整個人也變得更加充實。對此，李嘉誠早早就為自己立下了宏大的志向：「我就是船長，就是航行在波峰浪谷中的船長。」時刻都在追尋著這樣的遠大志向。

李嘉誠語錄

「人，第一要有志，第二要有識，第三要有恆。有志，則斷不甘為下流。」

⤵ 成功從目標開始

　　李嘉誠在2012年發表了〈行動英雄〉的演講，其中提到「人最大的悲哀是無聊，要以人類幸福為己任。」啟示著現代人，人最大的悲哀便是沒有目標，所以我們要積極樹立人生目標，並將目標奮鬥視為己任。

　　李嘉誠在演講中提到：「當年我們一家遭逢戰亂、父親病故、貧窮這三重合奏的悲歌之中，抬頭雖是白雲悠悠，但前景卻是一片暗愁，仰嘯問天，人情茫如風影，四方沒有回應。我唯一的信念便是──建立更好的自己，才能建立更好的未來。」

　　理想是什麼呢？對大部分的人而言，理想就是設立積極的人生目標。李嘉誠告訴年輕人要以「人類幸福為己任」，雖然並非每個人都追求如此高尚的目標，但先求修身才是首要，之後再循序漸進地將目標層次提升至齊家、治國、平天下；每件事情都要按部就班來，但你要先把自己管理好。

　　尤其是對於年輕一代的人，更需要告別「無聊」時代，自我管理好閒置時間，在實踐的過程中不斷找尋、設定自己的目標，並將自己的人生目標分解到每年、每月、每天，然後更加努力奮鬥，以實際行動創造未來。

　　在西撒哈拉沙漠中，有一顆璀璨明珠──比賽爾，每年有數以萬計的旅客到這裡觀光、遊玩。而這裡之所以有名，是因為當地人從來沒有走出這片沙漠過。當然，他們曾經嘗試走出這塊貧瘠的土地，但不曉得為什麼就是走不出去。

　　有一天，肯‧萊文來到比賽爾，他問這裡的人：「你們為什麼走不出大漠？」結果所有人的回答都一樣：「無論往哪個方向走，最後都還是回到出發的地方。」但他不相信當地人所說的，所以親自做了一次實驗，按照指南

針的指示一直向北走，花了三天半的時間就走出來了。肯·萊文很納悶：為什麼比賽爾人不能走出去呢？為了找出答案，他雇了一位名叫阿古特爾的年輕人，特意收起指南針等現代設備，讓阿古特爾帶路，看看會發生什麼事。他們帶了半個月的水，牽了兩頭駱駝出發上路，十天很快過去了，他們走了大約八百公里的路程，第十一天的早晨，他們果然又回到了比賽爾。

　　而在旁跟著行走的肯·萊文終於明白為什麼比賽爾人永遠走不出沙漠，因為他們沒有目標與方向，自然不曉得正確的路到底該怎麼走。

　　每個人的行為特點都是有目的性的，若沒有目的肯定很難成功。你可能想成為一名政治家、一名流行歌手、一名將軍……但如果人生沒有方向，那就永遠沒有辦法找到成功的途徑。

　　車爾尼雪夫斯基（俄國哲學家）曾說：「一位沒有受到熱情鼓舞的人，永遠無法做出什麼偉大的事情。」一旦我們失去目標，就意味著失去推動人生前進的動力，失敗必將來臨。

　　美國有一個非常著名的追蹤調查，是關於目標對人生所產生的影響，調查對象為一群智力、學歷、家庭環境等條件都差不多的青少年，其中27％的人沒有目標；60％的人目標模糊；10％的人雖有明確目標但較短期；3％的人有長期且明確的目標。

　　此項調查時間長達二十五年，事後陸續追蹤那些調查物件的生活狀況及分布現象，調查數據相當有意思：「那3％有長期明確目標的人，幾乎不曾改變過自己的人生目標，這二十五年來，他們始終朝著同一個方向努力，之後也都成為了社會各界的頂尖成功人士，在他們之中不乏有白手起家的創業者、企業主管、社會精英；至於那些占10％有明確目標但較短期的人，二十五年後大多生活在生活的中上層，且他們身上有著共同的特點，就是那些短期目標不斷被達成，生活狀態穩定提升，成為各界不可或

缺的專業人士，大多是醫生、律師、工程師……等等。而其中占60％目標模糊的人，他們大多生活在社會中下層，能安穩地生活與學習，但沒有什麼特別的成績；最後那27％沒有目標的人，這些年來，他們幾乎都生活在社會的最底層，過得很不如意，大多為失業人士，需要靠社會救濟維生，且不斷怨天尤人。」

你現在或許與別人差距不大，那是因為你們的起跑點距離不遠，並非你比別人聰明，或是上天特別眷顧你。可你到底是屬於那10％、60％還是其他人呢？這只有你自己最清楚。

我希望各位都能像那10％的人一樣，具有明確的方向，儘管不是長遠的目標，但仍有方向能前進；有目標、遠見的人往往可以走得更遠，因為世界會為他們讓路，他們更會為了自己的目標開路。

1. 做好自我分析

知己者明，知人者智，既知己又知人，就是明知。在設定人生目標前，必須做好自我分析，先寫出自己的優缺點，分析出自我地專業、特長及興趣。

2. 明確目標的含義

所謂目標，就是用來支撐自我的夢想，就是未來要成為什麼樣的人，做什麼樣的事。所以，閉上眼睛，試著問自己：我是誰？我的人生要往何處？我一生的目標究竟是什麼？同時，問一下自己：此生中是否有值得窮極一生追求的事情？

3. 詳細的計畫

計畫是實現目標的第一步，計畫越科學，行動就越輕鬆。當然，計畫

需要我們組織系統的能力，需要對整件事情進行全盤思考，乃至於每個細節、每個流程、每個意外都要考慮進去，提前做好詳細、周全的對策。

有人曾這樣說，無論你有多大的年紀，真正的人生之旅是從設定目標那刻才開始，之前的日子，只不過是在兜圈子而已。因此，若想獲得成功，我們就要有一個清晰而明確的目標，那目標是催人前進的動力，如果你缺少了目標，即便你每天不停地奔波勞碌，依然無法獲得成功；成功者之所以能輕鬆取得成功，那是因為他們的目標明確，眼光長遠。

 李嘉誠語錄

「人最大悲哀是無聊，要以人類幸福為己任。」

＼ 從樂趣中找到自我

尼采曾在《作為教育家的叔本華》中寫道：「如果你想瞭解最真實的自我，那麼，你首先要真誠地回答以下幾個問題：什麼才能讓你覺得靈魂得到昇華呢？什麼才能填滿你的內心、讓你感到喜悅呢？你曾對什麼東西入迷過呢？只要回答出這些問題，就能清楚明白自己的本質，那便是真正的你。」

這句話裡的含義是，一個人只有找到自己最感興趣的事物，才能激發出自己的熱情，也才能讓自己積極起來，因而有所成就。

古代教育家孔子曾說：「知之者不如好之者，好之者不如樂之者。」德國文學家歌德（Goethe）說過：「哪裡沒有興趣，哪裡就沒有記憶。」也有科學研究表明，人一旦對某種活動或某個事物產生興趣，他就會傾注

熱情，就能提高從事這項事務的效率。事實上，我們也不難看出，很多成功者也都是在他們熱衷的領域內發揮自己的才能，最終取得一定的成就。

　　科學家丁肇中用六年的時間就讀完一般人要費時十年的課程，還發現了「J粒子」，成為第一位獲得諾貝爾獎的華人。記者曾問他：「你如此刻苦讀書，不覺得很辛苦、想放棄嗎？」他回答：「不，不，不，一點兒也不，沒有任何人強迫我這樣做，相反地，我覺得很愉快。因為有興趣，所以我急於探索物質世界的奧秘，比如物理實驗；因為有興趣，我可以兩天兩夜，甚至三天三夜都待在實驗室裡做研究，只要在儀器旁，我就迫切地想探索未知的東西。」

　　的確，人所有的行為都是直接或者間接按照自己意志去行動的，而這一切都必須要有足夠的動機，外界的壓迫、一時的發憤或許可以暫時充當這種動機，但你要知道，任何被動的行為都無法持續太久；通常要有內在的動力，例如興趣和熱情才能長久下去。

　　李嘉誠曾在一場媒體訪談中，向記者透漏自己能從茶樓跑堂晉升為超人的秘密。

　　他說：「對自己從事的行業，培養出濃厚的興趣。以我個人的經驗談，只要有了興趣，那你就會全心全意的投入，每件事自然不會讓你覺得困難；不管是做哪一行，都要培養出相對應的興趣，否則你會永遠無法出人頭地。

　　人，其實都是一樣的，每個人都希望自己能做願意做、想做的事情。譬如，當年我開辦長江時，原本只打算做三年，然後像我的祖父輩那樣，去從事教育事業。說句實在話，我根本不喜歡做生意，但因為生活環境的改變，讓我明白理想是一回事，生活又是一回事；所以我強迫自己定下心來，別再去想一些其他的事情，將做生意變成自己的興趣。而變成興趣之後，我就這樣一路發展到今天，變成你們現在所稱的『超人』。」

當然，李嘉誠雖然話這麼說，但其實他並沒有全然地將教育放下，他心中對教育依然有份執念，因而讓他日後更有能力之時，將心力付諸在教育之上，開辦了汕頭大學。只不過他想強調，唯有透過興趣，你才會全心全意地關注。

因此，我們在做自我剖析前，一定要記得先搞清楚自己狂熱的事物是什麼，這樣才能找到努力和奮鬥的方向。一個人如果在自己感興趣的領域裡從事自己最擅長的事情，那成功的機率就會大大地提高；但如果你沒有興趣也沒有關係，因為興趣是可以培養的，李嘉誠便將從商培養為自己的興趣，從此步上成功之路。

李嘉誠語錄

「有理想在的地方，地獄就是天堂；有希望在的地方，痛苦也能轉變為歡樂。」

The Legend of Richest Man

第**3**章
換位思考的
處世之道

- 有捨才有得的廣大胸襟
- 以誠待人，名比利更重要
- 重情義，讓你贏得人脈
- 人生苦短，所以要勇往直前
- 換一種角度想，世界迥然不同

　　一名只讀完初中的人，一位茶樓卑微的跑堂者、五金廠普
通的業務員，經過短短幾年的奮鬥，竟成為香港商界的風雲人
物，而他就是李嘉誠。如此卓越的成就，除了他過人的處世智
慧，還得益於其兢兢業業的做事態度。

有捨才有得的**廣大胸襟**

✎ 視野開闊，不吝惜眼前利益

在生活中，常聽前輩說道：「做事之前要先想到後面四步。」其實，每往前走一步，我們都要事先想到相對應的方法，如果不能看得那麼遠，那我們至少要先看見下一步。做事情，不僅需要穩當、周全，還要不急於求成，不能只顧眼前利益；成大事的人，眼光總比身邊的人看得稍遠一點，他不著眼於眼前的利益，而是看得更遠。許多人之所以會不斷失敗，就是因為只看眼前的利益，做事做得不透澈，往往與成功尚差一步時便停下腳步，那自然會與成功失之交臂。

對於李嘉誠來說，做每一件事情時，都要有長遠的眼光，不去計較眼前的利益，關注於長遠的根本利益，寧願捨小利而保大局。但現實生活中，有些人往往鼠目寸光，吃不得眼前虧，心胸狹隘，容不得一點損失，最終難以成就大事。縱觀李嘉誠的一生，他無疑是一位有遠見的人，在任何時候，他都不吝惜於眼前的利益。

每年七、八月份，北極地區的冰雪就會開始大面積地融化，氣溫些微回升，出現短暫的春天景象，十分美麗。但隨著氣溫的升高，也導致大量蚊蟲出現，又由於當地物種稀少，因此蚊蟲會往南飛到人們居住的地方，叮咬人類，吸食他們的血液。但令人訝異的是，當地居民對這些嗡嗡叫、煩人的蚊蟲十分仁慈，絕不輕易殺害它們，若遊客拿出殺蟲劑噴灑，還會被當地人制止，這是為什麼呢？

因為高緯度地區有一特有動物叫「馴鹿」，是當地居民在寒冬的主要食物來源。天氣較暖和的時候，馴鹿會成群結隊朝低緯地區遷移，因為南

方有大量水草可以覓食，但如果沒有人驅趕，牠們就不願意在嚴寒到來的時候準時回來。倘若你想靠人力驅趕，這根本是不可能的事情，這時候，那討人厭的蚊蠅就能派上用場，發揮它們的功效。只要天氣開始變冷，蚊蟲就會飛到低緯地區逃命，自然會與馴鹿不期而遇，那些吸食血液的蚊蟲恰好是馴鹿無法抵禦的天敵，可馴鹿若再往南走會不適合生存，所以那些馴鹿在走投無路的情況下，只好回到北方。而在遷移的路途中，就會不小心踏入人們事先設計好的陷阱裡。

聰明的愛斯基摩人掌握了萬物環環相扣的定律，因而甘願忍受被蚊蟲吸食的痛苦，來求得長遠的生存；眼前短暫的得失並不足掛齒，考慮長遠的未來，才是智者的生存之道。所以，在被蚊蟲吸食的痛苦日子裡，愛斯基摩人並沒有過多的埋怨，反而是保持著一份樂觀豁達的胸懷，因為他們知道，只要有蚊蟲的存在，冬天就不用為食物發愁。

最近，公司打算提拔一批年輕員工做儲備幹部，以利未來直接升職為管理階層。在公司算是年輕有為的小李對此消息興奮不已，心想機會終於到來，煎熬的日子總算是過去了。小李在很久以前就得知這次的升遷機會，總監曾對他說：「公司發展的機會多得是，不久之後，我們就有一次人事調動。」這麼久以來，他都不為任何職位所動，就等待著這一天。

其實早在一年前，公司就進行過一次人事調整，那時小李剛進公司不久，抱著滿懷希望，心中滿腔熱血、極度興奮，想藉此機會翻身。但整個部門十幾個人，都為了部門經理這一職位，擠破頭地爭取，眼看同事們都報了名，小李當場就洩了氣，心裡不斷猶豫掙扎著。如果去爭取，自己又是一名新人，勢必對自己不利；但如果不去爭取，又怕錯失這個機會。

正當小李煩惱不已的時候，總監看到便對他說：「年輕人，我挺欣賞你的，不過我奉勸你還是別白忙了，因為你根本沒有多大的勝算。你的資歷不

夠，對公司的瞭解和工作經驗都不足，如何去爭取？更何況你還年輕，後面的機會多得是，以後公司還會有更大的人事異動，到時候，你的羽翼漸豐，勢必可以贏得更好的職位。」小李聽了，頓時覺得撥雲見日，心中醒悟。

果然，經過一年的歷練，小李憑著自己在工作上優異的表現，在公司算小有名氣，所以在這次人事異動中，他輕輕鬆鬆就坐上銷售經理的位置。

在現實生活中，小到一個職員，大到一間公司，都要有長遠的打算，如果你只看到眼前的小恩小惠，那你總有一天會被利益所吞噬，職場生涯同時也宣告結束。其實，上班也是一件大事，同樣也需要我們的謀算，所以將自己的眼光放得更長一些，不為眼前的利益所動，這樣，我們的職場之路才會走得更遠。

1. 不計較得失

樂觀豁達的人，他並不是沒有把眼前的得失放在心上，而是他們堅信：只要擁有一份良好的心態，那些失去的將再回來，那些不想得到的會主動離開。所以，他們怡然自得，坐在院子裡閒看花開花落、雲卷雲舒，細細數著走來的這些日子，有那麼一大片美好，此生足矣。

2. 著眼於長遠利益

任何一件事情，都可以從眼前和長遠來分析。很多時候，常常因為各種因素，導致我們暫時看不到任何收益，但只要擱淺一段時間，再回過頭來看，你會發現自己其實是受益的；就好像做生意一樣，剛開始一、兩個月可能會虧一點，但長久經營下去還是會有所盈利。

在生活中，我們之所以要放棄眼前的利益，其實就是為了以後更長遠

的發展，尋找更長遠的利益。李嘉誠的經商智慧值得我們敬佩，但我們更要學習當中所蘊含的智慧，學習他做一個有遠見的人，這樣，我們才能在人生之路上走得更遠、更廣。

李嘉誠語錄

「目光僅盯在自己小口袋和放眼世界大局的人，雖然同樣都能成為商人，但眼光不同，境界不同，結果自然也不同。」

賺錢的秘訣是甘願吃虧

李嘉誠始終認為有錢大家賺，利潤更要大家一起分享，做人不可自私自利，有情有義才會有人願意與我們合作。作為最大投資商，拿10％的股份可能很公正，拿12％或許也沒什麼，但如果只拿8％的股份，將其餘回饋給那些曾支持過你的人那就不一樣了；讓出的利益可能是你吃虧，但說不定反其道而行，才能不斷獲取財富。

人們常說：「好漢不吃眼前虧。」一般人總認為要維護自己的自尊和顏面，絕不能在他人跟前吃虧，更不能失去眼前的點點利益。其實這樣的理解是錯的，真正的好漢有著銳利的眼光，他關注的是長遠的利益，而不是計較眼前的利益變化，他們寧願捨小利保大局；只有那些鼠目寸光的人，才吃不得眼前虧，他們心胸狹隘，容不得一點兒損失，所以最終難以成就大事。

且真正的好漢，都是高瞻遠矚的人，雖吃眼前虧，但他們視野遼闊，懂得捨小利促成功。有時候，在眼前的真的只是蠅頭小利，你千方百計地追尋了，也不能造就你的成功，與其緊抓著眼前的東西不放，還不如把眼

光放長遠一些，放長線釣大魚，你才會離成功越來越近。

美孚石油公司聞名於全世界，當時為了取得中國這塊極具潛力的市場，總公司決定在上海開設油燈廠。但當年中國比較落後，絕大多數的中國人都不懂得如何使用煤油燈，美孚石油公司的負責人在上海花了很長的時間，想出許多方式宣導當地人使用，卻無法得到預期的效果。後來，公司又絞盡腦汁地想出一個方案：「凡購買兩斤煤油，就贈送刻有『請用美孚油』字樣的煤油燈一盞。」沒想到此方案一出，隨即得到良好的效果，貪小便宜的中國人認為，兩斤油本就不貴，還可以得到一盞價格不菲的油燈，買到賺到，所以購買煤油的人越來越多。光短短一年，美孚石油公司就「賠」掉了八十多萬盞煤油燈，這對公司來說可是個不小損失，但這送出去的八十多萬盞煤油燈，順利起到廣告的作用，變成美孚石油公司取之不竭的財源。就這樣，美孚石油公司迅速打敗中國原先的「羊油」市場，熱銷幾十年，獲利無窮。

美孚石油公司雖看似吃虧，不惜賠出去八十多萬盞煤油燈，但這在消費者眼裡卻是「打著燈籠找不著的好事」，以一傳十、十傳百的擴散，紛紛購買煤油，殊不知自己變成美孚石油公司的一個活廣告。所以免費是為了賺更多，贏得口碑。

美孚公司因為不去計較眼前的短小利益而獲得了長遠利益，小利變大利，利滾利，利翻利，先前看似賠本的「油燈」，最後卻收穫高額利潤，且未來擁有油燈的消費者又會再回購煤油；這是一種商業計謀，也是每一個人都需要的智慧。

好漢之所以會吃眼前虧，是為了以後更好的發展，尋求更長遠的利益。雖然很多時候，好漢是需要骨氣的，不應輕易放棄眼前的東西及利益，但在現實生活中，殘酷的現實、生存的壓力，即便再怎麼立志、胸懷大志，如果連最基本的生活保障都沒有，又怎麼談志向呢？因此，我認為

好漢學會吃眼前虧，其實就是一種忍耐，而忍耐並不是對命運的屈服，也不是卑躬屈膝，是對未來的一種鋪墊和累積。

李嘉誠就十分推崇一位中國狂人——嚴介和，不僅曾公開分享過嚴介和「虧五萬不如虧八萬」的故事，還讚賞他為一代大企業家，李嘉誠這樣說道：「經過虧損事件後，嚴介和先生在業界有了不小的影響力。從此，不斷有人與他洽談合作事宜，公司業務不斷擴大，因而成為一代企業大家。」而嚴介和的故事又是如何呢？讓我們一同來看看吧！

1992年，嚴介和用借來的十萬元，在南京淮安成立一間建設公司，開始了創業之路。恰巧，當年南京市正要建設環城公路，嚴介和極力爭取下，才好不容易拿到一項工程；但這項工程是被層層轉包之後才到他手上，經過建前詳細評估，他發現若完成這項工程，公司將虧損八萬元。

嚴介和為著「做或不做」蠟燭兩頭燒，如果不做的話，按合約規定要支付五萬元違約金，可做了就得虧八萬元工程費；但令他最頭大的是，手中的資金還是借來的錢，而這八萬元，按當年的房價計算，差不多可以買一套新房，所以你說是不是騎虎難下呢？

這很明顯就是一項虧本買賣，很多友人都勸嚴介和放棄，但嚴介和仔細思考一番後，決定將它視為一個機遇。他初入這項產業，也沒什麼人脈或後台可以幫助他，若想在建築業要有所成績，那他一定得接下這案子。

他對公司僅有的幾名員工喊話：「有時候主動吃虧，才能主動獲得，虧五萬不如虧八萬。大家不要因為虧損而灰心，我們更要注意品質跟細節，一定要保證工程的進度和品質。」結果，原本需要一百四十天的工期，他不僅縮短為七十二天提前完成，工程品質更是讓人瞠目結舌，讓發包商讚許有加，第二年，發包商又將一千萬的工程案交給他們公司承包。

經過這件事之後，嚴介和在業內有了自己的影響力，從此，不斷有人找

他合作，公司的業務規模因而不斷擴大。1996年，嚴介和出資四千萬元，建立了太平洋工程集團有限公司，打造了擁有三十多萬員工的太平洋建設，躋身中國民營企業前十強。

而這個「虧五萬不如虧八萬」的故事，也被哈佛商學院作為經典案例放在教材中。李嘉誠將成功之道歸結於：「做人厚道、做事精明，學會吃眼前虧」。雖然這其中有許多無奈，但其實也是降低了自己的「門檻」，嚴介和就是利用了「欲取先予」的策略，巧妙地做了一筆一本萬利的生意；而人生也是一樣的道理，你認為吃虧是一種損失，其實反能為你謀來更多長遠的利益。

1. 吃虧就是福

古人說：「吃虧就是福。」吃虧從表面上看似一種損失，但從長遠來看，卻是一種福氣。當所有人都竭力爭取時，你選擇吃眼前虧，不僅為自己樹立良好的信譽，還讓他人對你產生莫大的好感。

2. 賺錢的秘訣就是甘願吃虧

之前曾有人問李澤楷：「你父親有教你一些如何賺錢的秘訣嗎？」李澤楷說，賺錢的方法父親什麼也沒有教，教得都是一些做人做事的道理。李嘉誠常對兒子說，和別人合作，假如對方拿七分是正常，八分也合理，但李家拿六分就可以了。

李嘉誠寧願吃虧以爭取與更多人合作的意願，儘管只拿了六分，但換個角度想，如果公司多一百位合夥人，那又是多少個六分呢？可是如果拿八分，一百人就可能減少至五個人。

　　李嘉誠一生與許多人進行過長期或短期的合作，他總是願意少分一點錢，甘願當那較為吃虧的人；如果生意做得不理想，那他就什麼也不拿了；所以，李嘉誠成功的秘訣之一就是甘願吃虧。

李嘉誠語錄

　　「有錢大家賺，利潤大家分，這樣才有人願意合作。假如拿 10% 的股份是公正的，拿 12% 也可以，但如果只拿 8% 的股份，就會財源滾滾來。」

捨得把利益讓給合夥人

　　李嘉誠說，做生意首先要有「分享」意識，有錢大家賺，利潤大家分，這樣才有人願意合作，生意才能做大。有錢大家賺一直是李嘉誠經商不變的原則，而且他在利益共享方面非常慷慨，因而能贏得眾多追隨者，使他的人脈不斷擴展，生意也越做越大，越做越容易。

　　在香港有個不成文的規定，企業每年會從營業利潤中拿出一定比例來獎勵董事會成員，稱之為「袍金」。李嘉誠擔任十餘家公司的董事長、董事，能獲得的「袍金」可說是上千萬港幣，不過，他將所有袍金所得都納入集團的帳目中，只象徵性地拿了五千元港幣。就香港經濟而言，五千元港幣遠不及一名清潔工的薪水，因此李嘉誠對袍金的做法，被譽為香港商界的美談。

　　二〇世紀八〇年代，香港富商包玉剛相當看好九龍倉股票的發展趨勢，在利益驅使下，他打算吃掉這塊大肥肉；但他還在計謀的時候，李嘉誠早已動手，一舉買上九龍倉兩千萬股的股票。

　　很快，九龍倉的股價就由原來的十多元港幣馬上漲到了四十元港幣。

可李嘉誠又做出大家意料之外的舉動，他主動以每股三十六元港幣的價格，將這些股票轉讓給包玉剛。他這樣的做法不僅朋友不苟同，連下屬都很不諒解，因為李嘉誠就這樣把到嘴的肥肉吐出來送人，實在是有些傻。但他卻有自己的打算，他說：「要先照顧好對方的利益，人家才會願意和你合作，並期待下一次的合作，即使是在競爭中，也別忘了想一想對方的利益。」

李嘉誠的「分享」智慧，體現了商界互惠互利的經營觀。做生意，本就是合作的過程，只有合作才能實現交易，李嘉誠在經商過程中，主動與人分享利益，贏得的不僅是他人的信任，還有合作夥伴以及未來的市場。

假如一筆訂單只有自己賺，對方卻一點也沒賺到，那這樣的生意李嘉誠是絕對不願意做的。做生意本就應該利益均霑，這樣才能保持長久合作關係，如果只顧著賺取自己的利益，而無視對方的利益，只做一錘子買賣，那就是自己把生意做絕了。

1961年，京瓷公司剛創辦不久，就有十一名新進員工突然來到稻盛和夫的辦公桌前，遞給他一封「請求書」，要求稻盛和夫承諾替他們定期加薪及發放獎金等保障；帶頭人還反覆強調，如果稻盛和夫不答應這些要求的話，他們就要集體辭職。這讓稻盛和夫想起自己當初進入松風工業，沒多久也想辭職的那段痛苦經歷，他明白倉促的辭職，對職場新鮮人是多麼危險的一件事，所以他決定耐心聽完他們解釋，並設法留下他們。

原來跟隨稻盛從松風工業出來的夥伴都是夜以繼日的工作狂，根本沒有時間概念，迫使這些新進員工每天都得陪著上司加班好幾個小時，有時候甚至要放棄週末休息時間；因而導致他們對公司的不滿日益高漲，才會忍無可忍地提出那些要求。

但公司剛創立不久，對於員工的訴求，稻盛和夫根本就沒有能力做出任

何的保證，於是，他邀請他們到家中商談，與他們促膝長談了三天，一個個說服，保證絕對不會背叛他們，甚至向他們承諾，如果背叛他們，那他願意受到天譴，遭受千刀萬剮。

經過這次談判，稻盛和夫深深地感覺到自己身上所背負的責任，他告訴自己：「如果我只是為了自己的夢想而創業的話，即便取得了成功，那也是建立在犧牲員工利益的基礎之上。企業應該有更重要的責任，經營最基本的使命就是要保障員工及其家屬今後的生活，為大家謀得幸福。」因此，他重新規範了經營理念——追求全體員工物質與精神兩方面的幸福。

不管是做人還是做生意，都要捨得讓利給對方，儘管看起來像是吃了點虧，但如果從長遠來看就不算吃虧了。主動將利益讓給對方，他便不會再為了爭利而與你作對，還可能因此對你產生信任感，更衍生出許多感激之情。畢竟，贏得信任比什麼都來得重要，未來若遭遇困難，對方才會毫不猶豫地幫助你，即便無法提供後援，也不至於落井下石。

中國古代有「和氣生財」的說法，這裡的「和」就有著「與人為善」的含義，李嘉誠正是這樣一個深得和氣生財要訣的聰明人。

前面已提到「要照顧對方的利益，這樣人家才願意與你合作，並期待下一次合作。」曾追隨李嘉誠二十多年的洪小蓮，在談到李嘉誠的合作風格時也說：「凡是跟李先生合作過的人，哪位不是賺得盆滿缽溢呢！」

1. 不要過於摳門

一位理性的人，一定要具備長遠的戰略眼光，將精力集中在創造財富上，而不是守住財富。假如你老是與合夥人爭小利，眼睛總盯住眼前的利益，你可能會因為將精力耗在這種競爭而沒有精力去創造財富，更可能因為爭小利而傷了彼此的和氣，樹立過多的敵人。

2. 關注對方的利益

不管是做生意還是交際，本質就是合作，所以要時刻注意到對方的利益和訴求，讓對方擁有足夠的回報空間。在任何一個行業中，假如兩間公司能保持良好的合作關係，那就可以達到彼此雙贏的局面。

人與人之間的關係良好對雙方都有利，是雙方穩定合作的基礎，任何一方都要為對方著想，多考慮彼此的利益。倘若只顧著自己的利益，僅給對方少部分利益的話，彼此的關係必將破裂，受害的只會是彼此的合作利益。

李嘉誠語錄

「我認為顧及對方的利益是最重要的，不能把目光侷限於自己的利益上，兩者相輔相成，自己捨得讓利，讓對方得利，最終定能為自己帶來較大的利益。貪小便宜的人不會有朋友，這是我小時候母親告訴我的道理，經商也是一樣的道理。」

以誠待人，名比利更重要

⚓ 誠信從小地方開始做起

凡是跟李嘉誠有交情的人，只要是他說出口的話，都不會產生任何質疑，因為他們知道，李嘉誠是一位有誠信的人。李嘉誠說：「信用是人的第二性命。」無論大、小事，他都信守承諾，將此視為鐵律，也因而讓自己在競爭如此激烈的世代，獲得比他人更多的機會。

1979年，李嘉誠在記者會宣布：「長江實業以每股7.1元的價格，購買滙豐銀行手中持占的老牌英資財團和記黃埔有限公司（簡稱和黃）22.4％股權，約九千萬普通股。」記者會之後，大家發現滙豐銀行轉售給李嘉誠的普通股價格只有市價的一半，而且還同意李嘉誠先暫付20％的現金，便可控制如此龐大的公司。

為什麼滙豐銀行會如此信賴李嘉誠呢？因為李嘉誠的公司不僅營運狀況良好，信用又好；至於和黃在脫離1975年的股災後，也已踏上正常軌道，並取得一定的成績，滙豐會選擇在那時出售和黃股份是理所當然的事情，且他們出售和黃的股份，也有利於自己未來長遠的利益，滙豐銀行堅信長江會為和黃未來的發展做出極大的貢獻。李嘉誠名下其他企業也都是相當有信譽的公司，眾人都十分信任彼此之間的合作關係。

誠信可謂是做人之根本，若一個人沒有了誠信，那這個人就不可能得到別人給予的信任；而且，他將無法在社會上立足，因為沒有任何一個人會信任他，想跟他一同合作。

日常生活中，我們也千萬不能因為是小事而忽略，有時候一句話或一件微不足道的事情，都可能建立起誠信。很多人會認為，「誠信」這個詞

太過沉重，自己不過是普通人，要如何建立起誠信呢？其實「誠信」這塊
大招牌，往往是在小事之中建立起來的；一個人若在小事中都不能體現誠
信，那又如何在大事上作出承諾呢？所以，千萬別小看你認為稀疏平常的
小事情。

早年，喜馬拉雅山南麓很少有外國人涉足，後來卻有許多觀光客到這觀
光遊覽，據說這全是因為一位少年的誠信。

有一天，幾位日本攝影師到這觀光，請當地一位少年代買啤酒，這位少
年一口答應，為此跑到三個多小時路程遠的地方買回啤酒。第二天，少年又
自告奮勇地要替他們買啤酒，這次，攝影師給了他很多錢，但整整一天過去
了，那名少年還是沒有回來。幾位攝影師聚在一起議論紛紛，認為少年肯定
是把他們的錢騙走了。

一直到第三天夜裡，那名少年敲了敲攝影師的房門。原來，他在原先的
地方只買到四瓶啤酒，所以他又翻過一座山，橫渡了一條河才買到另外六瓶
啤酒；但沒想到在折返的途中，竟然摔破了三瓶。少年哭著說完，把破碎的
玻璃片和剩下的零錢交給了攝影師，當場的人無不動容，而這個故事很快就
傳了出去，以致後來遊客越來越多，只因為當初那位少年的誠信。

少年因為買啤酒這樣的小事建立起誠信，喜馬拉雅山南麓則因為一個
少年的誠信而成為旅遊聖地，不得不說是誠信帶來的回報。

卡內基（Dale Carnegie）也曾說：「當我們為大眾謀利益的時候，我
們的財源就滾滾而來。」

1. 誠信無大小事

我們要明白一個道理：「大事小事都要講誠信。」有的人會認為，大

事再講誠信就好，枝微末節的小事講不講誠信都無所謂，但所有的大事都是從細微處衍生而來，如果連小事都不守信用，又怎麼能在大事上講誠信呢？所以，我們要從自己身邊的小事著手，將誠信融入日常生活的點點滴滴之中，這些小事將替你建立莫大的誠信。

2. 誠信第一

做人，不管能力優秀與否，誠信絕對是第一首要。誠信可謂一個人的立世之本，成功者幾乎都是以誠實為做人準則，來獲得彼此信任的基石。所以對於一間企業而言，有了信譽自然就會有財路，這是必備的商業道德，就像做人一樣，要有忠誠、有義氣，才會有人與你親近。

誠信，它是一種根植於別人內心的信任感。因此，建立誠信，就要從點滴做起，一滴水就可以折射太陽的光芒，任何一種觀念、價值，都是在一點一滴中體現出來的。

李嘉誠語錄

「一旦失信於人一次，別人下次肯定再也不願意和你交往或有任何商業往來，他寧願去找信用可靠的人，也不願再找你；因為你不守信用，可能會產生許多額外的麻煩。」

做人無非就是講信義

誠實守信是為人之本，也是必備的傳統美德，聖賢孔子曾說：「人而無信，不知其可也。」

對此，李嘉誠也說過：「做人無非就是講信義。」他認為做生意與做

人的本質其實是相同的，一名成功的商人，通常也是一位極守信義之人，遵循著誠信原則。所以，不管是為人處世，還是做生意，李嘉誠都堅信著守信原則，即便在沒有相關憑據的情況下，他也能靠心中對誠信的恪守，把事情辦得漂亮。

李嘉誠在創業第五年，生產了一批塑膠玩具，正準備出貨給外國客戶，不料對方卻在出貨前突然取消訂單，讓李嘉誠措手不及。不過他想公司正在創業初期，要培養一位客戶實屬不易，因而想藉此留下一個好印象，所以並沒有向對方要求索賠。況且他對自己的產品很有信心，一點兒也不擔心賣不出去，且為了讓對方放心，他還特地向客戶解釋：「這次生意不成，以後還有機會。」因而與對方建立了良好的合作關係。

沒想到這件事結束後沒多久，就有名陌生的外國客戶突然登門拜訪，向李嘉誠訂購了很多產品。原來該公司的高階主管，與先前取消訂單的客戶熟識，他是對方介紹來的客戶，而且還不斷向別人推薦說：「李嘉誠的公司不但很有規模，信譽更是讓人安心。」就這樣，李嘉誠以自己的誠信，贏得了別人的尊重，為自己帶來滾滾財源。

而在日常生活中，每件事情都有它的規矩，誠信雖然看不見也摸不著，可其實也有著它的原則；當我們都在談誠信並努力實踐的時候，如果眼前有一個漏洞可以鑽過去，我們是否會就這樣棄誠信而不顧呢？讓我們看看下面這則故事。

李勉是唐朝人，從小就喜歡讀書，總喜歡按著書上所說的哲理去做，時間長了，就成為一種習慣，培養出高尚的品德。

有一次，李勉外出學習，在客棧遇到一位正準備赴京趕考的書生，兩人一見如故，結交為好朋友。不巧，幾天過後，這位書生突然病倒了，臥床不起，李勉為他請來郎中，按照郎中的吩咐幫他煎藥。一連幾天，李勉都在旁

悉心照料著，可那位書生的病非但沒有好轉，還一天天地惡化下去，看著對方因為病痛如此難受，心中著實著急。

一天傍晚，李勉抓藥回來，發現書生的臉色似乎好了一些，心中一陣歡喜，關切地問道：「感覺好些了嗎？」

書生說：「我剩下的時間不多了，這可能只是迴光返照，臨終前還有一事相求。」

李勉安慰道：「別胡思亂想，今天你的氣色不是好多了嗎？只要靜心修養，一定會好轉的，你有什麼事情就直說吧。」

書生說：「把我床下的小木箱拿出來，然後幫我打開。」書生指著裡面一個包袱說：「多謝你這些日子無微不至的照顧，這裡有一百兩銀子，本是趕考用的盤纏，但現在用不著了。我死後，麻煩你用這些銀子替我籌辦後事，剩餘的就奉送給你，感謝你這幾日不離不棄的照顧，請你務必收下。」

次日清晨，書生就去世了，李勉按照他的遺願，買了頂棺木，精心為他料理後事，但剩下的銀子，他卻一點也沒動用，只妥善包好，將它放在棺木下方。不久，書生的親人趕來了，他們移出棺木後，發現底下陪葬的銀子，十分吃驚，瞭解銀子的來歷後，都被李勉誠實、守信不貪財的高尚品德感動。

雖說書生那剩下的銀子是為了答謝，且李勉也盡了自己的能力操辦完後事，按理說拿了銀子也不是什麼大事，但他卻堅守自己的誠信原則，哪怕對方有意將銀子餽贈，他仍恪守自己守信、不貪財的原則。

因此，日常生活中，我們任何時候都要秉持誠信，哪怕只是一個小漏洞也不能馬虎大意，要盡自己所言所行，努力實踐。

1. 不為蠅頭小利違背誠信

人在順境時，誠信都很容易做到，但在逆境中就很難堅守住原則，且創業本就是為了賺取利潤，人們往往又有趨利避害的本能，永遠都在成本和回報之間盤算著；所以，不管任何時候，我們都應該講誠信，不被一時的利益薰心。

2. 許諾即要做到

我們平時不應該輕易許諾，做承諾時要慎重，若做不到，便要誠實地據實以告，並禮貌地回絕；對於許下的諾言，得說到做到，只要答應別人，就要盡自己最大的努力達成，重視自己所做出的每一個承諾，哪怕只是一件小事。

凡事都有規矩在，誠信也是有原則的，不管是創業初期，還是蓬勃發展，都要將誠信放在第一位，堅持到底，自始自終都秉持著誠信，不管對方怎麼想，你都一定要將自己的誠信看得最高。

真正講誠信的人，無論事情發生到何種地步，他們都會堅持住自己的良心所向，將誠信堅持到底，不為別的，只求心安；至於那些沒有誠信原則的人，時而守信，時而失信，時間久了也露出那可恥的面目，最終失去他人對自己的信任。

李嘉誠語錄

「人一生中最重要的就是守信，就算我現在有十倍多的資金，也不足以應付那麼多的生意，很多合作機會都是別人主動來找我的，這就是為人守信的結果。」

✎ 以誠待人，以信取人

李嘉誠時常教導兩名兒子做人要厚道，也時常將這句話掛在嘴邊，用這句話來提醒自己和周遭的人。但厚道是什麼呢？其實就是寬厚待人、真誠待人，是一種立身之本，處世之道；厚道的人往往會把名節看作重如泰山，把誠信看作自身的形象，他們始終秉持著「寧可人負我，我決不負人」的信念。所以，若有人說：「這人真厚道。」可是一句再真實不過的褒獎。

且厚道的人往往會受到眾人的青睞，因為這樣一種堅守樸實信念的人，他們會不自覺地萌發出好感和信任，吸引周遭的人。因此，若想成大事，我們就要在人前樹立忠厚、老實的形象，無論是對親戚還是朋友都心懷感恩，所謂「得道者多助」，一個人若能依循著道理處世，便能得到很多人的幫助，只要給予對方好的印象，主動權自然會落入自己手中，辦事鐵定馬到成功。

李嘉誠有次就與一間外商談了筆鉅額的訂單，但在最後簽約時，對方突然提出兩個條件：一是要有間實力強大的公司做擔保；二是實地考察李嘉誠的工廠，這兩項條件看似簡單，但對李嘉誠來說卻比登天還難。李嘉誠回去後，費了好一番口舌找公司幫忙，可就是沒有一間大公司願意為他做擔保。這時，有人出主意說道：「我們可以先花一點錢，租用一間大廠辦，反正那外商也看不出來。」李嘉誠卻堅決反對：「即使訂單泡湯，也絕不能糊弄別人。每個人都很精明，所以我們要做到令人信服，並喜歡與你交往，這才是最重要的。」

第二天，李嘉誠硬著頭皮帶著客戶來到自己的小工廠，他面有難色地說：「對不起先生，我的工廠太小，沒有任何一家大公司願意為我擔保。」外商笑了，說道：「你的信譽，就是最好的擔保。」李嘉誠繼續說

道：「非常感謝您對我的信任，但這筆訂單對我來說，實在太大了，我這間工廠的生產力可能無法滿足您的需求。而且我的資金有限，目前無法擴大生產規模。」外商心意已決地說：「我可以預付你一筆訂金，你擴大規模大概需要多少錢？你說個數吧！」

　　有人常說，好運似乎總偏向於那些有誠信的人。其實，這並非是上天不公平，而是人心所向，人們總會青睞那些誠信良善的人，因為他們有好的名聲，不會背信棄義。一個人若是能在他人心中留下誠信的印象，那好運絕對會接踵而至，甚至伴隨他的一生；所以，努力修煉自己，讓自己成為一位有誠信的人，凡事對他人懷著感恩的心，能忍則忍，不能忍還須忍，做人誠信些，辦事就容易些。

　　有一天，寒山問拾得說：「如果世間有人無端地誹謗我、欺負我、侮辱我、恥笑我、輕視我、鄙賤我、厭惡我、欺騙我，我要怎麼做才好呢？」拾得回答說：「你不妨忍著他、謙讓他、任由他、避開他、耐煩他、尊敬他、不理會他，再過幾年，你且看他。」

　　寒山問道：「除此之外，還有什麼處事秘訣，可以躲避別人惡意的糾纏呢？」拾得回答說：「彌勒菩薩偈語說：『老拙穿破襖，淡飯腹中飽，補破好遮寒，萬事隨緣了；有人罵老拙，老拙只說好；有人打老拙，老拙自睡倒；有人唾老拙，隨他自乾了，我也省力氣，他也無煩惱。這樣波羅蜜，便是妙中寶，若知這消息，何愁道不了？人弱心不弱，人貧道不貧，一心要修行，常在道中辦。』如果能夠體會偈中的精神，那就是無上的處事秘訣。」

　　寒山與拾得這精妙的一問一答，其中蘊含了為人處世的真理，同時也反映了「厚德載物」的真實內涵，做人當如寒山所說得那類人，那才是真正的厚道之人。厚道的人，通情達理、重義守信，雖然偶爾會給人大智若

愚的感覺，但在他們行為的背後，乃是一顆感恩的心。可能你對他橫眉，他還你一個笑臉；可能你給他一句惡言，他以善意駁之；可能你給他一個陷阱，他以智慧擺脫，在他們看來，凡事皆是美好，受人恩惠須感謝，無論是對親戚，還是朋友，他們都時常懷著一顆感恩的心。

1. 學會尊重他人

首先要學會尊重別人，善待別人，這才是我們常說的以誠待人。在任何時候都要坦誠，將真實情況如實地告訴對方，這不僅是對自己坦誠，也是對別人的一種尊重。

2. 將心比心

人與人之間的區別在於彼此所站的位置和角度不一樣，所以才會有一些矛盾與衝突。在這時候，我們要將心比心，站在對方的角度思考，想想別人的難處，再結合自己的情況，選擇折衷的方式處理問題。

小說家金庸筆下的兩大男主角：張無忌和郭靖，看起來沒什麼本事，但他們那份敦厚老實，不僅贏得美人歸，還贏得了許多英雄豪傑的幫助，終成大器。誠信是人性中的真善美，以德報怨，以善報惡，給人一種信任感，只有具備誠信的品行，他人才會對你放心，發自內心地幫助、支持你。

 李嘉誠語錄

「你必須以誠待人，別人才會以誠相報。」

⟋ 信譽比利益更重要

自古以來，民間就流傳著「無尖不成商」的說法，「尖」是古時候用來度量的斗，商人不僅要將斗裝滿之外，還要裝得突出來，若從側面看，斗內所裝的東西就像是一個尖尖的小山一樣。古代政府課稅時，只要將斗裝平就可繳稅；可是做生意，就要將斗裝成一個尖尖的小山才能賣給客人，這樣才能稱做商人，但後人卻將這句話變為「無奸不成商」的意思。

其實只要正當的經商，就一定能賺到錢；為人誠實不欺，便能招來更多、更長久的客源；反之，爭搶蠅頭小利的人，是短視之人，不用多久惡性便眾所周知，失去永遠的利益。

李嘉誠也曾說過：「為人不可貪，為商不可奸，經商重信義，無德不成商。」因此，若想成為成功的商人，你首要的任務便是樹立自己的信譽，並將信譽視為自己的生命。對商人來說，信譽是最致命的軟肋，你可以備受人們的爭議，甚至一無所有，但只要你具有良好的信譽，凡事都可以東山再起；信譽，能讓你獲得重生的機會。正所謂「萬利皆可拋，信譽不可損」，對我們來說也是相同的道理，做人和做生意一樣，有了信譽，門前便絡繹不絕；失去信譽，那你就只能孤家寡人。

李嘉誠投身塑膠行業，正好順應了當時市場上的新興產業，發展前景一片看好；且李嘉誠推銷經驗老到，第一批產品很順利就賣出去，之後又接下一批又一批的訂單……為了應付手中大量的訂單，他招募新的工人，稍加訓練後便實際上機操作，他更施行三班輪班制，開足馬力，晝夜不停地出貨。

而正當李嘉誠春風得意之時，卻突然接到客戶向他投訴產品品質粗劣，要求退貨。好不容易處理好這位客戶的問題，沒想到又陸續接到其他客訴電話，紛紛退貨並要求索賠，工廠倉庫在一夕之間被堆滿，令李嘉誠十分苦

惱。面對如此龐大的訂單，生產機具又較為老舊，若要確保品質確實不容易，長江塑膠廠陷入一大難關之中。

常言道，客戶乃企業的衣食父母，李嘉誠急如熱鍋上的螞蟻，不知如何是好。下班回到家後，母親從嘉誠憔悴的臉色、布滿血絲的雙眼，敏銳地察覺到公司一定是遇到麻煩了，平靜地說道：

很早很早之前，潮州府城外的桑埔山有一座古寺。雲寂和尚已是垂暮之年，他知道自己在世的日子不多，就把他的兩個弟子一寂和二寂召到自己的房間，交兩袋種子給他們，要他們去播種插秧，到穀熟收成後再來見他，看誰收的穀子多，多者就可繼承衣缽，做廟裡的住持。

待收成季節到來，一寂挑了一擔沉甸甸的穀子來見師父，二寂卻兩手空空；雲寂問二寂，二寂慚愧地說自己沒有管好田，穀子沒發芽。雲寂聽完便把袈裟和瓦缽交給二寂，指定他為未來的住持，一寂不服，向師父爭論，但雲寂只平靜地說，我給你倆的種子都是煮過的。

李嘉誠悟出母親話中的玄機——誠實是做人處世之本，是戰勝一切的不二法門。翌日，李嘉誠召集員工開會，向他們承認自己的錯誤，不僅拖垮了工廠，還損害了工廠的信譽，更連累了員工。他向被他無端訓斥的員工道歉，並對他們保證，未來將同舟共濟，絕不損及他們的利益，而保全自己。

然後又一一拜訪銀行、原料商、客戶，向他們認錯道歉，祈求原諒，李嘉誠的誠實，得到大多數人的諒解。「負荊拜訪」達到初步目的，他卻不敢鬆懈，馬不停蹄地親自去拜訪、推銷，且他不想將產品積壓太久，全部以極低廉的價格，賣給專營二手或瑕疵品的批發商，才得以將退回的商品賣出去；長江塑膠廠順利走出危機，步入柳暗花明又一村的佳境。

一個人要想贏得他人的欣賞與肯定，並不在於對方能獲得什麼利益，也不是自己的金錢地位，而是你的信譽；權勢、地位都是有價的，但信譽

卻是無價的。李嘉誠常說：「生意上的競爭，一開始比得或許是商品是否比別家好，價格是否比別家合理，場地是否比別家佔優勢；但最終的成敗取決於經營者本身的道德修養。」在經商的數十年中，他經常強調：「德與信譽比錢更重要。」

做任何事情，李嘉誠都將信譽視為第一考量，他常說：「錢沒了可以再賺，但良好的信譽卻不是一朝一夕就可以建立起的，它需要一個人一貫的堅持才行。」的確，信譽既牢固又脆弱，有可能因為一次不經意的疏忽，就讓你一輩子努力建立起來的良好信譽瞬間坍塌。

李嘉誠語錄

「講信用，夠朋友，這麼多年來，任何一個國家或任何一個省份的人，只要合作之後，都能跟我成為好朋友，從來沒有因為一件事鬧過不開心，這一點是我最引以為傲的事。」

重情義，讓你贏得人脈

↘ 廣施恩情，擴展人際關係

在二○世紀七○年代擔任香港滙豐銀行董事長，在港英政府時代，滙豐銀行便作為香港英資壟斷財團的翹楚，控制著整個香港的經濟，滙豐銀行董事長可說是香港幕後實際的統治者。

當時，沈弼沒有公開競標就將和記黃埔地產集團的控股權，以淨資產一半的價格賣給李嘉誠，不僅讓他擁有延期付款的特權，實際收購價格甚至比合約規定的價格還低；李嘉誠旗下的公司，更因此一舉躍升為香港第二大房地產開發商。

且沈弼與李嘉誠的私交甚好，在沈弼1986年退休回到英國時，李嘉誠還特意打造一座約一公尺高的純金製銀行總部模型送給他。

俗話說：「山水輪流轉，三十年河東，三十年河西。」做大事的人應該有長遠的打算，不僅要儲蓄理財，更要為自己儲備人脈；當年的「冷廟」變成了熱廟，對方自然會對你有不一樣的看法，也不會把你當作趨炎附勢之輩。在日常生活中，要想建立起廣闊的人脈關係，就應該學會施恩，聯絡一下感情，送些禮物。即使面對一個陌生人，我們也要施以恩情，誰知道他未來是否會成為一名大人物呢？那些懷才不遇的人，他們現在或許無權無勢，但只要他們有朝一日發達，便是你收穫之際。

胡雪巖在十五歲時就懂得施恩，還因此從中收穫不少。有次，一位金華的客商來到雜糧行談生意，可剛到大阜村就病倒了，但商人在大阜村舉目無親，沒有人能照料他，又無法拖著病體隻身回到金華，心裡著實著急。而胡

雪巖是位善良的小夥子，在得知這件事之後，隨即趕到商人入住的客棧，一連幾天給他端藥送飯，忙前跑後，照顧得十分周到；就這樣，客商在胡雪巖的悉心照料下日漸好轉，沒幾天就完全康復了。對此，他十分感動，為了報答胡雪巖照顧之恩，他好心地建議：「我們那裡比大阜村好玩得多，不如你隨我一同去金華如何？」胡雪巖的施恩替自己贏得人生的機會，前往外地發展，因而讓他結識了生命中最重要的貴人——王有齡。

胡雪巖在一家茶店裡碰到一位落魄的青年，在交談中得知對方叫王有齡，是一位候補鹽使，正打算北上投供（清制，候補官每月到吏部投呈履歷，以待任用）做官，但因為貧困潦倒，又沒有親人，整天只能泡在茶館裡打發時光。

胡雪巖瞭解情況後，心中便有了主意，他覺得王有齡未來絕非等閒之輩，如果幫助他進京投供，定會贏得對方的感激，待他日後有了出息，肯定有機會幫助自己飛黃騰達。當時胡雪巖在當地的錢莊做學徒，只是一名小夥計，手裡沒有多少錢，但他仍毫不猶豫地將剛收回來準備上繳的五百兩銀票遞給王有齡，將一切地賭注全壓在他身上。接過胡雪巖遞來的銀票，王有齡又驚又喜，感激涕零，將胡雪巖視為自己的大恩人，第二天便起程去京城了。

後來證明，胡雪巖當初的判斷是正確的，他得到了王有齡的幫助，成為商場上呼風喚雨的人物。

胡雪巖每次施恩都為自己換回豐厚的回報，上述也只不過是其中一二而已；他有智慧的地方便在於他專門選擇那些落難的人，對這樣的人施恩，所激發出的感激力量將會更大。比如，王有齡在得到胡雪巖的幫助，順利為官後，胡雪巖便不再做錢莊的小夥計，出來自立門戶，販運糧食，得到王有齡的幫忙，官商聯合、如魚得水，事業日漸發達，這就是人脈資

源豐厚的回報。

在生活中，我們要深諳建立人脈關係的智慧，多燒冷灶，多拜冷廟，讓他人對你心存感激。當然，廣施恩情，並不是指我們要做作的對他人施以恩情，而是心中要懷著一份情感，常懷感恩，哪怕是對一位素未謀面的陌生人，因為他可能就是你生命中的大貴人。

一天下午正下著一場大雨，一位老婦人只好走進一間家具賣場避雨，漫無目的地閒逛著。店員看出她並不打算買東西，所以大家都自顧自地做自己的事，有人忙碌著，有人閒聊著，就是沒有一個人去搭理她。

這時，一名年輕的小姐走上前，禮貌地和老婦人打聲招呼後詢問：「您想找什麼商品嗎？」老婦人坦白告訴那位小姐，自己進來只是為了躲雨，並不打算買任何東西。她聽了微微一笑，說道：「即便如此，我還是很樂意為您服務。」兩人閒聊了起來，眼看天色越來越暗，可雨勢絲毫沒有漸緩的態勢，望著窗外的大雨，老婦人微微皺眉。那名小姐從櫃檯裡拿出自己的雨傘，對老婦人說：「您先拿去用吧，我下班比較晚，到時雨說不定就停了。」老婦人不好意思地推辭著，可她仍執意將雨傘遞給老婦人。

事後，這位小姐早忘了這件事，直到有一天，她突然被老闆叫進辦公室，並遞了一封信給她。而這封信正是那天在賣場避雨的老婦人所寫，她要求公司派這名員工前往蘇格蘭，代表該公司接下一座豪華別墅的家具擺設工作；而這位員工接下這重責大任後才知道，那位老婦人是美國鋼鐵大王卡內基（Andrew Carnegie）的母親。

生活中一個不經意的援助，使賣場小姐得到豐厚的回報，這也不失為建立人脈關係的好方法。雖然這樣的方法看似有點像在大海撒漁網，但運氣好的話，你就有可能捕住一條大魚，就像故事這位小姐一樣。

恩情，並不在乎大小，而在於心意，如果你本身就是一個善良的人，那恩情就會在你不知不覺中的言行中瀰漫出來。所以，凡事多施以恩情，令他人心存感激，你的人脈資源就會越來越豐富。

李嘉誠語錄

「假如今日沒有那麼多人替我辦事，就算我有三頭六臂，也沒有辦法應付這麼多事情，所以成就事業最重要的是有人能幫助你、樂意跟你工作，這也是我的處世哲學。」

不苟求錢財，但重於人心

有錢沒有用，要有人；自己不懂也不要緊，只要你敬重懂的人；用的人沒有本事無妨，只要你肯把用人的名聲傳出去，自會吸引有本事的人到你麾下。因此，在李嘉誠看來，人比錢財更重要，雖然他是名商人，平日裡做最多的事情就是做生意，但他依然把結交朋友放在第一位；且李嘉誠結交朋友從不以利益為先，他不苟求錢財名利，而是結交人心，這是李嘉誠交友的首要原則。

在現代社會中，人情遠比錢財更重要，只要你懂得籠絡人心，無疑能為自己累積豐富的人脈資源。所以，在廣布人脈的過程中，你要暫時將錢財和名利拋開，又或者說，你不應該吝嗇自己的錢財，要為求取人心做好準備李嘉誠就願意為了交友而不惜重金，由此可見，他所求的不過是「人心」二字。

李嘉誠與證券專家杜輝廉便結下一段不解之緣，他曾多次邀請對方擔任集團董事長，但都被杜輝廉謝絕了，不過這並不影響兩人之間的深厚交情，杜輝廉仍盡心盡力地替李嘉誠出謀劃策。

　　1988年底，杜輝廉與好友梁伯韜一同創辦百富勤融資公司，李嘉誠二話不說協助他們創立，以回報杜輝廉對他的幫助，百富勤公司35%的股份掌握在杜輝廉和梁伯韜手中，其餘股份由李嘉誠邀請包括他在內的十八名商界巨頭參股。這些富豪都曾受過杜輝廉的幫助，所以在接到李嘉誠的邀請之後，便馬上應諾；且他們的參股出自於情義，幫公司壯大聲勢，完全不會干預公司內部任何政事。

　　等百富勤站穩腳跟後，李嘉誠等人主動縮減手中所持有的股份，讓杜輝廉和梁伯韜持股量達到安全線。李嘉誠做得這些皆出自於情義，並非想從杜輝廉手裡拿到一分錢，不過他所持有的5.1%股份，仍為自己帶來大筆的收益。

　　李嘉誠在商場上打拼，錢財他自己有，至於名利，他也不是那麼熱衷，他想要的無非就是豐厚的人脈資源；若要建立這樣的人脈關係，就必須打動他人的心，而不是追求錢財和名利。李嘉誠非常明白這一點，所以他不斷地努力將自己的想法付諸於實踐。

　　在官場有一位叫寶森的人，此人政績平平，本來在四川境內為官，但卻因為同僚上奏，而被調離四川。卸職後，寶森閒居在京城，每天找許多朋友到家裡作客，飲酒、茗茶、賭博，表面上看生活過得好像很愜意，但他心裡其實非常寂寞。

　　胡雪巖覺得寶森是一位值得結交的朋友，即便他現在沒有官階、沒有地位，仍是願意與他友好。胡雪巖親自登門拜訪，勸說寶森到上海遊玩，並表示全部費用由他支付。而這項提議正中他的下懷，因為寶森礙於自己是旗人身分，有著諸多限制，只能在京城遊覽；所以他馬上答應胡雪巖的盛情邀請，決定去上海玩玩。於是，寶森隨著胡雪巖一同遊上海、杭州，四處遊山玩水，樂趣無窮，兩個人的友誼迅速升溫，寶森把胡雪巖視為知己，每當胡

雪巖遇到頭疼之事，他定是自告奮勇幫胡雪巖在京城裡打點通融。

胡雪巖如此仗義疏財，結交朋友、廣布人脈，也體現在其他事情上，比如「阜康」的創立。胡雪巖在創立「阜康錢莊」之後，第一件事就是免費為身分特殊的太太、小姐們開設戶頭，那些太太、小姐均是巡撫布政使司……等之類官銜的家眷。

胡雪巖這樣的措施為自己帶來了兩個好處，一方面，家眷們平白無故得了好處，人心所向，他們會因為人情再將錢存入阜康，二來又能將自己的慷慨作風傳播出去；且外面的人都知道阜康有官府撐腰，招牌肯定靠得住。這樣一來，錢莊的生意自然滾滾而來，胡雪巖就這樣借助巡撫布政的勢力，拉抬錢莊的人氣，累積多元人脈。

上述故事中，胡雪巖在累積人脈的時候，心中所求並非錢財、名利，反而是人心。或許有人會說，胡雪巖本就是商人，他以錢財結交朋友很正常，沒有人會跟錢過不去。但胡雪巖其實與大多數商人有著很大的不同點，他不僅仗義疏財，而且內心所懷的是真情實意；有了真情，就能打動人心，再加上適當的錢財贈與，人脈資源還用愁嗎？

1. 有「利他」的想法

利他，即為他人著想，做有利於他人的事，為了使對方獲得方便與利益，對他人有利，出於自願的一種利他精神的行為。且利他其實就是利自己，有利他的想法，一方面既能滿足自己的需要，另一方面又能讓他人得益，我們有時候甚至會放棄自己的需求來滿足別人的願望。

2. 不要把利益看得太重

俗話說：「三分利吃飽飯，七分利餓死人。」不管是做人還是做生

意，都別把利益看得太重。比如做生意要懂得薄利多銷，雖然利潤微薄，但容易在價格上形成優勢，從而在銷量上佔上風，以彌補價格上所造成的損失。

李嘉誠是商界的性情中人，他在與人交往時表現出的情義與美德，不僅體現出他的修養，更是他贏得成功的重要因素。做人就是如此，如果只看重利益，沒有幾個情意深重的朋友，一旦陷入危機，到時才想獲得實質性的幫助簡直是天方夜譚。

俗話說：「一排籬笆三個樁，一個好漢三個幫。」一個人的能力畢竟是有限的，天下之事理無窮。在科學發展突飛猛進，社會變革日新月異的今天，若閉關自守、自以為是，根本不可能在這社會上生存，唯有放開手腳、擴大交往，才能趕上時代前進的步伐。從這方面來說，多一個朋友多一條道，人無友，好似樹無枝、花無葉、鳥無翼、畜無足。現代社會的每一個人，無論從事哪個行業，也無論做什麼事情，朋友是不可缺少的；做人要豁達，做生意更要豁達，豁達之人大多有著對同行的真誠友情。

李嘉誠語錄

「人要去求生意比較難，但生意自己跑來找你就容易做。那要如何才能讓生意主動來找你呢？答案是靠朋友。那要如何結交朋友呢？善待他人，充分考慮到對方的利益。」

心懷感恩，報之以李

人一生要感謝的三種恩情為：父母之恩，老師之恩，老闆之恩。在生活中，感恩是一種處事哲學，是一種生活的大智慧，而生活其實就是一面

鏡子，你對它笑，它就笑；你對它哭，它就哭。上天是公平的，祂賜予我們多采多姿的世界，難道我們不應該感恩嗎？所以我們要感恩父母，感恩老師，感恩生活，感謝那些曾經幫助過自己的人。

俗話說：「滴水之恩，定當湧泉相報。」李嘉誠之所以能得到回報，便是因為他懂得感恩，感謝生命中的一切，無論是成功，抑或是落魄，他始終懷著一顆感恩的心，而那顆感恩的心伴隨著他走上了「首富」的巔峰。

人生在世，我們需要感恩的人有很多，那些幫助自己的人，那些施予恩惠的人……等等。我們現在擁有的東西可能越來越多，但就算物質再豐裕，我們的精神也不能貧瘠，更不能缺少一顆感恩的心。

李嘉誠在年少落魄之際，曾得到一名中學生的借傘之恩，但因為他生活顛沛流離，到處奔波，沒能及時還傘，後來始終都沒再見到那位中學生，將傘歸還給他；對此，李嘉誠心裡總惦記著此事，耿耿於懷。

之後，李嘉誠事業逐漸穩定，只要有空閒的時間，他就會拿著那把傘到學校周遭轉一圈，試圖找到當初那位學生，將傘還給人家，但一直沒能如願。李嘉誠的事業越做越大，閒暇的時間越來越少，連那所中學都搬遷了，他還是沒遇到那個人。不過他並沒有因此而死心，每每出門都會帶著那把傘，希望有朝一日能在路上巧遇當年借傘給他的學生。

二十多年過去了，他依然在尋找那名學生，但隨著事業版圖的擴增，他實在沒辦法擠出多餘的時間和精力尋找，所以他將這個任務交給了行政部的張經理。他告訴張經理：「只要找到傘的主人，就馬上帶他來找我。」張經理恭敬地收下那把傘，說會盡可能找到這把傘的主人。之後，李嘉誠多次追問，張經理都說尋人未果、沒有找到，讓李嘉誠認為張經理辦事不力，決定將他調到其他分公司。

沒想到，臨走那天，張經理向李嘉誠道別，並表示希望能帶走那把

傘，向李嘉誠坦白道：「李總，你不用再找了，我就是傘的主人。」原來，張經理在借傘給李嘉誠的隔天就轉學了，大學畢業後碰巧應徵到李嘉誠的公司，不經意地看見李嘉誠經常拿著一把傘，說是在尋找傘的主人，張經理才認出了那把傘，他就是當年借雨傘給李嘉誠的人。

聽完張經理的話，李嘉誠走到他面前，鄭重地向張經理鞠躬：「小張，謝謝你！感謝你當年對我的幫助，我知道你不想讓我為你做什麼，但有一件事我要告訴你，我一直使用著你借給我的那把傘，所以我把它視為10％的創業股份。現在，我要把這10％的創業股份還給你，請你接受。」

張經理心裡當然清楚這10％的創業股份值多少錢，但他卻直搖頭，說這把雨傘不值那麼多錢，只希望李嘉誠能把雨傘還給他。李嘉誠被張經理這份情深深打動，恭恭敬敬地把那把傘還給了張經理。

一份恩情記了幾十年，這幾十年不是時間不對，就是地點不對，好險最終仍報了此份恩情；由此可見，感恩在李嘉誠心中已成為一種信仰。在大多數人看來，那或許只是一件小事，李嘉誠卻始終牢記於心；好不容易才尋到回報的時機，他便大報特報，將陳年小事的恩情回報得漂漂亮亮。

陳興出生於一個貧困家庭，生活雖不順遂，但逆境反而促使他力爭上游，形成不斷往上爬的動力。他奮發向上，成績十分優秀，可家裡的經濟狀況入不敷出，無法讓他順利升學，無奈之下，他只好一邊兼職一邊讀書，十分辛苦。街坊鄰居知道他的情況後，紛紛出錢資助，很快就成立了資助小組，每人每月按時出錢，不夠就由社區管委會補貼。

在街坊鄰居的援助下，他順利完成學業，成功取得電機工程的博士學位；為了回報當初幫助過自己的人，他將部分薪水寄給那些曾幫助過他的人，幾十年來每月按時寄，從不停歇，他說：「這是我的一份心意，受人恩惠，應湧泉相報，如果不這麼做，我會良心不安。」

感恩，是一種生活態度，是一個內心獨白，感恩不是簡單的回報，而是一種責任與自立。在這個世界，除了親人，誰都沒有義務要對你好、給予恩惠，所以，要經常對那些幫助自己的人，包括我們的親人說聲「謝謝」，用實際的行動來表示你的感謝。

感恩，使我們變得富有，享受溫暖；感恩，讓我們變得成熟，富有魅力；你的態度將會打動周遭所有人的心，因而使你的朋友圈越來越廣。

一個人懂得感恩，才能結交更多的朋友，所謂「投之以桃，報之以李」，人與人之間的關係是建立在互惠互利的基礎之上，受人恩惠，懂得回報，這是理所當然的事情，更體現出一個人的品德。

1. 向陌生人說「謝謝」

保持對陌生人說「謝謝」的習慣，不管是送報紙的郵差，還是為你開門的好心人，甚至是載你回家的計程車司機，習慣說一聲「謝謝」，這不僅是禮貌的表現，還能養成時時感激的好習慣。

2. 對愛自己的人表示感激

在我們身邊，圍繞著許多愛我們的人，你是否有時常對他們說「感謝」呢？如果想成為懂得感激的人，就應該在接受朋友和家人幫助之後，表達內心的感謝，或是因為他們陪伴表示感激；這並非感性，而是習慣感激。

3. 主動幫助朋友

每個人都會有需要別人幫忙的時候，但往往都不懂得在事後感激他人的付出，所以，試著主動對朋友或陌生人伸出援手，瞭解其中的感受，將

心比心，那麼下次再受到幫助時，你便不會忘了要附上一句感謝。

　　有的人受了他人恩惠，轉身便忘記，那就不會有人願意再幫助他，未來如果遇到困難與挫折，他能依靠可能就只剩自己；所以，在生活中，我們要懂得感恩，感恩他人其實也就是在為自己建立人脈。

 **李嘉誠語錄**

「不懂感恩，再優秀也難以成功。」

人生苦短，所以要**勇往直前**

✎ 人生的字典沒有「不可能」

李嘉誠說：「做得到和做不到，其實只在一念之間。」在這個世界上，沒有什麼事情是做不到的，只要你有信心，就一定能成功。當然，我們要先在心中上去除「不可能」這個束縛，從行動開始向「不可能」挑戰，將「不可能」變成可能。在這個世界上，一切皆有可能，只要我們敢想敢做，對自己充滿信心，那麼那些看似「不可能」的事情就會變得無限可能，就能用信心去戰勝現實！

如果有人問你：「水聲可以賣錢嗎？」想必你一定會說：「這是不可能的事情。」但在美國，就真的有人錄下了各式潺潺流水聲，燒錄成光碟，標上「大自然的美妙樂章」以高價售出，大賺了一筆。在日常生活中，有許多事情都是有可能的，我們的字典裡沒有「不可能」這三個字。

生物學家曾做過一個試驗：把一群跳蚤放置在玻璃杯中，並蓋上玻璃蓋。每隻跳蚤都不停地奮力往上跳，每跳一下牠們就會撞到玻璃頂蓋；過了一個小時後，跳蚤依然在跳，但牠們開始本能地適應環境，跳得比原先要低一些，只跳一半或三分之一的高度。

三天後，生物學家把玻璃蓋拿掉，觀察跳蚤的行為，發現跳蚤雖然持續往上跳，但沒有一隻跳蚤跳到杯外，因為它們已「習慣」輕輕跳。

這個現象就是心理學上著名的跳蚤效應，不僅跳蚤如此，我們也一樣，有什麼樣的目標就有什麼樣的人生。許多人不敢追求夢想，不是夢想太遠，而是因為他們心中已有一個默認的「高度」，這高度使他們受限，因而看不到未來確切的方向，這個高度不斷地暗示自己：成功是不可能

的，你絕對沒辦法做到。

「心理高度」成為人們無法取得成功的根本原因之一，自我設限是一件很悲哀的事情，像跳蚤並非是失去跳躍的能力，而是他們在受挫之後漸漸變得麻木。因此，我們要將成功的信念注入血液之中，不斷地告訴自己「我可以」、「只要努力就一定會成功」、「我是最優秀的」不斷增強自信心，勇於向成功前進。

一天夜裡，小偷潛入談遷家中，一看家裡空蕩蕩的，根本沒有值錢的東西，正當小偷打算離去的時候，不小心瞥見屋子角落有一個鎖著的竹箱，小偷如獲至寶，以為裡面裝著值錢的寶物，就把整個竹箱偷走了。其實，那個竹箱裡面並沒有裝什麼值錢的東西，只有談遷剛寫好的《國榷》，對小偷來說，這東西一文不值，但對談遷來說卻是極為珍貴的書稿。

二十多年的心血化為烏有，這對談遷來說是一個致命的打擊。他已年過半百，兩鬢花白，旁人都認為他已無力堅持下去，但談遷並沒有放棄，他不斷告訴自己：再寫一本會更精彩。

在強大信念的支撐下，談遷從痛苦中爬起，重新撰寫那部史書，十年後，又一部《國榷》順利誕生了，新撰的《國榷》共一〇四卷，近五百萬字，內容比之前那部更精彩、詳實。

小偷在無意間做了那隻「馬蠅」，促使談遷鞭策自己，重新編寫《國榷》這部史書；或許正是因為再一次的撰寫，才使得《國榷》更仔細、更精彩，因而讓談遷名聲大振。

生活中有許多的困難與挫折，面對這些困境，許多人總是不由自己地說：「我不能……」在這樣一種心理的影響下，變得不敢正視現實中的挑戰，對自己缺乏信心，總被「我不能」所左右，導致自己的潛力無法得到

充分發揮。

但生活有時就是這樣，總有意無意地影響著自己，所以我們不妨試著將「我不能」埋藏起來，相信自己，用積極樂觀的心態面對一切，相信那些困難與挫折都會迎刃而解。

只要不停地激勵自己，就永遠有站起來的一天，不要讓「不可能」禁錮了自己，要對自己充滿信心，勇敢地向前、堅持到底，「不可能」終將變成「可能」，你會發現成功不曾放棄過我們。

李嘉誠曾在汕頭大學畢業典禮上提到，他所知道的都是從書本及雜誌吸收而來，但見解卻是自己的經驗和觀察所累積；那人生究竟有沒有放之四海而皆準的成功方程式？

每個人都可以有巨大的雄心及高遠的夢想，差別只在於有沒有能力實現這些夢想，當夢想成真的時候，又能否在成功的台階上更知進取？

當夢境破滅、無力取勝、無能力轉敗為勝時，你是否將自己套在自命不凡的枷鎖？抑或跌進萬念俱灰無所期待的沮喪之中呢？

再成功、再有學識的人，也要抵禦命運的寒風，李嘉誠知道自己在事業發展上一直比較順利，但他和大家一樣，無論喜歡或不喜歡，也會有達不到的夢想、做不到的事、說不出的話，有憤怒和不滿，傷心的時候，他也跟我們一樣會流下眼淚。

所以，人生是一個很大、很複雜和常變的課題，我們用分析、運算、邏輯等理性的智商（IQ）解決諸多問題；用理解力和自我控制的情緒智商（EQ）去面對問題；用追求卓越、價值及激發自強的心靈智商（SQ）去超越問題，堅持探究，將困難都迎刃而解，原先不可能的事情定會有所轉變。

成功來自於自信，自信者有著決勝的信念，在李嘉誠的字典裡就沒有

「不可能」這三個字，他不達目的誓不罷休，決定後便不放棄，堅持將「不可能」變為「可能」。打垮自己的往往不是別人，而是自己內心中的「不可能」；所以請試著相信自己，千萬不要把一次的失敗，看作是人生的終點。

李嘉誠語錄
「覺得自己做得到和做不到，其實只在一念之間。」

⬊ 選擇之後就不要停止

很多人剛踏入社會時非常有想法，替自己設定了諸多目標，條條都能成大事；但沒多久，就會在壓力及現實面前，高高舉起雙手，默默屈服，將理想留存於幻想中，甚至還來不及執行。

李嘉誠把人具體地比作一條船，而他就是掌握自己人生方向的舵手，在人生的海洋中，有的人像無舵船，總幻想能直接漂到一個富裕繁榮的港灣，但現實中，絕不可能這麼輕易就能抵達，這往往只是幻想和奢望。面對風浪海潮的起伏變化，他們束手無策，只能隨波逐流，幸運者或許能漂進某個避風港；不幸者則可能觸礁或擱淺；但成功者，他們願意花時間研究計畫，並確定目標和航向，他們堅持走出屬於自己的路，從此岸到彼岸，有計畫地前進，他們勇敢地做自己人生的舵手。

理查是哈佛大學畢業的高材生，但他畢業後並沒有成為大企業的菁英幹部或是某研究計畫的專家，反而是成為一名出色的油漆師傅。

說起理查，就不得不提到他的父親，他是從墨西哥偷渡過來的非法移

民，憑著一手油漆技能，在洛杉磯站住了腳，又幸運地在某次總統大赦中拿到綠卡，成為美國真正的公民。

理查從小就很聰明懂事，放學後經常幫忙爸爸刷油漆。幾年下來，理查的手藝大有長進不說，技術方面也大有創新，連老爸都自嘆不如。且理查對唸書也很在行，成績總維持在全年級前三名，社區服務記錄也是全校最優秀的，還曾獲得全美中學生美術展油畫銅獎，讓他輕而易舉就被哈佛大學錄取。

但在哈佛求學時，他每天就是盼著放假，返家揮灑油漆，他就好像中了油漆的毒一樣，只要星期天沒辦法像以前一樣刷油漆，就會大發牢騷。所幸大學四年很快過去了，理查以優異的成績畢業，可是他沒有繼續攻讀研究所，僅在洛杉磯找了一份薪水優渥且非常體面的工作。

工作半年多，理查的表現相當出色，有一次，公司老闆因為理查工作優秀，就問他對公司有哪些想法，有什麼建議。理查說，公司把部分產品發包給外面的油漆商不僅成本很高，品質也很不理想，但如果公司成立油漆部，就能解決這個問題。

老闆笑著說：「這談何容易？買設備是小事，最重要的是要招募優秀的油漆工人，這可不是一件容易的事情。」

理查說：「不用找了，你眼前就有一個。」

他把自己的油漆經歷向老闆報告，並主動向老闆提出由他招募新人、親自訓練的計畫，聽完後，老闆當即決定成立油漆部，由理查擔任部門主管兼工人。

理查下班回家後，興沖沖地告訴家人自己升遷了，但大夥兒得知他升任的是油漆部經理後，大家都說不出半句話來，他們一再奉勸他三思而後行，可理查仍堅持走自己的路。

而經過幾年的努力，油漆部在理查的帶領下，表現得十分出色，白宮有

些用品甚至都指定從他們公司加工出產。

現實中也有許多事例證明，別人的意見和評價，往往不一定是正確的，像二〇世紀最偉大的科學家愛因斯坦（Albert Einstein）四歲時才會說話，七歲才會認字，老師給他的評語是「反應遲鈍，不合群，滿腦子都是不切實際的幻想」；而享譽世界的音樂家貝多芬（Beethoven）在學拉小提琴時並沒有很認真，技術不高明，但他就是不肯改善自己的技巧，他的老師曾說他絕不可能成為一名作曲家；大文豪托爾斯泰（Tolstoy）讀大學時也因成績太差被學校勸退，認為他「既沒讀書的頭腦，對學習又缺乏興趣」。如果上述這些成功人士不是走自己的路，而是被別人的評論所左右，那他們就不可能取得舉世矚目的成就。

幾十年前，美國猶他州有位勤奮努力的年輕人，生活節儉又有規律，朋友提到他無不稱道。但某一天，他卻做了一件令人十分詫異的事，讓所有認識他的人都跌破眼鏡。

他到底做了什麼呢？原來他從銀行領出所有的積蓄，買了一部新車，這些都還是小事，並非最「愚蠢」的，他把新車開回家後，竟然就在車庫裡把這輛車拆解掉，車庫裡擺滿零零散散的汽車零件。他仔細研究了每個零件，然後又把汽車重新組裝好，還拆拆裝裝重複了好幾遍，眾人對此百思不解，每個人都認為他「瘋了」。

幾年後，那些嘲笑過他的人不得不承認他們原先的看法錯了，當初這名年輕人獨到的見解，讓他不僅僅是製造汽車，產品還領導了整個汽車工業，為汽車這個產業做了許多有價值的改進和革新。而這位當年反覆拆裝汽車，被認為是瘋子的年輕人就是——沃爾特·克萊斯勒（Walter Chrysler）。

很多成功者在剛開始發展的過程中，也常聽到別人不同的意見，但他們對自己的信念始終堅定不移，因為當別人對你的行為持有懷疑，或是反對的態度時，唯有堅持自我，才能有更大的突破；如果你能對自己所選的路不迷茫，持續努力，那未來一定會有所收穫。

所以，你不必過於在意別人的看法，現實中每一個成功的故事都源自於一個遠大、異想天開的想法，他們的「瘋狂」並非真的盲目，其中也蘊含著目的和方法。人不會因為千篇一律而有所價值，那些偉人都是擁有獨特思想，並堅持自己人生方向的人。

李嘉誠也說過，一件事無論你當初是怎麼下定決心，不到結果出來那天，誰都不知道會發生什麼。所以與其擔心失敗，不如好好努力，扔掉你的猶豫，那只會浪費時間；扔掉你的擔心，那只會讓你分心。你能做的，只有相信自己，並且盡力去做，記住你當時所下的決心，只要路是自己選的，就不怕走遠。

李嘉誠語錄

「不論你在什麼時候開始，重要的是開始之後就不要停止。」

⬊ 明確你的目標，激發動力去奮鬥

人一旦有了目標，就要執著地朝著目標前進，這樣才能確實取得成功；而經常變換目標，甚至是沒有目標的人，往往會在碌碌無為中虛度一生，等到他們年老的時候，才來無限感慨，為什麼自己就是沒有任何建樹呢？

《羊皮卷》中有這樣一句話：「未來取決於目標以及為實現目標所付

出的努力。」所有的成功人士在談到自己成功的原因時，幾乎都會有一個共通點，那就是為自己設定目標。目標是奮鬥路上的一盞明燈；是成功路上的一座燈塔；是快要放棄時的希望。如果沒有目標，那你就像在一片茫茫無際的大海上航行，沒有行駛的方向，沒有指引的航標，只能漫無目的地航行，不知道往何處走才能抵達目的地；而這樣的航行讓人心裡有多麼徬徨，可能只有航行者自己知道。

有目標的人不一定會成功，但沒有目標的人一定不會成功，因為有了目標之後，你才知道自己該往哪個方向前行，能勇往直前地駛向成功的彼岸；就算有再大的風雨，也不會害怕，有了目標就等於有了前進的動力。

像有些人經常將自己的目標定為賺進大量的財富，或許你會認為他們的目標過於功利，但仔細想想，幾乎所有人目標的背後，都是功利的，具有目的性。

雖然這樣的目標看起來可能世俗、功利，但對飽經風霜苦難的人來說卻是救命稻草，金錢是他們唯一可以掌握的，只有金錢可以讓人在流離失所的時候，能繼續生存奮鬥下去。

世界上有很多金融巨頭們從小飽受貧困與坎坷，他們之所以能取得如此成就，並不是他們比別人聰明，而是因為他們能為自己的目標不斷努力。他們的目標簡單而實用，所做的一切都是為了實現自己的財富夢，每一步都是為了累積更多的財富；因此，他們珍惜自己的時間，珍惜自己的生命，想盡一切辦法實現自己的目標。

綜觀那些成功之士，當他們實現一個目標時，都會再為自己設立下一個目標，從而不斷地實現、突破；這樣的人生才會多采多姿，才是有意義的人生。

2012年，李嘉誠出席長江商學院十週年校慶。他才踏進會場，台上正在說話的嘉賓立即停止致辭，台下的人更起身以熱烈的掌聲歡迎李嘉誠的

蒞臨；眾人不謀而合地向李嘉誠點頭致意，這不單是因為李嘉誠是長江商學院的創始人，而是這位白手起家的超人，身上有著太多地方值得學習，令眾人深深被他折服。

李嘉誠年少時，一家生活在戰亂的時代，父親病故，家中經濟潦倒，深陷於三重合奏的悲歌當中。雖然前景一片黯然，但李嘉誠並沒有因此被打倒，他在夾縫中求生存，努力朝著目標前進，秉持著唯一的信念——做更好的自己，才能建立更好的未來。

他認為，「理想」等同於「目標」，為得就是設立更積極的人生目標。他甚至在長江商學院十週年校慶上，向在場所有學生倡導「要以人類幸福為己任」，現在的年輕人，心態都與他們之前著實不一樣，追求的不再是什麼高尚的理想和抱負。「無聊」對年輕一輩的孩子來說可能很陌生，因為他們現在所生活的環境下，科技發達、物質豐碩，新鮮事物很多，他們更可以整天在家上網玩遊戲。但你知道嗎？很多調查顯示，會上網玩遊戲乃至於沉迷於網路世界的人，最主要的原因竟是：「無聊、缺少目標」。年輕人會覺得是因為玩遊戲，生活才不無聊，殊不知就是因為沒有目標，才會一頭栽進遊戲的虛擬世界之中。

所以，我們應當要告別「無聊」的時代，自我管理好閒暇的時間，在

摸索、實踐過程中逐漸找到、並設定好自己「積極」的人生目標,將目標分解到每年、每月、每天,然後為之努力奮鬥,用自己的行動創造未來。

　　一個人的目標越高,發展速度越快,就能走得越遠,沒有人能為你設立目標,自己的路得自己走,有些人之所以不成功,就是因為他們活了一輩子也不明白這個道理。

　　若想讓自己的人生大放異彩,就得為自己設立人生目標,有了目標,才不會整天混日子,生活才會有希望;工作才會有動力;人生才會有意義。世上任何成功的人,其經歷無不是在向我們證明,只要朝著自己的目標不斷努力,目標就一定會實現;向著目標不斷前進的人,整個世界都會為他讓路。

李嘉誠語錄

　　「人最大的悲哀是沒有目標,因此要以樹立積極人生目標並為之奮鬥為己任。」

✎ 英雄多磨難,逆境締造輝煌

　　什麼是逆境?逆境就是當我們在做某件事的時候,不僅做起來不順利,還可能遭受挫折和失敗,沒有人的一生能夠一帆風順,總會有各式各樣的坎坷。

　　逆境可說是一道分水嶺,有人遭遇逆境便頹廢沉淪,覺得天要亡我,今天就是自己的末日,再也不可能重現以往的輝煌,於是他們深陷在逆境的泥沼之中;但有些人卻能積極地面對逆境,他們相信風雨之後定有彩虹,因此能沉著地迎接逆境給予的磨練機會,將自己淬煉成能經受任何風

雨的鋼鐵戰士，在他們眼中，逆境是一種財富，它不僅可以考驗意志，還能鍛鍊自己的能力。

李嘉誠曾對自己的人生做過反思，他想，如果有一天一切都能重新來過，那他的命運又會有什麼改變呢？人生充斥著許多如果，但結果會怎樣我們都不知道。如果當年戰爭沒有摧毀掉李嘉誠的童年；如果當年他父親沒有因病去世；如果當年還有機會繼續讀書，他的一生又會如何改寫呢？他反覆問著自己。且李嘉誠本身對醫學有著些許熱忱，會不會因此成為一位醫生呢？他對推理、研究也充滿興趣，他又會不會因此改行成為科學家呢？這一切都沒有答案，因為上天並沒有給李嘉誠重新來過的機會，但他仍對今天的自己引以為榮。

人生的過程中，無一不是充滿著遺憾，但也是因為這些人生中的遺憾，李嘉誠才因此學到最有價值的一課——逆境和挑戰，只要激起生命的力度，我們的成就絕對可以超乎自己的想像。

李嘉誠成長的年代，當時的社會艱苦，物資缺乏、貧富差距大，大環境是殘酷且悲涼的，那時候念書並非義務教育，不是人人都有機會學習，甚至可以說是沒有念書的權利，貧窮的思想像是一個巨大的牢籠，把大家禁錮在社會的底層之中，無時無刻都被壓抑著。每個人都擔心沒有辦法脫離貧窮往上爬，一輩子無法衝破底層的界線，活在水深火熱的困境之中；而李嘉誠非常理解這個恐懼，因為這些他都經歷過，沒有人願意一輩子貧窮，但出路在哪？

李嘉誠十四歲那年，每天晚上都反覆問著自己這個問題，更何況他當時必須扛起家計，又怎麼能去尋求受教育的機會呢？且他沒有可以依靠的朋友或親戚，他始終懷疑，僅憑自己那刻苦耐勞的精神和毅力，是否真的足以讓全家度過難關？李氏一家的命運是否早已注定？就算全家能勉強餬口度日，那他又會有出人頭地的一天嗎？

　　但李嘉誠很快就從那個束縛的牢籠中跳脫出來，他發現人生沒有什麼必然的成功方程式，所以他也不用想得太多，他要做得便是把他所能控制的一切掌握起來，若他的目標是出人頭地，那他便要扭轉逆境，盡力把目前的狀況轉換過來。

　　無論在言談、許諾及設定目標各方面，他都相當謹慎和嚴守紀律，不給人消極、軟弱和倚賴的印象，這樣不但是一種隱性投資，更可以建立起誠信，讓他的魅力，表現在自律、克己和謙遜中；並不斷將這些特點整合，塑造出自己成功的基礎，幫助他應付、控制能力以外的事情，待到時機遇一現，李嘉誠早已整裝待發，有足夠的能力和勇氣踏上前路，衝鋒陷陣。

　　縱使沒有人能告訴你前面的風景是什麼、生命長河將流往何方，但在這過程中，你定能領悟出邱吉爾（Churchill）的名言：「只要克服困難，就能贏得機會；一點點的態度，就能造成大大的改變。」

　　實業家路德維希・蒙德（Ludwig Mond）學生時代曾在海德堡大學跟著名的化學家本生（Robert Bunsen）一起工作，他發現一種提煉硫磺的新方法，因而讓他萌生開辦化工企業的念頭。

　　他在柴郡的溫寧頓買下一塊地建造工廠，但起初的生產狀況並不理想，成本居高不下，工廠連續幾年虧損，且當地居民擔心化工廠會破壞周遭的生態平衡，不斷反對他在此設立廠辦，企圖將他趕走。

　　但他並沒有因此被打倒，終於在建廠六年後取得重大突破，產量足足增加了三倍，讓成本降了下來，產品從原先每噸虧損五英鎊，變成獲利一英鎊。人們得知他的工廠開始發展起來後，紛紛湧入，希望能求得一份工作，而且工廠有一項特別的福利，只要在這裡工作，就可以獲得終身保障，退休的員工還可以將職位傳給家人；後來，蒙德的公司成為全世界最大的化工企業。

在逆境中，我們可以儲備自己的力量，鍛鍊觀察的能力，藉機看出誰是與我們志同道合的朋友，誰是不值得深交的小人。逆境不是成功路上的絆腳石，而是通往成功的墊腳石，成功不會隨隨便便就降臨在人們的頭上，只有經受住逆境的考驗，才能存在得更長久。

李嘉誠語錄

「逆境和挑戰能激發生命的力度。」

換一種角度想，世界迥然不同

改變想法才能改變人生

李嘉誠認為，一個人的想法比知識更重要，若想在事業上取得一定的成就，光靠一些老想法、老套路是很難成功的。當你站在一條目標難以達成的道路上時，與其遙遙相望不如早點覺悟，記取前人的慘痛經驗，轉變想法，尋求另一條更近、更省力的新路，而非倔強、固執地在這條困難重重的老路上重蹈他人覆轍，浪費時間。

有人常說：「我忙得沒有時間去想。」但往往就是「沒時間去想」這五個字，產生成功與失敗的分水嶺；平庸的人只知道「埋頭拉車」，成功的人卻懂得「低頭去想」，為解決事情想出最好的方法。其實，李嘉誠現今的成就，一開始也只是一個想法罷了，當初之所以會離開五金廠，轉戰塑膠業，就是因為看到了雜誌上的介紹，發覺此產業的前景及自己的未來，因而毅然決然地投入其中。

1965年，一位韓國學生到劍橋大學主修心理學，他常到學校的咖啡廳或茶館聽一些成功人士聊天。這些成功人士不乏諾貝爾獎獲獎者、學術權威和一些創造趨勢的人，這些人幽默風趣、舉重若輕，把自己的成功都看得非常自然和順理成章。

但聽得越多，他發現自己之前都被韓國的成功者騙了；那些人為了讓創業的人打退堂鼓，把自己遇到的困難極盡所能地誇大，嚇唬那些還沒有取得成功的人。

正好自己學得是心理系，所以他想研究韓國那些成功人士的心態，看看

他們到底為什麼這麼做。之後，他將這項研究〈成功並不像你想像的那麼難〉作為畢業論文，提交給他的教授。

教授讀後大為驚喜，認為這是個重大的新發現，這種現象雖然在東方最為嚴重，但其實在世界各地普遍存在，只是之前沒有人敢提出來討論。他馬上寫信給他的朋友——韓國前總統朴正熙，他在信中寫道：「我不敢說這論文對你會有多大的幫助，但我肯定這比你做的任何一個決策都能撼動社會。」

後來這個研究，果然鼓舞了許多人，更促使韓國的經濟起飛，因為它從一個不同以往的角度告訴眾人，成功與「勞其筋骨，餓其體膚」、「三更燈火五更雞」、「頭懸樑，錐刺股」之間雖然重要，但並沒有必然的聯繫。只要你對某一事業感興趣，能夠堅持下去你就能成功，因為上帝賦予你的時間和智慧，絕對能使你圓滿做完一件事情。當初研究的那位學生，之後成為韓國汽車公司的總裁，獲得一定的成就。

成功其實都是先「想」出來，然後再付諸行動，只有敢「想」，會「想」的人，才能成為成功者的候選人。所以，作為一名成功者，就應該善於轉換想法，將難如登天的事情達成，把原先做不來的想辦法完成。當別人失敗時，如果你可以從他人的失敗中總結經驗，得出正確的想法，並付諸行動，那你就有可能成功；當自己失敗時，如果你能吸取教訓，把思維轉換到新的正確的想法上，再付諸行動，那你絕對可以獲得成功。

因此，我們最需要做的應該是改變自己的想法，哪怕只是很微小的改變，也可以起到很好的效果。在許多人生的轉捩點，只要我們能調整思路、換個想法，就能看到許多不一樣的人生風景，甚至可以創造出人生的奇蹟。

在一望無際的大海上，有一艘遠洋輪船不幸觸礁沉沒，船上八名船員奮力與海水搏鬥，幸而登上一座孤島，才得以脫離危險。但沒想到上岸後的情況更為糟糕，島上除了石頭外，沒有任何可以用來充飢的食物，更沒有可飲用的淡水資源，在烈日的曝曬下，每個人都口渴難耐，生不如死。

眾人等呀等，就是沒有一艘船隻經過這座孤島，放眼望去除了海水還是海水。過沒幾日，就有七名船員支撐不下去，相繼渴死在島上。

就在最後一名船員準備放棄救生意志的時候，他想：與其像其他人那樣渴死在這座島上，不如就嚐嚐這海水的味道吧！說不定喝一些海水並不會對身體產生過大的危害，反倒能救自己一命。他走進海裡，喝了一肚子的海水，沒想到他一點兒也感覺不出海水的鹹澀，反而覺得這海水相當甘甜，非常解渴；於是，他每天就靠著喝島邊的海水度日，繼續同命運搏鬥著，好不容易被過往的船隻解救。

後來，人們化驗周邊的海水發現，原來小島周圍有地下泉水不斷湧出，所以海水其實是可口的甘泉！

誰都知道「海水是鹹的」不能飲用，七名船員就是因為腦海裡存有這樣的生活經驗和固有的思維而不敢去突破，不敢做新的嘗試，結果活活渴死。但最後一位船員卻大膽地改變了想法，故能打破舊的框架，反過來救了自己一命。

一個人的想法如果老停留在某一個點上，就永遠無法開拓自己的視野和思路，所以我們應該把眼光放遠，不斷產生新的想法。當然，我們在想像的時候，要把焦點指向一個全新的目標，否則很容易將思路陷入空想、妄想之中，進而阻礙創造力的發展。

人的一生中，生存環境不斷變異，各類事情接踵而來，若只懂得因循守舊是行不通的。生活中，有些人之所以會失敗，就是因為他們總按圖索

驥、過於墨守成規，從而把道路堵死，導致自己寸步難行；守舊思想、舊規矩其實都是可以打破的，只要我們做事靈活、不失原則，就能符合時代的變遷和社會的發展。

1. 敢想敢嘗試

對於敢「想」、會「想」的人來說，困難其實並不存於世界上，人們之所以會遭遇困難，是因為目前還沒想到解決的方法，但方法終究會研究出來；所以懂得轉換想法的人，他們所迎接的絕對會是成功，沒有任何一個挫敗會將他們打倒。

2. 命運因想法的改變而改變

想法是大腦活動下所產生的結果，一切的行為都受到它的指導和支配，想法雖然看不見、摸不到，但它真實地存在著。你有什麼樣的想法，就有什麼樣的命運，如果你的想法總是正面、積極的，和自信、成功、樂觀聯繫在一起，那你將會有一個圓滿的人生；反之，如果你的想法負面、悲觀，總覺得自卑、失敗、憂愁，那你的命運不會好到哪裡去。

人們很容易陷入固有的思維模式，有時候明明某些想法對解決問題沒有幫助，但我們卻老按照規矩去做，反而白白耗費了時間和精力。一旦我們形成這樣的思維模式，就會習慣順著固有的方式去思考問題，既不願也不懂得轉個方向、換個角度思索問題；很多人都有著這樣愚頑的「難治之症」，因而走不出可悲結局的宿命。

李嘉誠曾在一場致詞上提到，他這一生中，已體驗、見證過不少事情，包括那些將不可能變成現實的「奇蹟」。因此，他深信很多能扭轉乾坤、找到「革命性方案」的必要關鍵，往往萌芽在一片「天馬行空」的想

像之中。

我們可以將「成功」視為一支迷人的魔術棒，若要妥善駕馭、獲得成功，那取決於魔術師本身的修為，而那威力強大的魔法便潛藏在思考的想像力之中。所以，若要在競爭之中開創出自己的決勝局，你一定要完全釋放自己的潛能，轉換方向思考，突破不一樣的自己

李嘉誠語錄

「想像力比知識更重要。」

↘ 待機而發，順勢而為

商場有自己的規律，做生意必須隨著市場的變化而變化，及時調整經營策略。李嘉誠在創業之後，塑膠用品已趨於市場飽和、前景堪憂，但他希望能跳出這個飽和的狀態，否則公司將會在商場的競爭中被淘汰；因此，他需要一個新的產品來挽救局勢，而且這產品必須極具競爭力，要能跳脫市場困境。

李嘉誠一直以來總抱著這樣的思維——當所有人衝進來的時候，他趕緊跳出來，等所有人都不玩之後再衝進去。所以，他一邊觀察市場動向，也一邊探查國際市場，希望能找出新的產品；果不其然，他成功找到剛在國際市場竄出頭的塑膠花，且當時香港沒有任何一家塑膠工廠在生產，市場前景廣闊；因此，李嘉誠當即抓住機會，一舉拿下這塊大餅。

在《三國志》裡，司馬徽說：「平庸的書生、文士怎麼會認清天下的大勢呢？能認清天下大勢的人必是傑出的人物。」的確，因為只有看清局勢，方能順勢而為。在現實生活中，我們常常用「順」來表示美好，所以

那些懂得順水推舟、順勢而為的人，才能達到圓滿的人生。

三國時期蜀漢的政治家諸葛亮，他的父親在他年幼時便去世了，從小依靠叔父諸葛玄過活。但十六歲那年叔父也去世，於是他在襄陽城西的隆中置了一處田產，蓋了幾間屋子，一面耕種，一面讀書。

諸葛亮獨自一人在隆中居住了十年，這段時間，他讀了大量經史和諸子百家的著作，學習政治、軍事、歷史等方面的知識；且他相當關注當時的政治形勢，因此有著豐富的政治見解。

當時，劉備正依附於荊州牧劉表，他知道若要成大事，身邊就必須有足智多謀的人加以輔佐，所以一直在物色有見識的人才；他聽說司馬徽很有名望，便前去拜訪，詢問他對天下局勢的看法。司馬徽說：「平庸的書生、文士怎麼認得清天下的大勢呢？能認清天下局勢的人才是傑出人物，而臥龍和鳳雛，就是這樣的傑出人物。」

古人云：「天下大事，順勢者昌，逆勢者亡。」在現實生活中，職場可謂一座風雲變幻的舞臺，幾乎每一天都會出現人事變動。因此，我們要看清時務，在必要時順勢做出適宜的計策，如此才能保全自己的位置；若不懂得順應形勢，遲早會吃虧。任何時候，都要在順應形勢的前提下謀求發展、尋找機會，才能保全自己。

1896年，瑞典著名火藥專家諾貝爾（Alfred Nobel）罹患嚴重的心絞痛和心臟病，醫生建議他適量服用硝化甘油來治療。這種療法在當時已試驗證明有效，但諾貝爾卻因為人體服用硝化甘油背後沒有相關理論背書，斷然拒絕接受治療。

大名鼎鼎的諾貝爾，以發明立身，雖經歷了無數次的火藥試驗，但若要施行在自己身上，仍武斷地排斥硝化甘油對治療有益的這一事實，堅持

他那偏執的觀念，無論別人如何解釋、柔性勸導，他都不予理睬，最後因病過世，享年六十三歲。

而諾貝爾死後一百多年，戲劇性的一幕出現了，1998年的諾貝爾醫學獎，有三位科學家發現硝化甘油中的一氧化氮，可讓人體產生一種信號，使血管舒張，有利於血液循環，對心血管疾病有著特殊的療效，這才讓硝化甘油有了完善的醫學理論支持。諾貝爾怎麼也不會想到，自己的愚見及固執正是被他所設立的諾貝爾醫學獎獲獎者推翻。

在這個世界上，即便你很了不起，也別固執己見、刻意和他人作對，我們要懂得遵循自然規律，順勢而為。在生活中，有許多人自嘆「懷才不遇」，窮困潦倒，沒有做成大事，原因就在於他沒有把握住時勢，逆勢而動，所以就算費了九牛二虎之力也無濟於事，只能抱著「生不逢時」的遺憾。很多時候，既然你改變不了世界，那就改變自己，主動適應世界，才能順風順水。

1. 識時務者為俊傑

無論一個人有多大的能力，他都會受到周圍環境和其他諸多因素的制約，不能為所欲為。因此，在局勢變化的情況下，如果你一意孤行，那最後吃虧的只會是自己，所以我們要懂得認清局勢，並順應局勢的變化，識時務、靈活處理與自己相關的事宜。

2. 經營，就是一種順勢

松下幸之助說：「經營，其實就是一種順勢。」在職場中，要想成就一番事業，就要順勢而為，在局勢變化的過程中，不斷地學習，累積「能量」，等待時機，一舉獲得成功。

面對既成的局面，唯有不斷提高自己的能力，才能在機遇到來時，迅猛出擊、奮起拼搏；我們要想獲得成功，就要學會順勢，做到蓄勢待發，時刻積蓄能量，等待機遇的到來。

李嘉誠語錄

「要永遠相信：當所有人都衝進來的時候趕緊出來，所有人都不玩了再衝進去。」

思想有多遠，就能走多遠

李嘉誠說：「樂觀者在災禍中看到機會；悲觀者在機會中看到災禍。」思考並不是科學家、發明家和偉人的專利，我們同樣也有思考的權利。李嘉誠為什麼能實現人生的價值，並獲得大大小小的成功？答案就在他那獨特的思考習慣。人的成就是「想」出來的，然後才謹慎思考，再採取行動做出來的；每位追求成功的人，幾乎都能意識到思考是打開成功大門的鑰匙，因此迫切地養成思考的好習慣。

養成思考習慣的人，往往都不會滿足於現狀、因循守舊，更不會迷信經驗，甚至是盲從別人。他們遇到問題時，不會直接接受別人的觀點，而是多問一些「是什麼」、「為什麼」、「怎麼樣」等，因為有了這樣的習慣，他就不會只甘願做機械式的工作或是搬運工；所以，我們也要習慣多加思考和觀察，敢於突破思維上的桎梏，尋求新的思路，造就自己成為成功者。

拿破崙・希爾（Napoleon Hill）在遍訪美國最成功的五百多位富翁後得到一個結論：「思考即財富。」有句名言也這麼說道：「沒有做不到

的，只有想不到的。」可見我們思考上的匱乏，是阻礙成功最主要的因素，因此只要我們養成善於思考的習慣，就會獲得意想不到的效果。

美國有間專門生產牙膏的公司，產品品質優良，包裝又精美，每年的營業額蒸蒸日上。但公司營運到第十三年時，成長卻停滯了下來，每月都維持一樣的業績，不然就是略有下降，董事會對此嘖有煩言，頗有意見，因而召開會議商討對策。

會議中，有位年輕經理站起來，對總裁說：「我手中有張紙，上面寫著提升業績的建議，若您認為我的建議可行，就必須付我五萬元！」總裁聽了很生氣地說：「我每月支付你薪水外，另有分紅、獎勵，現在請你來開會討論，你竟然還另外索取五萬元，你不覺得這樣太過分了嗎？」

「總裁，這是一個重大又有價值的建議，您當然要支付我額外的獎金，但如果您認為建議行不通，您可以馬上將它丟棄，一毛錢也不必付；可我認為您將它丟棄的話，公司的損失必定不只五萬元。」年輕經理解釋道。

「好！我就看看它為何值這麼多錢！」總裁接過那張紙，閱畢馬上簽了一張五萬元的支票給他。而那張紙上只寫了一句話：「將現在的牙膏開口擴大1mm。」

試想每天早上，每位消費者多用1mm的牙膏，每天牙膏的消耗量會多出多少倍呢？這個決定，果真讓公司隔年的營業額提升了32%。

誠然，在你的事業中，機會時時刻刻都在身邊，很多事情只要你稍微變通一下，結果就會完全不一樣。但變通真有那麼困難嗎？變通一點都不難，就像這位年輕經理一樣，他僅僅是提出將牙膏口增大1mm，重要的是，你要將腦袋「打開」1mm！

不同的思考方式決定不同的行為目標，不斷思考將會為你創造一種新

氣象，要想取得突出的成績，思考必是你不可缺少的；如果你想迅速致富，那最好去找一條捷徑，千萬不要到人流中湊熱鬧，丟棄「不可能」、「辦不到」、「多麼愚蠢」的消極念頭。

李嘉誠說，一個人透過自身的努力，為自己和家庭，爭取成就、建立幸福是非常重要的。然而，「取得成就」和「真正成功」有著天壤之別，要做一個比成功更成功的人，擁有專長、技能、學歷、人際網絡或經驗只是基本功，更重要的是確立你與眾不同的特質和看世界的角度。

思維單一的人也許終生只追求財富和滿足於擁有權力，但如果我們能成為肩負理想，承擔抱負、以愛心為原則、熱誠投入及活出價值觀的人，那生命的意義定是無窮無盡的。

因此，我們不僅要做個腳踏實地的人，更要做位造夢者，結合現實依據和實際經驗來不斷測試和強化自己的夢想。如果你有崇高的抱負和思想作為指引明燈，人生的目標便清晰明確；如果你一生以思馭動，你一定可以從容不迫和充滿活力地生活；如果你的價值觀不是空洞口號，能歷久常新，那你會有足夠的定力去應付現實社會複雜、多元和變幻莫測的挑戰，成功絕對是手到擒來。

會思考的人，都具有一雙慧眼，比別人多一個心眼；很多成功人士都是事業、生活中的有心人，因為他們勤於觀察，善於發現，樂於思考。若有人從生活中發掘出致富資訊，就會有其他人充滿懊悔地說：「我每天都看著那些資訊，怎麼就沒想到用它來致富呢？」

所以，聰明人比普通人高明之處就在於，他總能比別人多想幾步，有時候我們只要比平時多想一點，就能把事情處理得很完美。現實生活中，多想幾步，具有一定的遠見卓識，將給我們帶來極大的價值，深度思維與擴散性思維會給我們帶來碩大的利益，替我們打開機會大門。

對每個人來說，機會都是平等的，就看你願意不願意運用「思考」這

項利器，去發現並把握它，攻克路上的所有難關。

1. 別讓思維被禁錮

世上難免會有一些人不善思考，沒有養成動腦的習慣，實屬正常，但最忌諱習慣逃避現實的人。因為這類的人一旦有新的問題產生，就會作出消極的反應，不願再思考，像隻縮頭烏龜般，不願改變現狀。

2. 拓展思維

努力將思維和視野開闊起來，善於從習以為常的事物中發現新的契機，主動求新求變，去認識、發現新的事物。

3. 學習巧妙的思考技巧

正確巧妙的思考技巧，對致富來說，無異於機器內部的硬體；大多數的人都不缺乏知識與才能，但卻沒有一個正確的思考技巧。

無論從事何種行業，只要有思考的習慣，就能意外地發現新天地。尤其是那些深陷困境的人，更要敢於走前人沒走過的路，才有可能從「山重水複」走至「柳暗花明」。

 李嘉誠語錄

「樂觀者在災禍中看到機會；悲觀者在機會中看到災禍。」

The
Legend
of
Richest
Man

第 **4** 章

智勇雙全的
經商之道

- 不讓思維禁錮了自己
- 把握機會，決勝出擊
- 善用人脈，借力使力
- 以靜制動，先評估自己的優勢
- 永遠將客戶視為座上賓

　　李嘉誠十五歲做推銷員，二十二歲創業，二十九歲贏得「塑膠花大王」的美譽，三十歲涉足房地產，五十八歲首次登上香港首席財閥的寶座，六十歲被富比士雜誌評為世界華人首富，並連續十七年榮膺華人首富；做生意，他能給予人們太多的啟示。

不讓思維禁錮了自己

思維決定一個人的高度

在李嘉誠的眼中，商機無處不在，這得益於他那敏銳的眼光及卓越的思維。很多時候，突破常規思維，從另外的角度思考，往往能柳暗花明，因為這種思維方式靈活多變，一定會讓你出奇制勝，取得意想不到的成功。

一個本質相同的問題，若用不同的角度去看，就會得到截然相反的答案，好比遇到難以解決的問題時，有的人會選擇放棄；有的人會選擇不達目的誓不罷休；而有的人會改變思路，尋找解決問題的新角度。毫無疑問地，最後一種人是最有可能解決問題，並大有收穫的人；所以，當我們做事時，不妨先選擇一個好的角度。

一位出版商手上有一批滯銷書，他正苦於不知如何處理時，腦袋突然靈光一閃──送一本書給總統，靠總統打廣告。

他三番兩次去徵求意見，但忙於政務的總統哪有這麼多時間與他糾纏，不耐煩之下便脫口而出：「這本書不錯。」於是出版商大做廣告：「現有總統喜愛的書出售。」原本滯銷的書立即銷售一空。

過沒多久，出版商又有賣不出去的書，所以又送了一本給總統，而總統有鑒於上次的經驗，想藉此奚落他，於是說道：「這書糟糕透了。」出版商聞言，靈機一動，又做廣告：「現有總統討厭的書出售。」有不少人出於好奇而爭相搶購，賣不出去的書再次銷售一空。

第三次，出版商將書送給總統，總統接受了前兩次教訓，所以這次他不

予回答，把書棄置一旁，出版商仍想到辦法大做廣告：「總統難以總結的書，欲購從速。」居然又被一搶而空，令總統哭笑不得。出版商以其智慧與機智，藉著這幾次機會發大財。

有時成敗只在於一個觀念的轉變，換個思路、改個想法，往往就能取得意想不到的奇妙效果。常有人言道：「如果有顆檸檬，就做檸檬水。」而這是聰明人的做法，聰明的人拿到一顆檸檬的話，他就會想：「從這不幸的事情中，我可以學到什麼呢？怎樣才能改變我的命運，把這顆檸檬做成一杯檸檬水？」但傻子則正好相反，若他發現老天給的只是顆檸檬，他肯定會沮喪、自暴自棄地說：「我完了，我的命運真悲慘，一點發達的機會也沒有，命中注定只能有顆檸檬。」然後開始詛咒、怨天尤人，對整個世界充滿抱怨與不滿，一輩子沉浸在悲傷當中毫無作為。

李嘉誠認為，只有我們最清楚自己是怎麼樣的人，而我們其實早就刻劃好理想生活的每個細節，其中包括浪漫、權力和成就；大家都希望一切從心所願，每一事物都要用理智來衡量，生活好像是沉悶無趣，但其實就是照著自己的想法而行。學術界的「博奕理論」（Game Theory）就對人生有著一定的反映，人生有沒有既定命運，沒有人知道，但我們每天都在「零」和「非零」之間做選擇，所以我們無時無刻都在改變自己一生的命運。

換個角度，換種思維，就能打破自己的習慣思維和固有思維，這樣必然會有不一樣的結局出現。現實生活中，當我們在解決問題時，時常會遇到瓶頸，這是因為我們只懂得用同一角度思考，如果我們能換個視角，情況勢必就會改觀，產生新的變化與可能。

李嘉誠在2005年汕頭大學畢業典禮，發表了一段〈內心的天空〉演講。

他說自己不久才剛翻閱完汕頭大學2004年的年報，雖然這只是一段段簡單的文字和數據，卻清楚寫出「不一樣學習經驗」的意義，因為學校的設立，不僅是為了傳授知識，更為了培養你們（指台下學生）的毅力和心力。

每個人都知道，人力資源在市場的競爭上非常重要，為了創造更豐盛的生活和更大的成就，大家都拼了命廝殺，試圖搶得一席寶座。但在追求財富、成功的過程中，我們也要讓自己活得出色、快樂，毅力和心力是不可或缺的。如果你認為毅力是每分每秒「艱苦忍耐」式的奮鬥，我覺得這是不良的心理狀態，因為毅力是一種心態，而非一種生活。

真正有毅力的人，他們清楚知道人生目標是什麼，因而願意承擔責任；不僅有顆堅強、非凡的決心，又隨時充滿著希望，知道什麼是原則、事實與正義，擁有極大的勇氣和謹慎。

而心力是理性和理智心靈的發展，那些終生思索和追求學問的人，一定不會掉進時間的迷宮，更不會在營營役役中黯然失去生命的光輝；且善於學習的人懂得領會和掌握未來，更懂得把觀察、經驗和知識轉化為智慧，不僅能將夢想持之以恆，更讓事情事半功倍。

最後，李嘉誠向在場的同學們說，你們將走入人生另一階段，我相信你們都有投入社會、創造成就的雄心壯志；請你們不要忘記，憑仗自己的本事你會受人尊重，憑仗自己的貢獻你更會感動別人。他記得法國文豪雨果有這一句話：「世間有一種比海洋更大的景象，那便是天空；有一種比天空更大的景象，那便是你內心的天空。」

因此，聰明人可以把複雜的問題簡單化，不聰明的人則會把簡單的問題複雜化；若在解決問題時能化繁為簡，體現另一種新的視角，將自己原先生疏的問題轉換為熟悉的問題，開啟另一個視角，產生一條新思路。

若我們長久都習慣用傳統的思維模式，總喜歡「依樣畫葫蘆」，別人

怎麼做就馬上跟著照做，從來沒有自己的想法，不想靠自己思考出新的角度，未來勢必不會有多偉大的事業版圖和發展空間。

1. 用思維改變內在

思維是改變自我的內在基礎，好方法是解決問題的必要工具。因此，只有運用頭腦，積極思考、轉換思路，不斷開拓出新的做事方法，你才能在社會中發現、創造更多的機會，實現自己的目標，改變自己的生活。

2. 創新思維可以解決問題

尋找解決問題的新角度本身就是一種創新、一種改變，很多時候就是這樣看似不起眼的一步，讓局面大為改觀，看到一片新天地。所以，請記住：「換個角度做事，你也許就能把失敗變為成功。」

3. 轉換思路，改變視角

世上絕對沒有解決不了的難題。有的人之所以陷入僵局，是因為他們只曉得按部就班，沒有適時變換角度思考問題；在這個世界上，從來沒有絕對的失敗，有時只需稍微調整一下思路，轉變一下視角，失敗就有可能向成功轉化。

成大事者在遇到難題時善於換位思考，即從另外一個角度重新審視自己和環境，以便找到新的人生機遇和突破點；換位思考可說是成功者的手段之一。很多人之所以不敢創新，或不願意創新，就是因為他們腦中對於價值判斷已有固定的標準，使他們不能轉換角度思考問題。

李嘉誠語錄

「精明的商家可以將商業意識滲透到生活的每一件事中去，甚至是一舉手一投足；充滿商業細胞的商人，賺錢可說是無處不在、無時不在。」

人生不設限，衝出思維的禁錮

人在追求成功的路途中，最大的藩籬就是自我設限，而自我設限是通往成功路途中最大的絆腳石。即便是成功人士也難免會被自我設限所羈絆，更不用說普通人了，所以我們要突破自我，才能到達別人到不了的高度，享受別人無法享受的生活。

美國人、法國人和猶太人同時被宣判進入監獄服刑三年，典獄長在他們服刑前，大發慈悲地說可以滿足他們每人一個願望。美國人要了三箱雪茄；法國人喜歡浪漫，要了一個漂亮的美人；而猶太人要了一部可以和外界溝通的電話。三年後，他們一同出獄了，美國人率先跑出監獄，他鼻子裡、嘴巴裡、耳朵裡全是雪茄，整個人急躁地使勁喊：「給我火。」原來他只記得要菸，卻忘了要打火機了；法國人則一手抱著孩子，一手握著老婆的手，老婆另一隻手牽著一個孩子，肚子裡還懷著一個；至於猶太人，他興奮地對監獄長說：「謝謝你，我的生意不僅沒有破產，還又賺了200%的獲利，現在就換我滿足你一個願望吧，哪怕是要一輛勞斯萊斯，我也送給你。」

這個笑話估計很多人都不陌生，猶太人正是因為沒有將自己侷限於幾平方米的監獄裡，才能不斷將自己的事業推向高峰。若猶太人將自己侷限

住，就不會有這樣引人省思的笑話了；他可能會經不起時間的煎熬，整天擔心自己的事業，最後急火攻心、抑鬱而終。

自我設限是我們替自己建造的一間房子，四面全是銅牆鐵壁，就這樣將自己的心靈困在裡面，無法解脫。自我設限困住了人們所有能力，羈絆人們前進的腳步，有些人甚至連嘗試的信心都沒有，就這樣將成功拒之門外。成功的人之所以能不斷取得成功，就是因為他們不會為自我設限；只有突破自我設限的人才能發揮出巨大的潛力，創造出無窮的財富，在事業上不斷取得成功。

李嘉誠曾說：「雞蛋，從外打破是食物，從內打破是生命；人生亦同，從外打破是壓力，從內打破是成長。如果你只等著別人從外打破，那麼你注定成為別人的食物；但如果你能自行從內打破，那你會發現自己的成長相當於一種重生！」

九十歲高齡的李嘉誠，一生志在千里，也知似水流年。他年輕時經歷過各種的磨難試煉，他知道要在成長的過程中勇於突破自我不是件容易的事情。

而在市場的巨浪當中，愚人見石，智者見泉；我們駕駛著自己人生的這艘大船，身為船長、駕浪者更時刻要有靈敏、獨立思考的能力，要能突破舊有的窠臼，運用想像，將現實、數據和資訊重新加以整合成新的。

李嘉誠在去年（2017）汕頭大學的校慶中提及：「愚人只知道『為』（to do），智者有願力，把『為』（to do）變『成為』（to be）。

「願力一族」是什麼？該如何修練？又該如何處世及存在呢？李嘉誠說愚人常常抱怨，他們之所以墨守成規是被逼出來的，被大環境下的制度營役、被繁文縟節捆綁、被不可承受的期望壓至透不過氣；他們渴望「贏在起跑線上」，希望能含著金湯匙出生，再加上天賦的優越組合，認為人能弘道、改變塵世複雜和無可奈何的扭曲太艱困，不如「道能弘人」的觀

點更自在。

若你有這樣的心態，就代表你已「輸在起跑線上」，懂得「善擇」才是打造自己命運的保證。每個希望成為舞蹈家的人，每天面鏡，並非顧影自憐，而是不怕疲憊、不怕痛苦，一而再、再而三地修正，追求完美，將技巧內化，將自己發揮得盡善盡美。

舞蹈家個性魅力觸動觀眾，凝住一瞬永恆，藝術映照人生，因此，李嘉誠在汕頭大學的演講中，啟迪感召每個人逾越艱難、超越局限，追求更高的水平，開拓無限的可能。

自我設限扼殺了我們很多的才能，它將我們侷限於一個狹小的圈子裡而無法突破；所以，人只有突破自我設限才能成功。然而想要突破自我設限就要經常鼓勵自己，哪怕不用言語，只要在內心給自己加油打氣就可以了，把「我不行」這三個字從你的詞典中剔除吧！就是因為它，你丟掉了無數展現自我的機會，失去了很多向上提升的機會；就是因為它，你才整天默默無聞，碌碌無為……是時候突破自我了，不在今朝，更待何時呢？

 李嘉誠語錄

「在高成長的機遇巨浪中，愚人見石，智者見泉。」

↘ 真正的進步始於創新的思維

人要想取得成功，做事的時候就要具有創新思維。一個人若沒有創新的精神，就會一直固守在舊有的思維公式之中，沒有任何的進步；同樣地，一間企業若沒有創新精神，就會止步不前，直到被其他企業淘汰，唯有具備創新的精神才能不斷地取得成功。

　　無論是在自己的專業中，還是在平時的生活中，李嘉誠都具有創新思維，也期許現在的年輕人要勇於創新。而創新的基礎是要有一顆好奇心，只有具備好奇心的人，才會具有創新精神；對任何事都感到習以為常的人，絕對無法從熟悉的事物中發現新事物。

　　人只有對某件事情具有好奇心，才會不斷地研究下去，沒有好奇心的引導，人根本就談不上創新；所以創新的人在做事的過程中，善於打破常規，不會因循守舊、墨守成規，因而能為自己帶來很多機會。如果用常規方法不能解決問題，那就用創新的思維模式思考，改變以往解決問題的方式，或許很快就能將問題解決了。

　　一天，物理學家、工程師和畫家三個人在爭論誰的智商最高，他們各自表述自己屬害之處，但誰也不服誰，所以他們決定用比賽來分勝負，以此來評斷三人之中誰的智商最高。他們為此找來一名裁判，由他來出題。

　　考官將他們帶到一座高樓下面，發給他們每人一個氣壓計，請他們用氣壓計測出這座高樓的準確高度，不管用什麼方法，只要能測出這棟大樓的高度，且方法最創新的就是贏家。物理學家用氣壓計先測出了樓下的氣壓，又爬到樓頂上，測出了樓頂的氣壓，然後根據氣壓公式算出了大樓的高度；工程師則不慌不忙地爬上了樓頂，探出身去，看著手錶的秒針，然後讓氣壓計自由落下，他準確地記住了氣壓計墜下的時間，並根據自由落體公式，同樣算出了大樓的高度。

　　工程師和物理學家都等著看畫家的笑話，因為他們不相信畫家知道哪些公式可以運用。但這位畫家非常鎮定，既然無法用自己的專業知識解決問題，那就只好用最簡單的辦法了。他敲了敲樓下警衛室的門，向警衛詢問這棟大樓的高度，報酬就是自己手中的氣壓計，警衛告訴畫家這棟高樓的高度；而比賽的結果可想而知，當然是畫家獲勝。

物理學家和工程師因為氣壓計的存在，忽視了其他解決問題的方式，被氣壓計和自己的專業束縛住了思維，而畫家則跳出這些固有的思維方式，用創新的方式來思考解決問題的新方法，這就是他穫勝的原因。

許多科學上的重大發現就是這樣誕生的，所以在日常的生活中，我們也應該學會用創新的思維方式，來解決我們所遇到的問題。而在解決問題的時候，多問問自己，只有一種解決問題的方式嗎？難道就沒有更好的解決辦法了嗎？變換一下思考問題的角度，又或是變換一下思考的前後順序，或許我們就能從熟悉的問題中，找出更有效的解決方法。

每個人都具有創新思維，只是思維通常都尚未覺醒，等著我們自行去開發、喚醒它。所以平時在解決問題的時候，千萬別讓自己的思維停留在原有的解決方式上，只要我們不斷地鍛鍊創新思考的能力，就會發現其實很多問題都有更好的解決方式；只要持之以恆地鍛鍊，在不遠的將來，我們的生命軌跡就會因此改變。

李嘉誠語錄
「年輕人要有創新和變革的勇氣和態度才能擁抱未來。」

⭢ 打破慣性思維，問題迎刃而解

思維定勢是一種束縛我們思考的慣性思維模式，一般人很難將其打破。運用慣性思考，我們可以解決一些類似的問題，不用再費勁地去想什麼解決辦法了，讓我們可以觸類旁通、舉一反三，在學習上非常有用；但思維定勢其實也有著許多的弊端，有時候人們會被它束縛在一個圈子內，

開始不去探究新的問題和以往的問題有什麼區別，只懂得按照以往的方式解決問題，因而導致失敗。

慣性思維往往會將我們的想像力、創造力全部扼殺，因而喪失許多創新的想法，也因此錯失成功的機會。但成功者的不同之處就在於他們善於打破常規，打破習慣，不停地思考，找出更具創造性的方法。

李嘉誠認為，在現今的世界當中，濫竽充數已經沒有市場可言，且沒有解決方案的雄偉願景更是「有毒組合」，不僅貽誤了資源和時間，更可怕的是主觀、因循的「心向」。所以，我們應該對「閉塞傾向」高度戒備，思維停滯及慣性定勢的惰性，絕對是我們走向未來的障礙和負累，只會把自己的未來困在一個永無天日的迷惘當中。

2013年，李嘉誠因急性膽囊炎入院進行手術，在醫院療養的期間，他曾思考一個問題，世界改變的步伐不斷加快，雖然經驗可謂我們人生的無價之寶，但過於傳統的習慣和思維，在現今社會中，是否依然有用呢？李嘉誠不斷地問著自己。古書古語，勸人苦心志，勞筋骨、堅毅奮鬥，這些勵志的話語是否足夠提升我們的堅忍？如何迎戰改變並促成改變，是我們每個人都要思考的問題。

他十分感激醫療人員們的專業診斷及悉心照護，傷口的復原狀況良好，沒有任何太大的痛楚。但在醫院休養的這段時間，他的內心卻是十分的淒楚，他躺在病床看到自己小指頭上的疤痕，不時陷入回憶的漩渦之中。

他憶起十四歲時，一個人單獨在陽台上切割皮帶，結果不小心傷到自己，在小指頭留下人生第一個疤痕。當時他抬頭看見對面大樓的住戶，坐在溫暖的室內，悠閒地品茗；李嘉誠頓時覺得很孤獨、很怨憤，因而錯手割傷自己，深可見骨，他依稀記得當時的畫面，血從傷口由紅變黑，所以當下萌生一個念頭──自己一定不要當那可憐之人。

　　李嘉誠形容那次的傷痕是一個「憤怒的印記」，他說：「我知道，若只有怨憤而欠缺思維，那只會令自己更加軟弱、惶恐，得付出更大的代價和承受更大痛苦。因此，我把憤怒轉化為對自己的要求，形成自己解決困難的動力。」

　　他知道，若只有怨憤而欠缺思維上的改變，只會令自己更加軟弱、惶恐，勢必要付出更大的代價並承受更多的苦痛，所以他下定決心，要把怨憤轉為對自己更高的要求及更專注解決問題的動力。只有懂得面對現實的人，才能征服現實；只有懂得改變思維的人，才能跳脫眼前的困境，更加勤奮，更具有觀察力，進而創造機會、締造希望。

　　因此，成功的人不會被思維定勢所束縛，他們有創新的思維，敢於打破常規。以下這個例子，或許能讓我們知道成功者是如何突破原先的思維。

　　一位男子走進一家銀行，來到貸款部後直接坐了下來。部門經理打量著這位先生穿著——名牌西服、高級皮鞋、昂貴手錶，領帶上還別著一個鑲著鑽石的領帶夾，心想這位先生的來歷肯定不小，問道：「先生，請問您要辦理什麼業務呢？」

　　「我想借些錢。」

　　「當然可以，那您大概想借多少錢呢？」

　　「一美元。」

　　「一美元？」經理十分訝異的回道。

　　「不錯，就是一美元。可以嗎？」

　　「當然可以。只要有擔保，再多點金額也無妨。」

　　「這些擔保可以嗎？」他邊說邊從包包裡拿出一堆股票、債券……等

等，將所有東西都放在桌上。

「總共五十萬美元，夠嗎？」

「當然！但您真的只要借一美元嗎？」

「沒錯。」男子肯定地說。

銀行行長看到這幕也前來關切，他也弄不明白為何這位客戶抵押五十萬美元的資產，卻只為了借一美元，他問男子說：「這位先生，您明明有五十萬美元的資產，為什麼只借一美元呢？假如您想借三十萬，甚至是四十萬美元的話，我們也會核發的。」

男子聽完，莞爾一笑地說：「是這樣的，我先前已經問過好幾家銀行，但保險箱的租金都十分昂貴，所以才想到用借貸的方式，將我的資產作為擔保品，這樣就不用支付高額的租金費用。而且一美元的利息，一年只要六美分，更符合我的需求。」

上述這位男子打破慣性思維，不願支付高額的租賃費用，但又得確保財產的安全，所以想到用信貸擔保的方式，將自己的財產擔保出去，這樣既可以省下一筆昂貴的租金，又能保證財產的安全，魚和熊掌一起兼得，對他來說是最好的結果。

固定的思考模式往往會束縛住人們的腦袋，左右了我們的思維，羈絆前進的步伐，這就是很多人無法創新的原因。成功者之所以能在自己的事業中創造出令人欽羨的成績，就是因為他們具有創新的意識，才能在他們精通的領域中為人類的進步作出貢獻；因此，只有敢於創新的人，才能創造出傲人的成績。不論是商業領域，還是學術領域，傑出的人才皆是如此。

無論做什麼事，都應該有打破思維定勢的意識，且思維定勢不是一、兩天就能形成的，也不是一下子就能打破的。思維定勢有利有弊，關鍵還

是在於自己的判斷，當它可以幫助你的時候，就會讓你事半功倍；當思維定勢不適合你的時候，就可能成為你的障礙、絆腳石。

當今社會處於一個大變革的時代，一個人如果老固守著以往的舊觀念，就不會有所突破，永遠也不會做出什麼驚人的成績。因此，要想在社會上取得成功，就得敢於打破陳舊的思維定勢，不要老在同一種方法上打轉，方法不當就趕緊更換，不然，等你轉過彎來，早被人捷足先登了。

要想成功，就得敢於向陳舊的觀念發起挑戰，敢於向思維定勢說不，我們的社會與以往不同，世界在變，人們看待它、接受它的方式也得變。否則，下一個出局的就是你！

 李嘉誠語錄

「只知道怨憤而欠缺思維上的改變，只會令你更軟弱、更惶恐。」

把握機會，決勝出擊

↘ 善於識別與把握時機

說到機會，李嘉誠認為，會做生意的人，除了精通取勢、用勢外，還要善於發現機會，妥善把握並且利用機會，並懂得將機會變成真實的財富。的確，那些成功者之所以獲得成功，機會之所以成為機會，並不是因為機會青睞於他們，而是因為他們善於發現並懂得抓住它，為己所用。培根（Francis Bacon）說：「善於識別與把握時機是極為重要的。」

商場存在的機會其實並不少，唯一就是缺少發現，李嘉誠作為一位成功的商人，他就具備了一雙「火眼金睛」，準確抓住每一次商機，最後終成大事。因此，機會永遠青睞於有準備、有把握的人，只要善於發現機會，機會就無時無刻在我們身邊。

李嘉誠曾在茶樓當堂倌，後來離開轉職到一家五金廠上班，負責業務銷售，由於他的業績穩定且持續成長，極受到老闆青睞；但老闆提出升職加薪時，他卻婉拒了老闆的好意並提出辭職。

李嘉誠透過在五金廠工作的這段日子，對市場頻繁的接觸，發覺到塑膠業開始興起，五金業逐漸走向下坡，且塑膠製品不僅製成容易、重量輕、色彩選擇多樣，商品既美觀又實用，未來勢必會取代大多數的木製品和五金製品；所以，他看準了機會，即便在五金廠的薪水、獎金再好，他也毅然決然地離職，打算去塑膠公司發展。

李嘉誠離開之前，建議五金廠老闆轉行或研發新的產品的種類，以適應新的市場；老闆接受了李嘉誠的建議，及時轉為生產鎖頭，幸而在強大的市場衝擊下活下來。

1950年，李嘉誠創辦「長江塑膠廠」，主要生產玩具和家庭用品；果然如他所預想的發展情況，創業初期就告捷。1957年，李嘉誠察覺到二戰結束後經濟慢慢開始復甦，香港轉口貿易進入黃金時代，隨著人們生活水準的提高，消費能力也大大增高，塑膠花也開始逐漸步進入市場。於是，長江塑膠廠除了原先生產的玩具和家庭用品外，改為主力生產家庭裝飾用的塑膠花，更因此讓香港在一夕之間興起一股塑膠花風潮。

在現實生活中，許多人都抱著「天上掉禮物」的態度，坐等機會的到來，殊不知那些機會就這樣從手中偷偷溜走；機會是需要主動發現的，而不是在一旁空等，等待它的降臨。我們身邊潛藏著無數的機會，而你能否成功就在於你是否能發現它，你是否具有一雙慧眼；一個人如果不善於發現隱藏在身邊的機會，老天爺給你再多也是枉然。

但如果發現了機會，卻不懂得把握，那結果肯定是慘敗。一個人的成功或許是多方面的，但能否發現機會並抓住它，充分利用，這與我們的成功有著必然的聯繫。

胡雪巖曾說：「做生意要有機會，更要靠夠硬的本事。」而他就是善於發現機會的人，並將機會發展為一個實在的財源。

胡雪巖在政治上攀附到的第一棵大樹就是王有齡。阜康錢莊得以迅速發展的根本原因，便是胡雪巖在王有齡身上押對寶，投資成功的結果。

胡雪巖當初在錢莊做跑堂小夥計時，意外結識了王有齡，當時王有齡十分落魄，日日在茶館裡無所事事，但他心存大志，一心想進京「捐官」；所幸得到胡雪巖的資助，才順利用錢買到一官半職，在官場上圖謀發展。

王有齡捐官後，很幸運地得到海運局坐辦的官缺，但才剛上任就遇到了漕米的難題。他請胡雪巖幫助自己渡過難關，恰巧讓胡雪巖得到一個往返於杭州、上海的機會。當時胡雪巖雇用阿珠家的船，而阿珠的母親剛好懂些蠶

絲生意，他藉機請教了一些問題，瞭解到絲綢紡織需要大量的原料，所以洋人必須從中國大量進口蠶絲才行。所以，若做外貿或是銷給當地洋行，肯定能賺大錢，所以胡雪巖心中有了做蠶絲生意的念頭。

老天爺又好似有意幫助胡雪巖，在幫助王有齡解決漕米的事情後沒多久，王有齡調任了湖州知府，湖州又正好是蠶絲的主要產地。於是，胡雪巖正式做起了蠶絲生意，還將朋友古應春、尤五也拉了進來，互相合作，大賺一筆。

胡雪巖不僅發現了機會，還善加利用，他利用阿珠家在湖州，且熟悉蠶絲生意的關係，出資讓阿珠的父親在湖州開絲行；又利用王有齡調任湖州知府的關係，著手生絲收購；又聯繫洋商，結交絲業巨頭，做起了蠶絲轉銷洋行的生意，胡雪巖想不成功都難。

1. 抓住有價值的資訊

在國外流行這樣一個觀點：掌握資訊，就等於掌握了生意的命運；失去資訊，就等於失去了生存的基礎。因此，只要有一個富有價值的資訊或情報，就極有可能促使你成功獲得一筆大生意。

2. 瞭解市場需求

不管做什麼事情，都必須瞭解市場需求，只有知己知彼，才能牢牢把握住機會。所以，平日裡要多調查、分析資訊，觀察市場動向；唯有不斷充實自己，才能追上瞬息萬變的社會。

現實生活中並沒有幸運之神，機會絕不會主動來敲我們的門，它永遠屬於那些有準備，敢於拼搏的人；因為他們善於發揮自己的力量把握機

會，並充分地利用它。

李嘉誠語錄

「精明的商人嗅覺敏銳，能將商業情報作用發揮到極致；而感覺
遲鈍、作繭自縛的人則會無所作為，將自己深陷在鬥爭之中。」

看準機會，果斷出手

商機抓住了，就能帶來滾滾財富；抓不住，就會從你身邊悄悄溜走。
李嘉誠十分把握機會，在他看來，機會稍縱即逝，抓住了就可以成功；如
果沒抓住，未來可能就不會再有那樣的機會，從此與成功擦肩而過。就因
為他的重視，他才能獲得較多的機會，成功的可能性自然也會比常人大一
些，成為成功的商人自然不足為奇。

機會與成功本就有著密切的聯繫，但發現機會與抓住機會卻不一樣。
在現實生活中，有的人發現了機會卻猶豫不決，讓機會在左右為難中消
失，所謂「機不可失，失不再來」，唯有抓住機會才有可能成功。

機會，並不是你想它就來，而是它來的時候你要主動抓住它，一旦錯
過就沒有重新再來的機會了。巴菲特（Warren Buffett）正是抓住商機的高
手，在投資的過程中，他向來都是看準時機，毫不猶豫地出手。

美國運通是全球歷史最悠久、實力最強大的公司，在1891年率先推行旅
行支票，1958年又第一個推行信用卡，進而引爆了一場信用卡革命；不過，
看似引領市場的美國運通，後來卻遇到了大麻煩。

聯合公司是一間大企業，它用一批據稱是沙拉油貨品的倉庫存單作為抵

押，與美國運通進行貸款，沒想到聯合公司卻宣告破產，在財產清算時，債權人想從美國運通收回這筆抵押的貨物資產。但美國運通調查發現，這批油罐裡面只有少部分是填裝沙拉油，絕大部分的油罐都是海水，銀行遭到重大詐騙，損失估計數億美元；假如債權人索賠的話，可能會導致美國運通資不抵債。消息一出，讓華爾街一窩蜂地瘋狂拋售美國運通的股票，對美國運通可說是雪上加霜。

對此，巴菲特專門走訪了餐館、銀行、旅行社、超級市場和藥店，發現人們依然使用美國運通的旅行支票和信用卡來結帳。他得出這樣的結論：這場醜聞並沒有打垮美國運通，美國運通的旅行支票和信用卡依然通行全世界。在美國，它仍擁有旅行支票80％的市占率，且在信用卡消費上仍佔有主導優勢。

巴菲特意識到這是一次難得的機會，當即大筆購入美國運通的股票，將自己手中40％的資金全數投入美國運通公司的股票當之中。果然，當詐騙犯被抓住被起訴後，美國運通也與聯合公司債權人達成和解，繼續正常經營。案發後兩年，美國運通的股價上漲了三倍，之後五年的時間裡更上漲了五倍之多。

敢為人先，牢牢把握眼前的機會，使巴菲特做成了一筆盈利的大買賣，雖然有些風險，卻為此大賺了一筆銀子，所謂「生意人人做，就看誰搶先」，誰取得了先機，誰就成為最後的大贏家。從發現機會，到真正出手，也不過眨眼工夫，巴菲特知道若自己稍有猶豫，就會錯過這個機會，所以，他毫不猶豫地將這筆生意做了下來，結果也正如他所料。

李嘉誠十分看重在銷售過程中所獲取的資訊回饋，透過這些資料，他能對整個市場環境做出準確的判斷，並為自己下一步的行動提供決策性依據。二〇世紀五〇年代，李嘉誠從各種資訊管道獲知一項塑膠花技術被義

大利工廠研發，而歐洲人又很喜歡塑膠花，所以，當時北歐和南歐地區的人們喜歡用塑膠花來裝飾房間；在美洲，大家也會用塑膠花來當裝飾品。

因此，李嘉誠馬上飛到義大利習得這項技術，學成回國後大量生產，遠銷到歐美市場，因而獲得大批訂單，使企業的利潤每年增長。

1. 抓住機會

在正常情況下，若一家經營良好的公司突然出現問題，市場會擔心它解決不了問題，盈利能力會因此下降，導致投資者們紛紛拋售股票，致使股價大跌。在股市中，經常會有一些資金非常充裕的公司，因為臨時遇到了大的困難，這對許多投資者而言是不樂觀的，導致股票被市場拋棄。

股價瘋狂下跌會形成安全邊際，這時又是低價買入的良好時機，隨著企業解決問題，恢復正常之後，市場又會重新認可企業的盈利能力，股價自然會大幅度上升，投資者又能藉此大賺一筆。

2. 馬上行動

面對一個絕佳的機會，我們要馬上行動，如果總是優柔寡斷，遲遲不肯行動，下不了決定，只會令自己失去最佳的機會，讓別人捷足先登，與成功失之交臂。所以，面對每一次機會，我們要有膽識地及時抓住機會，不要拖拖拉拉、猶豫不決。

對李嘉誠而言，資訊是做生意的基礎，在現今資訊爆炸的年代，使人類進入新的紀元，不管是哪個國家與地區，都依賴於資訊技術的發展；只要誰先發現這些有利的資訊，就等於抓住了成功的機會。

李嘉誠語錄

「隨時留意身邊有無生意可做，才會抓住時機，著手越快越好；遇到不尋常的事發生時，要立即想到賺錢，這才是生意人應該具備的素質。

在風暴中尋求機會

俗話說：「亂世造英雄。」李嘉誠的公司並非從未遭遇過金融危機，但因為他善於發現隱藏在危機中的機會，所以並無對公司造成太大的損傷。你可能會想，亂世本就是一片狼藉、混亂，在這樣一個糟糕的環境裡，又怎麼會有機遇呢？又哪裡能出英雄呢？的確，在亂世中能發展的機遇少之又少，但如果把握得當，自然也能出人頭地。

現代市場競爭激烈，一旦嗅到商業上的危機，我們要懂得從中求得好機會，如此一來便能將壞事變好事，達到我們真正的目的。因此，李嘉誠不曾因為資金問題，導致公司陷入危機。

巴菲特（Warren Buffett）說：「當別人貪婪時我恐懼，當別人恐懼時我貪婪。」那要如何看待亂世呢？他卻這樣說：「我喜歡亂世，因為亂世的東西很便宜，就像一個色鬼來到了女兒國，每次的危機都是買入的大好時機。」他為什麼會如此鍾情於亂世？因為他正是在危機中投資股票而發達致富的。

2008年，金融危機席捲全球，在這樣一個人心惶惶的時刻，巴菲特卻發現了其中的大好機會，毫不猶豫地選擇在危機入市，買下許多公司的股票，比如通用、比亞迪等等。當時美國華爾街陷入一片狼藉，巴菲特反而興致勃勃地展開投資，趁機買下了之前一直看好卻苦無機會買進的股票，

等到金融危機稍加平息後，他便成為最後的贏家，一躍跨入世界首富的行列。

馬雲也曾說過：「作為一名商人，我認為危機中總藏有機會，因此，我是以非常積極的態度來看待金融危機。」李嘉誠也因為發現隱藏在經濟危機中的商機，因而坐上華人首富之位；所以，其實我們都能做到，只要你以積極的態度看待危機，用敏銳的眼光發現其中的商機，那成功就是屬於你的。誰說只有在順境中才會有成功的機會？危機越大，機會越多，很多時候我們之所以會在危機發生時一敗塗地，便是因為沒能發現其中大好的機會。

鴻門宴上不乏美酒佳餚，但卻暗藏殺機。項羽的亞父范增，始終主張殺掉劉邦，在酒宴上，眼看著如此大好的機會，一再示意項羽發令，但項羽卻猶豫不決，默然不應。

於是，范增命項莊舞劍為酒宴助興，想藉機殺掉劉邦，而項伯為保護劉邦，也撥劍起舞，掩護劉邦。在危急關頭，劉邦部下樊噲帶劍擁盾闖入宴席，怒目直視項羽，項羽見此人氣度不凡，問來者為何人，得知為劉邦的車右（古代執兵器立於車子右邊的武士），命賜酒，樊噲立而飲之，項羽命賜豬蹄後，又問能再飲酒否，樊噲說：「臣死且不避，一杯酒還有什麼值得推辭的。」樊噲還藉此說了一番劉邦的好話，讓劉邦乘機一走了之。

之後，劉邦部下張良入門為劉邦推辭：「劉邦不勝酒力，無法前來道別，現向大王獻上白壁一雙，並向大將軍范增獻上玉鬥一雙，請收下。」項羽不知已錯過機會，大方收下了白壁，范增氣得撥劍將玉鬥撞碎。

在鴻門宴中，其實隱藏著最好的機會，如果項羽下令殺掉了劉邦，就不會有之後自刎烏江的故事了，歷史也將被改寫。但項羽本性優柔寡斷，

遲遲不肯下令，因而失去眼前絕佳的機會，最終戰敗劉邦。

　　李嘉誠也認為許多人總會先把危機看作是災難，因而在心中認定，只要危機出現，便會產生許多困難與麻煩，但其實不然。危機，顧名思義就是機遇藏在危險之中，對於那些善於把握機遇的人來說，危機並不全是災難，其中還隱藏著許多機遇；只要抓住了機遇，就一定會成功，危險中的機遇所帶給我們成功的可能還更大一些。

李嘉誠語錄

　　「假設你駕駛著以風推動的遠洋船，在風和日麗的天氣駛離港口，但你出發前就要先想到萬一懸掛十號風球（香港最高級別的颱風警告信號）的話，你該怎麼應付。雖然現在天氣很好，但你還是要先估計，若有颱風來襲，而風暴還沒有離開之前，你該怎麼辦？」

未攻之前先守，等待時機

　　如果說順勢是眼光，取勢是目的，那做勢就是行動，但大多數的商人都有這樣的毛病：急功近利。畢竟商人的最終目的是求利，他們很容易為了達到最大的效益，而錯失最佳時機。但李嘉誠的看法卻與其他人大大不同，他說：「先不必求利，先等待時機。」很多時候，李嘉誠的投資金額都很大手筆，旁人看了都很心疼，但他卻不以為意，他認為一名成功的商人，不應該侷限於眼前的利益，而是要善於捕捉時機。做生意也是如此，投資之後千萬不要急著求回報，它定會在某個時機點到來，而那時就是你飛黃騰達之際。

　　李嘉誠正是因為善於捕捉機會，才使自己從一名茶館堂倌躍升為華人首富，若將他經商成功的智慧，運用到日常生活中也是一樣的道理。在生

活中，做事應不急於求成，你越是著急，就越不利於事情的發展；反之，如果你處之泰然，事情反而極有可能發展成對你有利的方向。

在晚清時代，商人皆對打仗避之唯恐不及，但胡雪巖卻不這麼看。他認為，若想做生意，那就絕對要幫軍官打勝仗。他說：「只要能幫軍官打勝仗，什麼事我都做，哪怕虧本也要做。但其實這不是虧本生意，而是放資本下去，只要打了勝仗，天下太平，有什麼生意不好做？到那時，你就是為朝廷效力的人，朝廷自會報答你，處處給你方便，這樣你還能不發達嗎？」

做生意不是急於求成，而是要等待時機，因此，胡雪巖積極投入援助到左宗棠軍隊當中，且事實證明，他最後真的得到了豐厚的回報。

有次，胡雪巖在幫助軍隊募集糧餉的時候，由於他手下的阜康錢莊資金有限，所以必須另外尋找合作夥伴，但他出乎眾人意料地選擇了大源錢莊。在旁人看來，於公於私，胡雪巖都應該選擇信和錢莊，一方面信和錢莊資本雄厚，若與它做生意肯定會大賺；另一方面，信和錢莊與胡雪巖有著密不可分的關係，因為他們早已是夥伴關係。

大家對於胡雪巖的決定，感到很疑惑，連手下的掌櫃劉慶生也問：「阜康和信和關係非同一般，你為什麼不選信和呢？」大家擔心與毫無名氣的大源錢莊合作失利怎麼辦？但胡雪巖心中卻有著自己的小算盤，因為他希望將生意做到最大，但要將生意做大，就得廣結商界人士。所以，藉著此次機會，不論利益如何，他都可以擴大自己的生意，為自己製造更多的「機會」。

一個人要想成就一番大事業，不僅要乘勢，更要等待時機；在時不逢機的時候，唯有等待才是最好的選擇。當時亂世年代，胡雪巖就大力贊助左宗棠的軍隊，但他不急於求成，待太平天國運動被平息後，他也就順勢

成了有功之臣。因此，在等待中積蓄力量、尋找時機，才能取得更大的成就。

現實生活中，我們總想做一些事情，卻往往因為條件不足或是一些障礙而做不成。在這樣的情況下，該怎麼辦呢？有時候堅持去做，也可能會一敗塗地，因此，不如學著等待，暫時忍耐一下，等待最佳的時機點，這樣我們才能趁勢重新爬起。

扭轉困境的機會往往隱藏在我們沒有注意到的地方，假如我們能發現、抓住它，並加以利用它，那我們就有可能擺脫困境，獲得成功。

一天，有頭驢不小心掉進一口枯井裡，農夫想方設法地要將牠救出來，但幾小時過去了，那頭驢仍在枯井裡痛苦地哀嚎。最後農夫決定放棄，心想反正這頭驢年紀也大了，不值得大費周章把牠救出來，但一定要將這口枯井填起來，以免其他動物又再掉進去。

於是，農夫請來左鄰右舍幫忙，一起把枯井填滿，也好免除驢的痛苦。農夫和鄰居們手拿鏟子，開始將泥土鏟入枯井中，那頭驢發覺自己的處境時，眼裡滿是絕望，忍不住流下眼淚，不斷在枯井裡發出痛苦的嘶叫聲。

但沒過多久，這頭驢竟然就安靜下來了，農夫好奇地探頭往井底一看，出現在他眼前的景象令他大吃一驚。鏟入枯井的泥土落在驢的身上，牠便將泥土抖落在一旁，然後站到泥土堆上面，驢將大家鏟入的泥土全都抖落在井底，然後再站上去，很快，牠便出現在人們的眼前，大家都驚訝不已。最後不僅封了井又把驢救了出來。

起初那頭驢意識到自己將葬身於井中，因而掙扎、痛苦地嘶叫，但發現這樣對事情一點幫助也沒有，於是牠安靜下來，從而發現求生的機會，順利爬出枯井。

在事情尚未結束的時候，成功者的眼裡往往認為還有潛在的機遇，但愚者卻無動於衷。所以，成功者從來不急於求成，他們就像獵豹一樣，默默潛伏時刻準備著，伺機等待機會，重拾成功。

李嘉誠語錄

「未攻之前一定要先守，每一個政策實施之前，都必須做到這一點；在我著手進攻的時候，我會確信自己有超過100％的力量。」

最好的途徑是創造機遇

俗話說：「不入虎穴焉得虎子。」如果不鑽進老虎的洞穴，怎能捉到小老虎呢；如果捉不到小老虎，又怎會有成功的機會呢。很多時候，機會並非全靠等待而來，有時甚至需要我們自己創造。當然，創造機遇勢必需要承擔一定的風險，不然機會怎麼可能白白降臨呢？

在李嘉誠看來，商場如戰場，但只要看準時局的變化，就一定能找到商機，而一旦找到商機，就要馬上注入冒險的精神；否則，一切都是空談。有的人可能及時發現了機遇，但卻缺乏冒險的精神，遲遲不肯出手，那轉眼間，機遇可能就落入別人的手裡。當然，冒險並非有勇無謀，而是有勇有謀，所以，在不知道是否會成功的前提下，你還是要鼓起勇氣去做，只是在付諸實際行動前，你要懂得先制定一個妥善的計畫，做好充分的準備，避免突如其來的變化，產生風險，這樣才能為自己創造機會；反之，若你在走投無路時，慌忙採取冒險行為，那肯定會失敗收場。

李嘉誠在某屆汕頭大學畢業典禮上提到，現今科技日新月異，因而讓以

往熟悉的模式不斷地產生變化，但世局變幻不定，若想在這之中尋求轉型發展，這「以往不再，未來沒來」的情況，到底是契機還是危機？

科技創意為我們帶來高增長的機遇，但即便如此，世界依然困難重重，不公正、不安、焦慮……等等依然存在著。可又要如何把恐懼轉化為動力，成為未來的想像者，和阻礙的解決者一同承擔各種不可能的挑戰，使自己不輸給風雨，甚至是成為創造者？

那你就必須做到脫穎而出，你得不斷強化自己，培養出有洞見、有先見之明的能力，這絕對能成為你成功的關鍵，讓你的新觀點引進新洞見、新市場，為自己創造機會，打造自己順風順雨的未來。

有人說：「美國有很多討論富人的書，其中都得出一項結論，證明富人並不比普通人聰明，學識也不見得比一般人高。這些富人之所以能成功，不是因為他們有著比他人更高的智商和學識，而是因為具備一般人所沒有的冒險精神；他們敢想敢做的精神和衝勁十足的行動力確實比別人強。」

富人不是成功唯一的代名詞，但他們絕對是成功的代表之一，而冒險精神正是推動他們成功的推進器。

中國比亞迪公司創始人王傳福說：「成功的關鍵便是要有冒險精神。」當年比亞迪公司剛成立的時候，日本充電電池一統天下，中國雖然有不少電池廠家，但多數都是進口日本電芯加以組裝的小企業，根本無法在市場上與其他公司競爭。幾番思考後，技術出身的王傳福決定把目光投向技術層面最高、利潤最豐厚的充電電池核心部件——生產電芯。

如此冒險的想法，在中國還無先例，因而讓比亞迪公司的鎳鎘電池銷售量達到十五億顆，排名上升到世界第四位；之後，王傳福又投入大量資金開始鋰電池的研發，很快就形成自己的核心技術，成為當時Motorola公

司在中國的第一間鋰電池供應商。

且王傳福除了這次的冒險之外，還有一樣廣為人知的冒險——製造汽車。2003年，比亞迪宣布以2.7億元的價格收購西安秦川汽車77％股份，成為中國第二間民營轎車的生產公司。在2004年，深圳市有兩百輛比亞迪製造的鋰電池電動汽車投入出租業，成為中國第一家電動車示範城市，真正體現廢氣零排放。

正因為王傳福敢於冒險，適時抓住絕好的機遇，所以才能在短短七年的時間便將鎳鎘電池產銷量做到全球第一、鎳氫電池排名第二、鋰電池排名第三；更讓自己在三十七歲的時候，成為享譽全球的「電池大王」，坐擁三百三十八億美元的財富。

冒險與機會是結伴而行的，若想抓住機遇，就要有冒險犯難的精神。生活中，常常會有這樣的人，還沒開始做一件事情時，他們就會先想：如果失敗了怎麼辦？最後為了不失敗而選擇放棄，當別人成功時，又會很無奈地說：早知道，我也去做了。

我們往往都等到機遇流失後才悔不當初，但為時已晚；所以，在面對任何事情的時候，我們除了適時等待外，更要有冒險的精神，才能抓住稍縱即逝的機遇。

李嘉誠語錄

「自行創造機會，才是最好的途徑。」

善用人脈，借力使力

✎借助貴人之力，事半功倍

　　李嘉誠能走上成功之路，不僅僅是因為自己的態度和能力，還有部分原因是他遇見人生中最重要的兩位貴人：妻子莊明月和前匯豐銀行董事長沈弼。如果有人告訴你：「今天你身邊會有貴人。」你會相信嗎？一般人都普遍認為自己不會有這樣的好事發生。

　　所謂的貴人，實際上就是賞識自己的人，替你的生活和命運帶來意想不到的影響。但一個人若不努力，缺乏真本事，絕不可能會有人賞識、栽培；即便有人推舉你、提拔你，也會因為你能力不足而作罷；反之，若你是真正有本事的人，但沒人賞識、有志能伸，同樣也會因為無法展現抱負，充滿遺憾。

　　而有本事又願意努力的人，若有人提拔，又會不會因此平步青雲、早日獲得應有的表現機會呢？成功雖然離不開自身的努力，但如果你善於借助貴人的幫助，將會事半功倍。

　　安妮在知名跨國企業工作，英文能力極佳，自詡用英文表達能比中文更清楚。她大學剛畢業時，不小心應徵上現在任職的這間跨國公司，她那時的英文能力還沒有這麼好，只能透過死背公司產品的英文解說詞，才得以與客戶往來應對。有一天下班後，她獨自留在公司加班，辦公室突然進來一位中年人，隨意找了個座位坐下來使用電腦工作。

　　這時，一位客戶的電話打進來，正好是安妮所負責的業務，因為早已將流程背得滾瓜爛熟，所以她很自然地用英文「表演」了一番。通話結束後，

中年人抬起頭，說了一句：「你叫安妮？英文挺棒的！」

幾句話聊下來，安妮才知道這位男子是亞太區的董事長。安妮因為受到大老闆的讚美，信心大增，英文進步很快；董事長又常常關照她的工作表現，引起其他同事的注意。為了不讓老闆失望，安妮持續加強自己的英文能力，最後獲得認可，順利晉升為部門主管。

貴人是能為自己帶來好運的人；是能為自己提供協助的人；是能替自己排除危險和危機的人。正所謂近朱者赤，近墨者黑，跟冠軍在一起，自然容易成為冠軍；與普通人混在一起，時間長了，你也就變普通了。所以，你要多與優秀的人和成功者交往，因為貴人很有可能就隱身在這群人之中，千萬別怕與大人物打交道，因而與貴人錯過。

布朗說：「跟老闆或主管們保持密切的關係其實並不困難，而且也有益無害，我就是一個現成的例子，盡量找機會在老闆面前表現自己。因此，我不曉得為什麼其他人不懂得這麼做，最後才來抱怨公司拋棄他。」布朗是老闆器重的員工之一，我們來看看他是如何贏得上司青睞的。

布朗在被公司錄用的那一刻起，就認定自己是公司的人了。他之前應徵過許多大公司，但那些公司都要求相當高的學歷背景，可這間不同，這間公司更看重表現，鼓勵實幹，不管你是高學歷還是一般學校畢業的員工，老闆都一視同仁；布朗很欣賞這點，因而覺得這裡正是自己發展的地方。

布朗每天都早早到公司，那時通常都只有老闆一人，所以，如果老闆想抽支煙或聊聊昨晚的足球比賽，就只能跟他聊。在聊天的過程中，布朗能得知老闆目前擔憂的事情，向他提出自己的建議，讓他多一個方向思考，因而讓自己成為老闆身邊的紅人。

　　年輕人之所以容易失敗，就是因為他們不善於和前輩或主管交際。第一次世界大戰，法國陸軍元帥費迪南·福煦（Ferdinand Foch）曾說：「年輕人至少要認識一位深諳世故的前輩，請他做自己的顧問。」薩加烈也曾說過同樣的話：「如果要我說一些對年輕人有益的話，那我會要求他們與優秀的人一起行動。不管是學問還是人生，這都是最好的方法，學習尊敬他人，是人生最大的樂趣。」

　　有不少人喜歡跟比自己差的人互動，因為很容易在其中得到安慰，藉此產生優越感，但跟不及於自己的人相處，是學不到東西的；所以，你反而應該結交比自己優秀的朋友，才能促使你更加成熟。我們雖然可以從比自己差的人身上得到安慰，但也必須從比我們優秀的人那裡得到提升。

　　一個人的生命中，若有貴人相助，絕對是人生道路上一大轉機，一切困厄都將隨著貴人的出現而發生改變。憑藉貴人的幫助，事業可能就此撥雲見日、步步高升；我們可以說，貴人相助是贏得成功最簡捷、最有效的途徑。

　　不管你有多聰明，具備多麼優越的條件，也會需要有人適時的拉你一把，讓自己在成功之路上走得更加順利。常常有人感嘆自己的運氣欠佳，總遇不到貴人，但你知道嗎？其實這些人並不是真的運氣不好，而是因為他們沒有敞開心胸，去接納貴人的緣故，不管好的、壞的，都排拒在外。

 李嘉誠語錄
　　「生活中若沒有朋友，就像生活中沒有陽光一樣。」

⤦ 借助外力，以巧取勝

　　李嘉誠將自己比喻為石縫竄出來的小樹芽，從石縫裡生長茁壯的小樹，借力生力、以巧取勝。從小我們就被教育要靠自己奮鬥出一片天，自己的事情要獨立去完成，不要把希望放在別人的身上，凡事自力更生。所以我們從來不會去懷疑奮鬥的重要性，但當我們付出許多心力後，卻發現沒有獲得些許回報時，心中難免會產生憂悶的情緒，甚至覺得灰心喪氣、一蹶不振、自暴自棄。可如果我們能從另外一個角度去想，在獨自奮鬥時，想想如何借力行事，使自己保持積極向上的心態，這無疑能成為一條讓你通往成功的蹊徑。當然，這樣的借力行事，並不是指摒棄你的努力跟付出，任何事情都依靠外力來幫忙；真正的借力行事，是指要在原有的努力基礎上，巧妙借用他人之力，順應天勢，以達到我們所想要的結果，讓我們事半功倍。

　　荀子在《勸學》中說到：「假輿馬者，非利足也，而致千里；假舟楫者，非能水也，而絕江河。君子生非異也，善假於物也。」寥寥數語便道盡人生的大智慧，君子跟其他人相比，其實並沒有多大的差異，只是因為他們善於借助並利用外界的力量而已，而這就是善於借助外力的大智慧。一個人的力量往往是有限的，因此你可以適時地借助外界的力量來達成自己的目的；借助他人之力來促成自己的成功。

　　在現實生活中，一個人成就一番大事業，若僅憑他單槍匹馬的力量是不足以獲得成功的，或多或少都得依靠外在的力量，比如地位、名望、財富或是權力。比爾·蓋茲（Bill Gates）曾說：「一個善於借助他人力量的企業家，是一位聰明的企業家；在辦事的過程中善於借助他人力量的人，是一個聰明的人。」因此，在人生的路途中，當你認為自己一個勁兒地向前沖，好像並不能解決問題時，就得學著捨棄一些不必要堅持，橫衝直撞

絕不可能成功，還可能替自己帶來不必要的災害，我們要善於借助他人的力量來增強自己的力量。

成吉思汗被世人讚揚「一代天驕」，可其實他在歷史上的幾次大規模戰爭中都處於劣勢，但為什麼他最後都能打勝仗呢？

因為成吉思汗善於利用外力為自己打天下，巧妙運用了札木合、王汗與蔑兒乞人之間的宿怨來幫助自己。他首先利用塔塔兒人與王罕的舊仇，又利用札木合與王罕之間的嫌隙，成功分化了阿蘭人與欽察人，然後各個擊破，成功征服整個東歐草原。

他在對抗敵人的時候，也善於利用敵人內部的矛盾，譬如他利用札木合與下屬間的矛盾以及王罕父子的矛盾等，產生嫌隙以趁虛而入。在擴張過程中，他則利用金夏之間的矛盾，攻下西夏，從根本上清除了兩國聯合禦敵的可能；而在攻打屈出律時，他更利用西遼的階級矛盾與宗教矛盾，瓦解了屈出律的勢力，使強大的西遼變得不堪一擊。

每當成吉思汗征服一個地區，就會把擄獲的戰俘殺掉；婦女佔為己有；孩童撫養成人，成為蒙古的新生代力量；倖存的男丁和士兵則編入軍隊，充當偽軍進攻敵人，所以，在蒙古大軍的擴張過程中，成吉思汗的軍隊不減反增，各場戰役無往不利。另外，他還常利用俘虜去攻打敵人，攻下一個地方之後，他就把那些俘獲的百姓放在軍隊前面，讓那些百姓充當擋箭牌，一般守城的人見了自己的同胞都會手軟，不忍下殺手，自然大大減輕了對方軍隊的戰鬥力。

成吉思汗借助敵人的力量，成就自己一代天驕的美名。在他兵力尚未雄厚的時候，先聯合了草原雄鷹扎木合和王汗，依靠他人的力量來成就自己的事業，最後成為草原霸主。歷史上有許多成大事者都善於借助他人的力量讓自己獲得成功，最著名的便是三國時期諸葛亮草船借箭的故事了，試想，若當時諸葛亮堅持自己造弓箭，那肯定會以失敗告終，所以他借助

外力完成任務，更讓周瑜對他刮目相看。

無數的例子告訴我們，借力行事是通往成功之路的法寶。獨自一人的力量畢竟是有限的，你若想在人生的道路上獲得成功，除了靠自己努力奮鬥之外，有時候還需要借助他人的力量，就好比三月裡的風箏，得憑藉著風力，才能望盡大好山河。所以在必要的時候，我們要放下「一意孤行」的固執，善於借助外力來獲得成功。

孫中山曾說：「世界潮流，浩浩湯湯，順之者昌，逆之者亡。」世間任何事物都有其規律可循，順勢而為才能事半功倍，即便是偉人，他們也不能逆勢而為。

自古以來，人們就講究「天時、地利、人和」方能成就大事，其實就是指要借助外力而為。所以，如果我們向前行發現難以取得大成就的時，不要太過堅持，借力行事，順勢而為之，必將成大事；唯有順勢成事，才是真正的大智慧。

李嘉誠語錄

「假如今日，沒有那麼多人替我辦事，就算我有三頭六臂，也沒有辦法應付那麼多的事情。所以，成就事業最重要的就是要有人能幫助你，樂意跟你工作，這也是我的哲學。」

取他人之智，成自己之事

韓非子中寫道：「下君之策盡己之力，中君之策盡人之力，上君之策盡人之智。」古人很早就體認到個人的力量是有限的。若想成就一番大事業，憑藉自己的力量是遠遠不夠的，借助別人的智慧成就自己的事業，才是成功人士會選擇的道路。

美國前國務卿季辛吉（Henry Kissinger），便是一位巧借別人力量和智慧的高手。他在處理白宮內部工作的時候有一個習慣，只要是下級呈報上來的方案，他都會先放個三天，才請當事人來，問道：「你認為這是最完整的方案嗎？」對方肯定會陷入思考，覺得自己的方案不夠完整，於是季辛吉就讓他拿回去重新修改。

當下屬將修改後的方案再次提交給季辛吉時，他會大概將文件翻閱一遍，然後又問道：「你認為這是最好的方案嗎？還是有比這更好的方案？」對方肯定會再次陷入沉思，覺得自己可能還有某個地方做得不夠詳細，再拿回去重新修改。就這樣，一份方案來來回回修改了好幾次，下屬絞盡腦汁地調整方案，充分發揮了自己潛在的聰明智慧，而季辛吉的目的也達到了，他用這樣的方式來借助別人的智慧達成自己的目的。

季辛吉的做法不僅事半功倍，節省不少的時間，也讓對方充分發揮自己的智慧，既可以鍛鍊他們的能力，還能提升才幹，可謂一石二鳥之計。

事必躬親這種費力不討好的事情，往往只有愚蠢的人會做，且幾乎無法將事情做好；事必躬親不僅處理不好所有的事，還可能會把自己搞得身心疲憊。

社會分工越來越細，各行各業的菁英也越來越多。每間公司都會劃分許多部門各司其職，因為老闆不可能凡事親力親為，他需要利用別人的智慧來成就自己的事業。因此，所有大企業都有一個特點，就是人盡其才；領導者會根據每個人的特點和特長進行分工，將他們安置在適合的位置上，把每位員工的聰明才智發揮得淋漓盡致，這也是大企業能締造成功的原因。

美國鋼鐵大王卡內基（Andrew Carnegie）曾預先寫下這段墓誌銘：「睡在這裡的是善於訪求比他更聰明的人。」卡內基能從一般人變成鋼鐵大王，雖然與他自身的努力有著絕對的關係，但更重要的是，他善於發掘

優秀的人才為他工作，使他的工作效率大大提升，收穫的回報自然能增長成千上萬倍。

成功不是光靠一個人就能做到的，它需要集中無數人的智慧才華，只有集合集體的力量，才能在日新月異的世代不斷前進。美國之所以能成為世界強國，就是因為它很早就預測到二十一世紀最有價值的將是「人才」，所有東西都可以靠人才取得。

美國在第二次世界大戰的時候，積極網羅世界上各行各業、各領域的專家，所以戰爭結束後，美國迅速發展，成為現今世上所公認的大國，它借用他人的智慧來成就自己的偉業。

李嘉誠也說：「創業，只有兩個辦法：造船過河和借船過河。」聰明的人，不是能力強，而是會借力；若你懂得先借力，後能力，就是最聰明的人。能力不足的時候，不妨先借力，借船過河，以養精蓄銳，待實力強大的時候，再造船也不遲！很多人，沒有實力卻想直接跳級，一生都在造船，結果人財兩空，反而忘記要過河。

「好風憑借力，送我上青雲」，聰明的人就應該學會借用別人的力量和智慧成就自己的事業，古人也說「盡人之力，不如盡人之智。」成功的企業家就懂得適時地放手，讓員工去做他們應該做的事情，自己只要負責統籌管理就好。只有相信別人的人，才能讓自己的事業越做越好，一整天擔心這個做不好、那個也不行的老闆，也沒有人會願意長久地追隨他；所以，只要確定了分工，每個人各負其責，將自己的事情做好，成功就近在眼前。

一個小男孩在院子裡搬一塊石頭，父親在旁邊鼓勵：「孩子，只要你全力以赴，一定搬得起來。」但石頭實在太重，孩子最終沒能搬起來。

他告訴父親：「石頭太重，我已經用盡全力了！」

父親說：「你沒有用盡全力。」小男孩不解，滿臉疑惑得看著父親。

父親微笑著說：「因為我在你旁邊，但你卻沒有尋求我的幫助。」

　　很多時候，我們就是那名小男孩，判斷一件事情能不能做到，往往是看自己的能力夠不夠。其實一件事情結果的達成，誰會規定只能用自己的力量完成呢？很多成功者並不是他的能力有多強，而是他能整合更多的資源，假他人的智慧，成就自己。

李嘉誠語錄

「要想成功，『借力』比『盡力』更重要！」

以靜制動，三思而後行

＼思深方益遠，謀定而後動

憑著穩健的發展策略，李嘉誠成功收購和記黃埔，成為首位收購英資商行的華人。《孫子兵法》提到：「謀定而後動，知止而有得。」意思就是說凡事要謀劃準確、周到之後再行動，在合適的時機收手，就能有意想不到的收穫。現實生活中，我們說話做事就如同作戰用兵，必須做到三思而後行，才能從而實現「未戰而廟算勝」，每個人都渴望成功的降臨，但卻很少預期獲得成功。

有的人盲目行事，心中有了什麼好想法，就打算馬上開始實施，也不仔細思考，最終只能面臨慘痛的失敗。想獲得成功，就必須要周詳謀劃，經過一番斟酌，仔細考慮之後再行動；一旦決定就要雷厲風行，展現行動力，以順利獲得成功。因為還沒正式開始，你那周密的計畫就已先勝出，只要再付諸於行動，那成功可謂是手到擒來。

李嘉誠的成功來自多方面的因素，除了自身的條件外，最重要的是他事前都會縝密的策劃，因而能促成人生這場棋，我們只要擺好棋子，步步為營，就能「運籌帷幄，決勝於千里之外」。

「發展中不忘穩健，穩健中不忘發展」是李嘉誠一生信奉的生意經，遵循這一原則，他把自己的生意做得越來越大，並且堅如磐石。

香港錦興集團（現已更名為凱華集團）前總裁翁錦通說：「生意越大，越要謹慎，一旦遭遇危機，整個基業都有倒下的危險，損失太大了。」後來，翁錦通總結出自己的創業經驗，其中有一條便是：「計畫要縝密，處事要周詳；不可輕舉妄動，意氣用事。」

李嘉誠是一位「進取的人」，但他強調：「我著重的是在進取中不忘穩健，因為有多人把積蓄全投資在我們公司，所以，我們任何的策略都要講求穩健，要將股東的投資視為我們背負的責任；但這並非不進取，而是進取時，我們要考慮到這些風險。」

他認為經商時，尤其忌諱那種多角經營和擴張，不能急速從事，多角經營應該儘量避免，特別是在擴展業務和公司規模的時候，應該先瞭解公司在技術、資金、銷售等各方面具有多少能力，在能力範圍內穩當經營。

我們可以試著想像一種情況：公司在擁有五十位員工時能經營得很好，但當員工數量增加到一百位時，就極有可能因為資源不足，而沒有足夠的能力拓展，這樣業績不但沒有增加，還可能使公司陷入危機。因此，擴張的時候要堅持謹慎原則，在各個方面做好充分準備，才得以順利地將眾多業務消化、擴大，獲得成功。

213

1979年，李嘉誠憑著沉穩的經營策略，成功拿下和記黃埔，成為首位收購英資商行的華人；他也認為這是他創業至今，在眾多買賣中打得最成功、最漂亮的一仗。

在他的經商哲學中，穩健一直是其中最主要的指導思想，他總說：「兩條腿走路才不會摔跤。」展現出他那絕對謹慎的態度。想當年，他雖轉戰地產業，但也沒有關閉塑膠廠，因為香港的形勢始終不太明朗，所以李嘉誠堅持「所有雞蛋不放在一個籃子裡」的原則，進而不斷擴展，開拓了英國、澳大利亞、加拿大的市場，後來他個人也開始投資股票和債券。

雖說是投資，但債券其實非常保守，持有人只享有比定存稍高一些的利息，且不能分享公司的利潤；而李嘉誠購買債券有一大原因，就是它可以交換股票；當時，購買債券有一至三年的期限，若認定該公司的業務能夠增長，便可以用債券交換股票，但如果交換不成，就將債券連本息返還。

所以，李嘉誠投資債券，一來是因為債券與股票相比，風險要小很多倍又能增益，符合他「穩健中求發展，發展中不忘穩健」的方針；二來則是股票和債券能互相配合，兩條腿走路能行得更遊刃有餘。

我們在現實生活中，也需要那種「謀定而後動」的意識，學會以理智的態度，來對待身邊所發生的一切，尤其是那些突如其來的變故，更需要冷靜地處理，而非慌亂、盲目地隨意處理；因為不同的處理方式，會導致不同的結果。

1. 事前需要周密的謀劃

世事如棋，謀定而後動。當我們決定要開始一件事情的時候，誰都猜想不到最後的結果。但如果你能針對各項因素作出分析，進行周密的謀劃，就一定能預測到最後的結果；凡事都應該「三思而後行，謀定而後動」，方能成就大事。

2. 在恰當機會出手

如果你僅看見一片葉子，就想獲得整座森林；在沒有任何計畫之下就開始盲目前行，那只會讓你痛嚐失敗的下場。我們在做每件事情之前，都要先考慮清楚事情的後果和過程，把任何可能發生的狀況都設想到，並在恰當時機收手。捨棄盲目的行為，選擇謀定而後動，你會發現成功也有不一樣的風采。

在處理事情的過程中，要果斷地停止還是繼續行動，這不是一朝一夕就能做到的，你不僅需要歷練，也需要時間，更需要風雨的洗禮。所以，凡事謀定而後動，捨棄盲目的行為，才能造就成功。

李嘉誠語錄

「我們中國人有句做生意的話：『未買先想賣』，指還沒有買進來，就先想怎麼賣出去；但你應該先想失敗會怎麼樣，因為 100％ 或 50％ 的成功，兩者根本沒什麼差別，但如果有一個小漏洞不及早修補，就可能帶給企業極大的損失。」

分清形勢，未雨綢繆

李嘉誠說：「我會不停地研究各個決策可能發生的壞情況或問題，並花費90％的時間考慮失敗。」而且，他在投資時總會預先設想，我可以失敗到什麼程度？成功或實際賺到多少則不會過於關注。因此，他曾賺過十多倍的投資，生意也都做得非常好，相較之下，虧本生意就真的比較少，因為他從不貪心；由於不貪心，面對失敗時又早已做好準備，以至於李嘉誠在經商的過程中總能穩健地發展，這一點著實令人佩服。

面臨危機時刻，凡事不能碰運氣，要想清楚再動手。比如生意場上，每一次運作都有一定的風險，大膽投資一椿生意，帶來的究竟是豐厚的利潤還是血本無歸？在結果尚未出現之前，我們很難預先知道，通常得到最後一刻才能分曉；但如果你能事先做好嚴密的部署，分清形勢，蒐集資訊、未雨綢繆，那結果就能事先預期，降低任何的不確定性。

太平天國紛紛而起，杭州被團團圍住，王有齡按照地方官「守土有責」法例，率杭州軍民死守孤城，直至糧草殆盡，斷糧長達一個月之久。當時，城內沒有食物，眾人就將藥材南貨諸如熟地、黃精、棗栗、海莖等都煮來充飢；到後來，更只能吃蟲、吃皮革、吃草根樹皮，甚至是以屍肉充飢。

　　為瞭解決糧食的問題，胡雪巖冒死出城，偷偷到上海買了一船救命的糧食，好不容易運到了杭州城外的江流旁，但所有進城的通道都已被阻斷，糧食無法送進城內，他只能在江面上遠遠相望。過了幾天，陪同胡雪巖一起到杭州送糧的蕭家驥打算進城送個消息，順便看看是否有辦法能將糧食運進城裡。

　　在出發之前，胡雪巖問道：「你要如何抵達對岸、進城呢？途中若是遇到敵人怎麼辦？」對於這些至關重要的問題，蕭家驥不知道如何回答，因為他連想都沒想過，他說：「在這種情況下，只能見機行事，碰碰運氣了。」胡雪巖回答道：「這時候做事，不能說碰運氣，要想仔細才能動手。」

　　胡雪巖認為在這危急時刻，絕不能碰運氣，歷盡了千辛萬苦買回來的救命糧食已經運到了城外，絕不能無功而返，既決定冒險進城，就一定要有好的結果。他們對城內的情況一概不知，且城外又有重兵把守，如果一個不小心被抓住，肯定會給予重罰，搞不好還會被殺頭，更何況城內沒有一個人認識蕭家驥，不能替他寫一個能證明身分的文書、信函之類的東西在身邊，進城極有可能被當成奸細，惹來一身禍端。

　　在胡雪巖看來，蕭家驥此次進城，事關杭州百姓的安危，需要三思而後行；畢竟許多事情都是環環相扣，只要一時疏忽，就有可能造成整件事情的失敗，所謂「牽一發動全身」，其產生的連鎖反映，將影響整個事業，導致全面崩潰。而胡雪巖正因為明白這個道理，所以在出發前，他才會細問蕭家驥是如何打算的。

　　李嘉誠是位未雨綢繆的人，每一次的決定他都會先做好縝密的思考和充足的準備，對我們來說也一樣，凡事先花些時間做好完善的準備措施、未雨綢繆。

　　他總是在想著未來可能產生什麼變化，以便及時應對，避免將自身困

在牆角。當初塑膠花在市場上熱賣，讓他賺進無數財富，一舉獲得「塑膠花大王」的稱號，掀起一陣塑膠花浪潮，其他工廠紛紛跟進，想一起分食這塊大餅。但當眾人持續踏入塑膠產業時，他卻已經在想未來該如何是好，開始不斷為自己鋪路，因而讓他順利跨足地產，更又取得另一項稱號「香港地產大王」，打敗眾多敵手。

　　試想，如果我們做任何事情時，都能先想好部署，將那些可能發生的情況，事先做好安排，這樣到真正執行的時候，勝算的機率不就大一些嗎？有備無患才是成功背後的秘密。

　　一隻狼俯臥在草地上勤奮地磨牙，狐狸看到了，就對牠說：「天氣這麼好，大家都在休息玩樂，你也加入一同歡樂吧！」野狼沒有說話，繼續磨牙，把牙齒磨得又尖又利。狐狸疑惑地問道：「現在森林這麼安靜，獵人和獵犬都已經回家了，老虎也沒有在附近徘徊，又沒有任何危險，你何必這麼勤奮地磨牙呢？」

　　野狼停下來回答說：「如果有一天我被獵人或是老虎追殺，到那時我想磨牙也來不及了；所以，平時我就先把牙齒磨好，若真的有事情發生，我就可以保護自己了。」

　　我們在做任何事情的時候，都應該未雨綢繆，居安思危，防患於未然，有了充分的準備，再去迎接挑戰，我們就會有很大的勝算。哪怕事情有了意外的發展，我們也不至於手忙腳亂，能從容不迫地按照形勢思考變化；倘若平時不準備，面對狀況時想臨時抱佛腳是絕對不可能的。

　　日常生活中，我們要想做好一件事情，就必須事先分析情勢，學會未雨綢繆；一個人要想有所建樹，就必須時刻注意、膽大心細，做任何事情之前，都必須提醒自己三思而後行，學學李嘉誠的「未雨綢繆」。

在生活中，總會有許多人抱怨自己沒有機會，但當機會來臨的時候，卻因為沒能充分準備而與機會擦肩而過，最後只能後悔莫及。所以在執行之前，要先學會分析形勢，未雨綢繆，才能掌控大局。

李嘉誠語錄

「我時常謹記，世上並無常勝將軍，所以在風平浪靜之時，便好好計畫未來，仔細研究可能出現的意外及解決辦法。」

✎ 做事慎密，防患於未然

李嘉誠說：「我在決定一件事前，都會小心謹慎、研究清楚；決定後，就會勇往直前地去做。」在他看來，與其收拾殘局，做虧本生意，倒不如事先克制住理智。畢竟，身處在瞬息萬變的社會，應該求創新，加強能力，居安思危；所以，無論你發展得多好，時刻都要做好準備。

俗話說：「小心駛得萬年船。」將事情處理好，最好的辦法就是細心，冷靜的分析，凡事多想一步，自然能完善一些；尤其是越混亂的時候，越需要注意這一點。李嘉誠經商數十年，商海浮沉，卻一直能維持成功者的水準，實屬難得；其主要原因就是他細心行事，哪怕是一件小事，也會多想一步，只要留了足夠的後路，自然就能保全自己。因此，對於在社會闖蕩的我們，更應該牢記細心行事這條準則，凡事多想一步，我們的人生之路就會走得更遠。

曾國藩事事力求慎密、處理至好，認為凡事不可操之過急。當初在攻佔金陵時，他便多次告誡弟弟曾國荃：「望弟不貪功之速成，但求事之穩

適」；「專在『穩慎』二字上用心」；「吾望弟不求奇功，但求穩著。」過了一個月，湘軍如願佔領金陵，因此有人說曾國藩那番囑咐，對急功貪利的曾國荃來說，確實是一劑攻心藥。

曾國藩的戰略思想即是「穩慎」，他曾對蕭啟江說：「閣下一軍以『堅穩』二字著名。」有一次，當湘軍正在進軍攻打的時候，曾國藩寫信給胡林翼說：「十一日全軍獲勝後，羅溪河實已無虞，山內一軍，其妙無窮，腦後一針，百病皆除，但此後仍當以『穩』字為主，不可過求速效。」

關於「慎」，曾國藩自有一番見解，他說：「凡吏治之最忌者，在不分皂白，使賢者寒心，不肖者無忌憚，若犯此症，則百病叢生，無可救藥。」對曾國藩來說，在戰場需要慎密作戰的兵，官場上也需要慎密為官的人。曾國藩自己也是一位縝密的人，但其實他之前並非如此，他初入官場時，處處爭強、相當強勢，吃了不少虧，因此發現官場的黑暗面，做事開始變得縝密，並將原先強盛的氣焰收了起來，轉為低調且善於隱藏自己。

陳阿姨是婦聯協會的幹部，他們單位的活動比較多，常需要邀請大人物出席致詞，但長官的時間通常比較忙，有時儘管答應參加活動，也有可能臨時產生異動，所以這時就要考驗陳阿姨的能力了。

有一次，因為長官有其他要事，所以將活動開場時間延遲了十幾分鐘，但之後祕書又打電話來告知老闆有急事不能出席這場活動。以前，長官演講稿一般是放在祕書那裡，陳阿姨只要確認對方會到場出席就好，但這次陳阿姨多長了個心眼，提前將對方的演講稿拿到手，以備急用；既然這位長官有事不能來，那就換其他人致詞，這樣也不會因為無人開場致詞而開天窗。

我們都聽過「亡羊補牢」這個故事，羊都被狼叼走了，才想到要修補羊圈。在現實生活中，許多人都在做著「亡羊補牢」的事情，事前考慮不周到，以至於發生狀況後，才急著去想補救的措施。所以，為了避免「亡羊補牢」的事情發生，我們平時做事情時就應該慎密一點。

做任何一件事情，我們都要考慮得周到細微，預防一切情況的發生，事前做好準備，才能成就大事。特別是年輕人，做事情顧頭不顧尾，毛毛躁躁，常常缺乏縝密的思考，因而做不出什麼成績；所以，老闆欣賞的通常是做事謹慎、周全，又值得信賴的員工，這樣他們才能少操一點心。

在工作中，有些事情會出乎我們意料之外，可每件事情本就都有著變化，沒有一成不變的事情。所以，事情的變化也考驗著我們應對的能力，若懂得靈活處理，事前多準備幾個預備方案，一旦事情有變，也能有個好的備案、好的安排；要想做好一件事情，就必須要有慎密的思維，若你想事情時總少一根筋，勢必很難做得周到。

1. 考慮周到

工作中，做事不要只顧自己的感受，任意而為，事先想想會不會給同事、主管帶來一些不必要的麻煩；若不想給別人添麻煩，那就要考慮周全，多方考慮，多替別人思考，這樣成功的機率也會大一些。

2. 防患於未然

面對任何一件事情，我們都要有預見性，如果自己沒有意識到，那聽聽旁人的意見也是好的，防患於未然總比問題發生後再去補救更好。俗話說：「凡事預則立，不預則廢。」比如說，我們要去拜訪一位重要的客戶，若事前就做好充分準備工作，那會談時，所有問題都能充分給予解說，提高成交的可能。

3. 「三思而後行」

「三思而後行。」意在告訴我們，做任何一件事情，都要仔細考慮，以防萬一，這樣我們才能妥善保全自己。在職場中，許多人做事風風火火，全憑著一股勁兒，做事從不用腦，這樣的人雖然加快了做事的速度，但事後卻常常要為當初的衝動收拾殘局。

4. 多想一步，安全就多一點

李嘉誠經商多年，深知商場的險惡，即便是一件小事，他也謹慎處理；多想一步，就多一點安全，越是困境的時候，就越需要注意這一點。任何時候，我們都要謹慎行事，稍有不慎，就有可能直接摔一個大跟頭，到時候，要想東山再起就難了。學學李嘉誠的謹慎，細心處事，在遇到事情時，你才有轉圜的餘地。

當我們決定要去做一件事情的時候，要事先思考這件事值得不值得去做，做了對自己有沒有什麼好處，會不會有什麼後果。同時，還要考慮事情下一步可能會發生什麼狀況，考慮利弊再衡量思路，做出更有利的選擇。

李嘉誠語錄

「擴張中不忘謹慎，謹慎中不忘擴張……我講求在穩健與進取中取得平衡。船要行得快，但面對風浪時也一定要撐得住。」

永遠將客戶視為座上賓

找到客戶的在意點

李嘉誠說：「我們要如何找到客戶的問題所在呢？只有透過大量提問，才能瞭解客戶到底想從這次的交易解決什麼問題。一位優秀的業務員會用80%的時間提問，花費20%的時間講解產品和回答問題。」

但我通常會將自己的特點歸因到對方身上的傾向，以己度人，認為自己具有某種特性，對方也一定要有跟自己相同的特性；於是把自己的感情、意志、特性投射到對方身上並強加在別人身上，這是在每個人身上都很常見的認知障礙。

比如，善良的人會普遍認為周遭的人都是善良的；而敏感多疑的人，則會認為別人都不懷好意。我們對他人的知覺若產生失真，會在對他人形成印象時，有一股強烈的想法，假定對方和自己有著相同之處，但對方實際具備的特性卻完全不是這樣。因為我們總是以自己的想法來知覺他人，而非按照被觀察者的真實情況進行知覺，所以會有嚴重的認知心理偏差，讓正常的人際交往帶來嚴重的負面效應。因此，在日常社交中，我們要盡量克服這樣的心理，從言談中挖掘出對方的欲望點，進而影響其心理。

剛從海軍學校畢業的吉米・卡特，遇到了海軍上將李・科弗將軍。將軍請他自我介紹，吉米為了獲得將軍的好感，驕傲地談起他在海軍學院的成績，他說自己在全校八百二十名畢業生中，名列五十八名。他認為將軍一定會對他另眼相看，但沒想到將軍卻沒有任何讚許，反而問道：「你盡力了嗎？那為什麼不是第一名呢？」這句話讓吉米語塞，不知該如何回答。

　　吉米‧卡特與將軍的對話驗證了錯誤現象所帶來的負面影響，心理學家研究發現，在日常生活中，人們總是不自覺地把自己心理的想法強加在對方身上，認為自己這樣想，對方也應該要有同樣的想法，並企圖透過這樣的想法影響他人，但沒想到適得其反。

　　想找到對方的在意點，有兩種最常見的錯誤形式：一是感情投射，也就是認為對方的喜好與自己有相同之處，繼而按照自己的思維方式，試圖影響其心理；二是缺乏客觀性的認知，他會以自己的價值觀去判斷，過度地讚揚喜歡的人，或貶低厭惡的人。

　　心理專家認為，人與人之間內心深處所想的事情，是完全不同的兩個狀態，每個人都有自己的欲望點。這需要我們在日常交際中，用言談挖掘出來，懂得他人的心理後，再以自己的話術來影響其心理。

1.　自己的喜好無法正確衡量別人

　　俗話說：「物以類聚，人以群分。」這就是人們心理活動的一種折射，在投射效應的驅使下，人們的行為常常有失偏頗，因而不能有效地影響他人心理。比如，你很喜歡吃西餐，但不代表對方也會喜歡吃西餐；所以，我們在交際中不能總以自己的喜好來衡量別人，這樣反而會造成反效果。

2.　透過言語比較，洞悉其心理

　　如果你喜歡吃火鍋，你可以試著詢問對方：「你覺得火鍋怎麼樣？」假如他回答：「火鍋還行吧，但我覺得牛排也蠻好吃的。」透過言語，你可以得知對方應該較中意牛排而非火鍋；但假如對方回答：「我最喜歡火鍋了。」那他的喜好應該和你差不多。

3. 利用慣性思維

稅務員假裝不相信地說道：「唉，據我所知你沒有這個本事。」

店主有點生氣：「什麼！我沒有那個本事，這算什麼呀！從今年開始，我哪個月沒賺個十多萬盈餘呀。」

「那好，你先把這幾個月漏的稅額繳了吧！」稅務員說道。

這裡，稅務員所使用的就是慣性思維，利用欲望點洞悉其心理。

每個人的心理都是不同的，我們不要以心度人，要在言談比較中挖掘出對方的欲望點，準確投射，這樣才能有效地影響對方心理。簡言之，要想對他人心理施加影響，只有挖掘出對方的欲望點，懂得他人心思之後，才容易產生影響。

李嘉誠語錄

「信賴感建立起來後，你和對方都會感覺很自在。這個時候，要透過提問來找到客戶的問題所在，也就是他要解決什麼問題。」

保持微笑，調動客戶的情緒

李嘉誠說：「業務員用冷淡的態度去拜訪客戶，那是浪費時間，甚至是失敗的開始。不論你遇到什麼挫折，只要見到客戶就應該立即調整過來，否則寧可在家休息，也不要去見你的客戶，更影響到他人的心情。」因此，他建議業務員：在準備拜訪客戶的時候，一定要將情緒調整至巔峰

狀態。

業務員的心情若是良好，給顧客一個親切的微笑，顧客的心情也會因此變好；顧客回到家後，也給了兒子一個微笑，兒子的心情也變好了；隔天，兒子再到學校給所有的同學一個微笑，微笑就這樣一直傳下去了。

這就是心理學中著名的微笑效應，心理學家研究得出這樣一個結論：如果你決定提高自己的社交技巧；決定結婚或跟一個人同居住在一起；決定追求有意義的目標並且在過程中、在小事上享受快樂，那麼你的幸福感能夠提升10％～15％。又如果你能不吝惜自己的微笑，親和地對待他人，那你的幸福感就能提升20％～25％。微笑，不僅能撩動人心，還能使人親近，哈佛有一項研究顯示，一個微笑，就是一個和善的信號，可以縮短心靈之間的距離，消除誤解、疑慮和不安，使他人有被尊重的感覺，滿足對方最大的心理需求。

我曾聽一名教授講述了這樣一個故事：

有一天，悲觀者向智者請教：「親愛的智者，告訴我吧，如何才能讓我跳出憂鬱的深淵，享受歡樂呢？」

智者微笑地說：「那你就學會微笑吧，對你每天所見的一切施以微笑。」

悲觀者對這個答案感到很疑惑：「我為什麼要微笑呢？我沒有任何微笑的理由呀。」

智者回答道：「當你向人微笑時，不需要任何理由。」

悲觀者又問：「那以後我都不需要任何理由，只要微笑就好嗎？」

智者笑著回答他：「之後，微笑的理由會自己來找你。」於是，悲觀者

按照智者的指示，開始去尋找微笑。

半年過後，一名臉上掛滿笑容的人前來找智者，他告訴智者：「我是半年前那位悲觀者。」過去這位悲觀者，現在滿臉陽光，嘴角總掛著最真摯的微笑。

智者問道：「現在，你有微笑的理由了嗎？」

曾經的悲觀者說道：「太多了，當我第一次試著把微笑送給我每天都會見到的送報者，他居然回我同樣真誠的微笑，我第一次覺得人生是這麼的美好。」說完，他又開始講述這半年來的經歷：「之後，我又把微笑送給一位不小心把菜湯灑在我身上的侍者，我感受到他那發自內心的感激，感受到那份溫情，而這份溫情驅散了長期積聚在我心中的烏雲。後來，我不再吝惜我的微笑，我把微笑送給路上孤獨的老人，送給天真的孩子；甚至把這份美好送給曾經辱罵過我的人。我發現，我收穫了我從沒有過的東西，這裡面有讚美、感激、信任、尊重，還包含著一些人的自責和歉意，而這都是人間最美好的感情，使我變得更自信、愉快，更加願意付出微笑。」

智者微笑著說：「你終於找到微笑的理由，假如你是一粒微笑的種子，那他人就是承接你種子的福田。」

美國總統華盛頓（Washington）曾說：「一切的和諧與平衡，健康與健美，成功與幸福，都是由樂觀與希望的正面心態所產生與形成的。」

像日本知名業務員原一平，剛開始從事保險員這份工作的時候，他一份保險都拉不到，但他並沒有因此氣餒，每天仍精神抖擻地拜訪客戶，不斷用微笑和那些擦肩而過的行人打招呼。後來，他成為日本史上最出色的保險業務員，他的微笑還被評為「價值百萬美元的微笑」，因為他的笑容總能感染周遭所有人。

威爾科克斯說：「當生活像一首歌那樣輕快流暢時，笑顏常開乃易

事，而在一切事情不順遂時還能保持微笑的人，才真正活得有價值。」微笑是種子，誰播種微笑，誰就能收穫美麗。

原一平的微笑如此神奇，不僅能帶給客戶歡樂與溫暖，同時也替自己帶來巨大的財富和一世英明。因此，在這個世界上，每個發自內心的微笑，往往都具有神奇的力量。

李嘉誠語錄

「良好的情緒管理，是銷售成功的關鍵，因為誰都不願意和一名情緒低落的業務員溝通。所以，我們要將積極的正面情緒培養成一種狀態、一種職業修養，甚至是見到客戶馬上就能形成的反射條件。」

尋找雙方之間的共鳴點

李嘉誠曾說：「如果你剛好和客戶穿一樣的衣服，那信賴感一眼就能達成了，不需要特別的過程，就能讓對方感覺到你們彼此的品味是一樣的。」在人際交往中，要能體會對方的情緒和想法，理解對方的立場和感受，並站在對方的角度思考，設想到他處理問題的能力。而同理心就是站在對方立場思考的一種好方法，在既定或已發生的事情中，將自己當成對方，想像自己現在是基於何種心情思考，揣測對方的心理。

且在這個心理過程中，由於你先接納了這種心理，所以也就代表你接納了對方的心理，因而能諒解這種行為和事情的發生。這與古人所說的「己所不欲，勿施於人」如出一轍，在人與人之間的溝通過程中，「共鳴點」始終扮演著重要的角色。

保險員李小姐一進門便開門見山說明來意：「李先生，我這次是特地來

向您和太太及孩子推銷人壽保險的。」

王先生卻異常反感地說：「保險是騙人的勾當！」

李小姐並沒有生氣，反而微笑地問：「咦，這還是第一次聽說，方便向您請教嗎？」

王先生說：「假如我和太太投保一百萬元，這一百萬現在能買一輛汽車，但二十年後再領回的一百萬元，恐怕連電視機都買不到了。」

李小姐又好奇地問：「這是為什麼呢？」

王先生很快地回答：「一旦通貨膨脹，物價上漲，就會造成貨幣貶值，錢就沒辦法花了。」透過對話的過程，李小姐已瞭解王先生內心的憂慮。

李小姐首先維護李先生的立場：「您的見解有一定的道理。假如物價急遽上漲，二十年後的一百萬元，不要說黑白電視機買不了，怕是連兩棵蔥都買不到了也說不定。」李先生聽到這裡，心裡很是認同，但精明的李小姐緊接著向他解釋了這幾年物價改革的必要性及影響當前物價的各因素，進一步分析政府絕對不會允許以前通貨膨脹的事件再次發生，並指出王先生的能力也會不斷提升，未來收入絕對能大幅度增加。說也奇怪，經李小姐這麼一解釋，王先生開始露出微笑，相談甚歡，最後，李小姐順利簽得了保險訂單。

李小姐成功的秘訣就在於她利用共鳴點說話，站在對方的立場思考，設身處地、洞悉對方的心理需求，再進行引導，進而影響對方心理，才成功說服王先生。由此可見，靈活地運用同理心說話，能有效地影響對方心理，站在對方的角度思考問題，與對方實現內心的對話，達到操縱其心理的目的。

卡內基（Dale Carnegie）租用了某飯店的大禮堂講課。一天，他突然接獲通知：場地租金將上漲。卡內基前去與經理交涉，他說：「我接到通知後

有點震驚，不過這不怪您。因為如果我是您，我也會這麼做；您是飯店經理，自然要讓飯店盡可能地獲利。」但卡內基緊接著為他算了一筆帳。

「但如果您為了賺取我這一點蠅頭小利，導致我無法支付這筆租金，那您等於是將我的學員——成千上萬有文化水準的中、高層管理人員拒在門外。他們光顧貴飯店，是您花再多錢也買不到的活廣告，您試著想想，怎樣對您更有利呢？」經理成功被他說服了。

卡內基所使用的心理策略「如果我是你，我也會這麼做」，其實也就是「共鳴點」。當他站在經理角度的時候，對方已大大降低了防禦心態；然後，卡內基又抓住了經理所在乎的利益點，使他心甘情願地妥協，將思考點傾向自己這邊。這個溝通過程看似簡單，但你知道要如何找到共鳴點嗎？

1. 你的話有一定的道理……

當對方表露出與自己全然不同的想法時，你應該以同理心說話，向對方表示「你的話有一定的道理……」並透過語言分析強化對方想法的正確性，站在對方的角度，進行積極引導，透過同理心產生的作用影響其心理，達到操控心理的目的。

2. 如果我是你，我也會這樣做

汽車大王福特（Henry Ford）說：「假如成功有什麼秘訣的話，那就是設身處地替別人著想，瞭解別人的態度和觀點。」所以，當對方說出自己的決定時，我們應該強調對方這種做法的合情合理性，瞭解對方的矛盾心理，以感同身受影響他內心的想法，巧妙地說服對方。

3. 大家都是一家人……

當你仔細觀察對方身上所具備的特徵之後，你會發現，你們之間其實有著許多相同點，而我們要做地就是傳遞出「大家都是一家人……」這樣的訊息，透過同理心影響對方。比如「張先生，我也姓張，我們在五百年前可能是一家人啊」、「王姐，您也是苗栗人啊，真是太巧了，我也是苗栗人」。

4. 同是天涯淪落人

相同的經歷會有相同的感受，而有了相同的感受自然會惺惺相惜。我們要巧妙地利用同理心說話，比如「你以前在台中工作過？我早些年也在台中工作過」、「李姐，我們做女人的實在是不容易啊，既要打理家庭，又要工作賺錢，生活壓力真大啊」，以此來影響其心理，達到說服對方的目的。

利用共鳴點說話，就是懂得站在對方的角度，同情、理解、關懷對方，接受對方的內在需求，並感同身受的予以滿足；利用同理心說話，可以從對方言語的細微處體察對方的心理需求，從而透過語言表達出「惺惺相惜」的感覺，影響其心理。

 **李嘉誠語錄**

「共鳴點越多，你跟對方的信賴感就越容易建成。」

The Legend of Richest Man

第5章
擄獲人心的
管理之道

- 團隊造就整個長江集團
- 識人有術，培育英才
- 視員工如己出，投以溫情
- 恩威並施，管理有度

　　李嘉誠常常問自己：「你是想當團隊的老闆還是一個團隊的領袖？」在他看來，做老闆簡單得多，畢竟權力來自於地位之便，可能是因為運氣或憑仗你的努力和專業的知識。而領袖則比較複雜，力量來源於人性的魅力和號召力，但做一個成功的管理者，態度與能力一樣重要。

團隊造就長江集團

↘勢單力薄，唯有合作才能步入輝煌

現代社會的分工越來越細，如果想成功，單憑一己之力或一支團隊的力量是遠遠不夠的。有些人之所以會成功，就是因為他們非常重視合作的力量，認為擁有夥伴就等於成功了一半，合作不僅可以揚長避短，共同承擔風險，還可以增大雙方各自的力量；在商場上，這就是成功的砝碼。

他們對於合作夥伴的甄選也是非常嚴格的，對夥伴的要求非常高，不學無術，沒有任何特長的人不能交；沒有誠信，對任何事情都持懷疑態度的人不能交；巴結逢迎、見風使舵的人不能交；思想僵化、保守，沒有任何創新意識的人不能交。

成功者之所以對合作夥伴的要求如此嚴格，就是因為他們對自己的事業十分負責，對他們而言，找夥伴的目的是為了讓生意越做越好，倘若合作夥伴不盡人意，只會使生意越做越差，那就沒有合作的必要；但一般不喜歡找能力比自己強很多的夥伴，因為實力太強，就有可能產生大魚吃小魚的狀況。雙方之所以會合作，便是因為各有所需，實力弱的人沒有必要一味地忍讓實力較強的人；若總是遵照對方意思行事，那你的處境只會越來越差，可能還不如未合作前。

現實生活中，長久地合作通常是很困難的，往往只有在最初創業時，最容易進行合作，一旦雙方嚐到勝利的果實，彼此就會為了爭得更多的利益而吵得面紅耳赤，導致合作破局。李嘉誠就將這一切看得很清楚，他認為商業合作應該有助於競爭，聯合以後，競爭力就要有所增強，所以他所選的夥伴一般都是志同道合、素質高的人。且李嘉誠時刻考慮合夥人的利

益，彼此之間維持相輔相成，互相協助的關係；在從事一項業務的過程中，如果雙方都拿50％的利潤，那合作關係定能長遠地進行下去。

成功者之所以會理智地對待自己的合作夥伴和合作關係，是因為他們知道合作乃成功的基石，這種群體意識，還曾於二十世紀的六〇年代，產生一種嶄新的事業形式——聯合大企業。它擁有各式性質各異的利潤中心，主要盈利只有一部分來自新產品、市場的滲透、收入的增長、均衡發展以及價格盈利率的提高，絕大部分都是利用多家聯合的強大勢力兼併和盤購，產生一大批由華爾街認購、出售和買賣新公司的股票。

在李嘉誠看來，善待他人、利益均霑是生意場上交朋友的前提，誠實和信譽是交朋友的保證，如同在累積財富上創造奇蹟一樣。李嘉誠就靠著他的好人緣，在險惡的商場上創造了許多奇蹟；有人說，李嘉誠的朋友多如繁星，甚至可以說與他有過一面之交的人，都會成為他的朋友，所以他在商場上永遠只有對手，沒有敵人。那要如何讓生意來找你？答案是靠朋友。可又要如何結交朋友？那你就得善待他人，充分照顧對方的利益。

中國古代有「和氣生財」的說法，這裡的「和」就有著「與人為善」的含義，李嘉誠正是這樣一個深得和氣生財要訣的聰明人。

曾有一位企業家說，如果不能將他打敗，那就與他結合。現在是提倡資源共享的社會，一個人或一個團體所佔有的資源畢竟是有限的，但如果透過合作，就能將更多的資源實現共用。現在的商業競爭如此激烈，合作發展已經成了世上有志之士的共識；若你還不懂得尋求合作的夥伴，就無法在競爭如此激烈的今天走得長遠，總有一天終將淘汰。

在現代的發展下，許多商業模式都是非常複雜的，任何一家企業都無法獨自完成。不同的企業，在管理、人才、市場、業務、地域和核心技術等各有所長，也各有所短；但只有維護各方優勢和互補性，攜手合作，才能一同分食市場這塊大餅，為彼此帶來更多的利益。

社會越來越多元，閉門造車已行不通，現在的科技發展又如此迅速，技術如此先進，合作也不再受到侷限，有長遠眼光的人，懂得合作的價值，積極尋找適合自己的合作夥伴，成為最後的贏家。

李嘉誠語錄

「你們不要老提我，我算什麼超人，這是大家同心協力的結果。我身邊有三百名虎將，其中一百人是外國人，另外兩百人是年富力強的香港人。」

成功的企業需要優秀團隊

若想組建一支優秀的團隊，大家就得有著同一個夢想，夢想有了，團隊發展的方向就有了。當然，有了夢想，我們還要朝著這個方向不斷地前進，而不是空有目標而已。

李嘉誠不僅善於投資，更是一名優秀的領導者，我們甚至可以說他是一名成功、卓越的實業型企業家。集團吸金一兆港幣，經營業務遍及全球五十二個國家等，起初，塑膠產業在許多人眼中看來不過是傳統產業，但在他的領導經營下，取得豐碩、亮眼的成就；由此可證，李嘉誠不僅僅是成功的投資者，更是一名善於組建團隊的優秀領導者。

1955年，馬雲受託去美國追討一筆債務，但他一毛錢也沒有要到，反而不經意地發現到「網路」這塊產業。當下，馬雲意識到網路是一座等待開掘的金礦，回到杭州後，他瘋狂的的想開辦網路事業。

於是，他把自己的想法告訴身邊的朋友時，但卻被朋友一致反對，可是他並沒有因此放棄自己的夢想，反而更加堅定了自己的夢想。馬雲找了個合

作夥伴，再加上自己的妻子總共三人，大夥兒湊了兩萬元人民幣作為創業資金，創辦了第一家網路公司。剛開始的經營狀況不是很理想，馬雲不得不在街頭的路邊攤，口沫橫飛地向周遭的人推銷公司的服務，但大家都認為他不是瘋子，就是一名騙子；可馬雲根本不在意別人怎麼說自己，一心只知道要朝夢想前進。

公司漸漸發展起來，馬雲越講越有名，他所做的「中國黃頁」也越做越大。這時，杭州電信提出與馬雲合作的要求，他當即答應了，讓公司營業額飆升到七百萬元人民幣。但沒多久，合作就出現了一些問題，各方爭論不休，馬雲因而毅然決然地放棄了「中國黃頁」這項業務。

之後，馬雲又接受了中國對外貿易經濟合作部的邀請，帶著五名朋友北上，在北京租了一間六坪大的房間，苦苦奮鬥了一年多，一群人終於做出一系列官方網站，但礙於股份難以落實切分，馬雲只好再次選擇放棄。

在這四年的時間裡，馬雲捨棄了二次，這其中的艱辛可想而知，但他的夢想卻絲毫沒有受到動搖。之後，他決定回杭州再創辦一間自己的公司，一切從零開始。

1999年4月15日，阿里巴巴上線，很快在業界聲名鵲起，馬雲開始在世界各地講述自己的夢想，尋求金援，著名的風險投資公司Invest Tab的亞洲代表蔡崇信也加盟其中，隨後更多家公司更向阿里巴巴投注了五百萬美元，讓阿里巴巴聲名大振、高速成長，而馬雲的夢想就此實現。

諾貝爾經濟學獎得主薩繆森（Paul Samuelson）曾說：「人們應該首先認定自己有能力實現夢想，其次才是用雙手去建造這座理想大廈。」馬雲之所以能夢想成真，最關鍵的原因就在於他的思維，馬雲的信念始終堅定，將夢想變為現實，因而獲得成功。所以，不管在任何時候，我們都要堅定自己的夢想，因為誰也偷不走。但阿里巴巴僅屬於馬雲一個人的嗎？

當然不是，它代表著一個團隊，一個熱衷於網際網路的團隊；更是一群有著相同夢想的人，互相扶持，最終成就的夢想。

對一個單獨的個體而言，他極需要團隊的力量，因為擁有團隊，才能凝聚出最強大的力量。俗話說：「一個好漢三個樁。」若僅憑一個人的力量是難以有所作為的，因為一個人往往會顧此失彼，身上雖然具備著個人優點，但也有些缺點，這樣當他去做一些事情的時候，總會顯得力不從心。

被譽為華人首富的李嘉誠，難道僅以自己為榮嗎？當然不是，他更以整個公司為榮，這個優秀團隊才是他最驕傲的地方。像李嘉誠這樣富有天賦的投資家，同樣需要組建屬於自己的團隊，更何況是如此平凡的我們呢？

當我們覺得獨自一人無法完成一件事情的時候，我們就應該組建起屬於自己的團隊，唯有這樣，我們才能凝聚團隊，將自己的力量發揮最大化，從而走得更遠。

李嘉誠從打工仔成為香港首富，長江塑膠廠由一間破舊不堪的小廠成為跨國企業，他的成功絕對離不開「用人之道」。

李嘉誠的企業取名為「長江」，就是基於其不擇細流，有容乃大而命名。企業一般在創立之初，老闆都最希望身邊有忠心耿耿、忠實苦幹的員工，而李嘉誠身邊的盛頌聲、周千和就是這樣的人才；李嘉誠對他們予以重任，奠定了早期成功的基礎，讓企業快速發展起來。

創業階段是艱苦的，如果沒有榮辱與共、同舟共濟的共識，員工很容易見異思遷。所以創業之初，李嘉誠身體力行，身先士卒，為大家樹立榜樣，加快企業的凝聚力增強；當時，盛頌聲負責生產，周千和主理財務，他們兢兢業業，任勞任怨，輔佐李嘉誠創業，是長江勞苦功高的元老之一。

1980年，李嘉誠提拔盛頌聲為董事副總經理；1985年，委任周千和為董事副總經理，且周千和不僅自己在此任職，他的兒子也進入集團，成為公司骨幹。1985年，盛頌聲因移民加拿大，才離開長江集團，李嘉誠還特意為他餞行，令他十分感動。

有人說：「李嘉誠底下的員工，既結合了老、中、青的優點，又兼備中西方色彩，公司的發展才得以更加多元。」李嘉誠則認為：「公司之所以能擴展到今天的規模，要歸功於屬下同仁的鼎力合作和支持。」

最令李嘉誠驕傲的是，公司創業至今，中高層主管的流失率不到1%，比香港任何一家公司都少。

1. 把所有力量擰成一股繩

團隊就是一個核心，一個綜合體，它凝聚了所有成員的力量，彼此之間達到很好的互補效果。比如說，在團隊中有的人擅長這個，但其他方面卻不怎麼樣；有的人恰好相反，他擅長你所不擅長的，這樣兩個人加在一起，就是一個完美的組合。

2. 有團隊的觀念

當我們在組建團隊的時候，心裡一定要有一個團隊的概念，也就是在任何時候，都要考慮到團隊成員的意見。巴菲特（Warren Buffett）雖然是世界著名的投資大師，但他從不覺得自己能夠脫離團隊，獨立發展；波克夏‧海瑟威公司或許以他為榮，但他更以這間投資公司為榮。在決策、思考的時候，他一定需要團隊的力量，從來不會單槍匹馬的擅做決定，因為這不僅是對團隊的不尊重，同時也會為自己帶來不好的影響。

只要無數個個體組合在一起，各個細微的力量就能被凝聚起來，團隊

的力量絕對是驚人的。在生活中，我們所謂的成功者，難道他永遠都是一個人在戰鬥嗎？當然不是，他的背後，勢必會有一個團隊，一個智囊團在背後支持他，因而造就他的成功。

李嘉誠語錄

「公司最大的資產並不是擁有龐大的資金。公司一千多位員工，才是我們最大的資產，公司不是靠個人，而是靠整個團隊。」

以誠聚才，凝聚團隊

《李嘉誠成功之路》一書中這樣寫道：「李嘉誠善於將一批擁有真才實學的人團結在自己周圍。」由此可見，任何一間公司不管大小都需要團隊合作，雖然合作方式上會有所差異，但只要互相磨合後，產生的能量一定會是最強大的。

李嘉誠謀事決策的成功，便得益於多位頂尖智囊、謀士們長期忠貞不渝的幫忙。杜輝廉是一位精通證券業務的專家，被業界稱為「李嘉誠的股票經紀」，備受李嘉誠青睞和賞識，李嘉誠曾多次邀請杜輝連出任董事，但都被他委婉地謝絕，他是李嘉誠眾多「客卿」中唯一不支薪酬的人。

且杜輝廉從未因為沒有薪酬，而拒絕參與股權結構、股市集資、股票投資的決策，李嘉誠為了回報他的效力之恩，當杜輝廉與梁伯韜合夥創辦百富勤融資公司時，特意邀請包括他在內的十八位商界巨頭參股，為其助威。李嘉誠的投桃報李，知恩圖報，善結人緣，讓杜輝廉更甘願為他服務，心悅誠服地充當他的「客卿」和「幕僚」；就算杜輝廉已是兩家上市公司的老闆，他也忠誠不渝地擔任李嘉誠的股市參謀。

在現實生活中，即便是再厲害的人，他也會有不清楚的事情，也有著不足之處，總在這裡或那裡百思不得其解；面對這樣的情況，若能找一位與之互補的人組成團隊，那就不會產生問題了。我們都知道，就算一個人的能力再強，也無法想做什麼就做什麼，而一個團隊卻可以利用多人的力量，形成更強大的力量，且這力量正好是工作中所需要的；所以，如果你想在事業中贏得頭籌，那就組建一個好的團隊來協助你吧！

公司組建了以老王為首的談判團隊，在這個團隊裡每個人都有自己的具體職務。老王不僅是團隊的領導者，也是團隊中的談判專家，負責大部分「說」的工作，提出新的問題和提議，或做出妥協和讓步。

小李是團隊中的評論員，他負責總結目前的狀況，闡明目前所存在的問題；小趙是觀察員，負責觀察並監控人們透過話語和肢體語言，臉部表情所傳遞出來的資訊；小凡則是團隊裡的分析員，負責記錄並分析全部的數據和其他資料，以及對方的出價和做出讓步的方式，有助於他們理解談判的目標和優先考慮的問題。

現今，談判變得越來越複雜，所牽涉的範圍較廣泛，所需要的知識也很廣博，諸如產品、技術、市場、金融、法律等多方面，假如是關於國際間的談判，還會涉及國際法、外語等知識，如此紛繁的知識絕不可能僅憑一人就能辦到。因此，談判除了一對一的方式外，更多的時候是由一組專業的談判人馬，對上另一方的談判隊伍。彼此為了實現某個具體的談判目標，利用新的組合放大個人的力量，形成一種新的力量。

俗話說：「三個臭皮匠，勝過一個諸葛亮。」一支管理精良的團隊具有這樣的優勢，可以代表公司內部考量多方的利益；保障企業內部各方對最終協議的執行；有效地提高團隊成員的自信，讓團隊能在業內具有相當

的殺傷力。但我們在建立團隊的時候，千萬不要認為團隊人數多就比較好；你的團隊可能人數眾多、聲勢浩大，但如果無法對整體提升實質的幫助，那還不如精挑細選，組織一支少而精良的隊伍，因為組織團隊的目的便是要彌補個人原先的不足。

且，我們組建團隊時，要考慮的不僅僅是成員能力的優劣互補，還要考慮到每個成員的習慣或個性，是否會在關鍵時刻給彼此扯後腿，即便他的能力再好，但個性欠佳，沒有人會願意忍受。

1. 明確團隊的成員組成規則

在組建團隊時，需要考慮兩方面的內容：一方面是考量成員是否具有良好的專業基礎知識，並能快速有效地解決實際運作中可能出現的問題；另一方面參加團隊人員必須關係和諧，可以求同存異。簡單地說，就是需要成員遵循知識的互補性，包括性格、能力的互補。

2. 對團隊成員數量進行有效地控制

而團隊的成員是不是越多越好呢？當然不是，以少量的人做更多的事情，才是團隊所要達成的目標。比如，談判團隊需要多少人才適合呢？國內外的專家普遍認為，團隊大概需要六個人組成，其主要包含談判管理員、財務人員、技術人員、法律人員、翻譯人員、記錄人員這六個人組成；當然可自行評估團隊所需要的人才，但務必注意人員的搭配，且要隨時能作出調整。

當我們在組建一支團隊的時候，所要達到的宗旨是：彼此凝聚的力量應該是巨大的，而不會削弱整體的力量，也就是說，儘量做到互補，盡可能綜合所有的力量。可見，團隊領導者這項工作，並非是普通人就能夠駕

馭的，像李嘉誠也經過不斷地磨練，才得以讓長江集團這艘大船順利航行。

李嘉誠語錄

「決定大事的時候，我就算100%的清楚，也一樣要召集一些人，彙整各人的資訊一齊研究。這樣，當我得到眾人的意見後，看錯的機會就微乎其微。」

識人有術，培育英才

↘ 度權量能，巧識人才

如何識別人才？首先要觀察人們相同和不同之處，區別議論的是與非，瞭解對內對外的各種進言，掌握其真假，確定與誰親近、與誰疏遠。現在社會，有越來越多人開始關注古代遺留下來的文化瑰寶，比如很多大老闆，手邊都必備一本《孫子兵法》；還有很多人透過《三國演義》學習一些做人、說話的技巧，尤其是作為一位領導者，更應該學習古代兵法的選人之計，才能因地制宜地有效利用人才。

李嘉誠認為人才是事業成功最重要的資本和基礎。有一次，怡和貿易的代表人馬世民到公司推銷冷氣機，李嘉誠通常不會過問此類業務，但馬世民一再請求底下的員工，堅持要與李嘉誠會面，才因為自己的倔強，成功吸引李嘉誠的注意，這次偶然的接觸，讓彼此留下深刻的印象；待時機成熟後，李嘉誠不惜重金收購馬世民創辦的增耀公司（Davenham），收攬這位不可多得的人才。

千里馬常有，而伯樂不常有，香港人讚譽李嘉誠具有九方皋相馬般的慧眼。李嘉誠因為擁有非常高明地識人的能力，因而能創建優秀的團隊，馳騁商場無堅不摧。

身為老闆，必須具備識人的能力，能快速看穿員工的真面目。在很多時候，領導者容易被員工的外表或巧言巧語所迷惑，而做出錯誤的判斷，委以重任，結果因為他一人導致整個任務失敗。若你想要看穿他們的真面目，就應該學會由表及裡，抓住他們內心的主要特點，揭開對方的偽裝面具，看清楚其真實面目；領導者不能只看員工的外在，而是要看才能。

那你知道一代君王劉備又是如何識人的嗎？他通常只要透過一次對談，就能察覺出對方是否為人才，比如龐統、鄧芝、馬忠等，因見面與語而驚為天人。劉備有一次與馬忠談過後，言：「雖亡黃權，復得孤篤，此為世不乏賢也。」而劉備臨終前也曾告誡諸葛亮：「馬謖言過其實，不可大用，君宜察之。」但諸葛亮卻不以為然，後來他首次伐魏，就派馬謖擔任先鋒，結果導致街亭之失。

其實，劉備不但善於識別部下的才能，對於鑑別人品力也很敏銳。在長阪戰敗的時候，有人說趙雲已經北去投曹，結果劉備卻說：「子龍不棄我走也。」沒多久，趙雲果然抱著劉備的兒子阿斗回到他身邊。

劉備對於人才往往願意給予諒解，甚至願意做出重大犧牲，比如劉備起兵伐吳時，黃權諫曰：「吳人悍戰，又水軍順流，進易退難。臣請為先驅以嘗寇，陛下宜為後鎮。」劉備不聽，令權督江北諸軍，防備魏師。劉備敗後，黃權還蜀無路，被迫降魏。因此，執法官準備按法「收權妻子」。劉備卻說：「孤負黃權，權不負孤也。」對待黃權的妻子如往常一樣。裴松之對劉備頗為讚賞，他認為劉備能斟酌是非，區別對待，勝過漢武帝甚多。

劉備出生於一個貧困之家，與母以販鞋織蓆為生。他年輕的時候，結交豪俠，人人爭附，儘管如此，有些上層豪強還是看不起他；當劉備升為平原相的時候，豪紳劉平還曾派刺客去行刺他。不過，刺客受到劉備殷勤款待後十分感動，不但不忍心下手，還真實地吐露出自己的來意。後來，劉備、關羽、張飛桃園三結義，更是千古佳話。西元201年，劉備駐兵新野，荊州豪傑歸附者越來越多，讓他漸漸意識到自己之所以屢遭挫敗，就是因為缺少優秀的參謀大將，所以他開始留心尋訪人才，才因此有了三顧茅廬的歷史典故；因此，劉備識人、用人的慧眼，可以用「千里馬常有，而伯樂不常有」來總結。

1. 善於識人，才能更有效地用人

只有善於識人，才能更好地用人。正常情況下，一個人的行為往往表現出他所追求的東西，有的人初進到一間公司工作，會為了加薪、升職付出絕對的努力，並極力追求自己能力之上的榮譽；但那些人僅默默專注於自己的工作，他們不會刻意去表現自己，突破自我，沒什麼好追求，只求當一天和尚撞一天鐘。

所以，老闆可以透過員工的工作表現來判斷這樣的人才是否可靠。

2. 觀察其言行

一般來說，一個人的言談都代表著他們心中所思，因而能更真實地反映和表達他們真實的思想感情。很多企業或公司裡有很多潛在的人才，雖然不見得能受到賞識，但他們嘴裡說出的話，大多是內心的真心話、肺腑之言，不帶一點虛偽與做作；而那些心中沒有遠大志向的人，他們就喜歡在人前說虛偽的話，說假話，藉此吸引人們的注意力。因此，身為老闆，也可以透過員工的言談，辨別出其心志，更有效地使用人才。

對於一個領導者來說，一定要善於辨別員工的才華，這是領導者必備的識人能力。有很多潛在人才就藏匿於眾多的員工之中，他們必然有著人才的優秀素質；有初生牛犢不怕虎的膽略；有出污泥而不染的可貴品德，需要你主動去發現他們。

總而言之，只要是一個人才，就一定有著不同於常人的地方，否則就稱不上人才，所以我們應該要善於發現這些人的獨特之處，發現潛在的才能，使其充分發揮卓越的能力。

246

李嘉誠語錄

「我常常跟兒子說：『你要建立沒有傲心但有傲骨的團隊，在肩負經濟組織其責任的同時，也要努力不懈，攜手服務貢獻於社會。這不能只是我對你的一個希望，而是你對我的一個承諾。』」

揚長避短，人盡其才

在李嘉誠的團隊中，只要你是人才，在公司就絕對有用武之地，他說：「一間公司需要員工共同努力，才能順利成長、發展。就如同在戰場，每個戰鬥部隊都有其作用，主帥未必比士兵更熟練於每一種武器的操作，但長官要非常清楚每種武器及每個部隊所能發揮的作用──統帥要確實掌握住整個局面，才能做最完善的統籌，準確指揮下官，充分發揮他們的長處，取得最好的效果。」

用人要人盡其才，善於揣摩對方的智慧和才能，度量對方的實力，估計對方的士氣，揚長避短。所謂「君子用人如器，各取所長」這個道理告訴我們，用人不能學醫看病，專挑毛病；又所謂「人無完人，金無足赤」，每個人都有缺點，用人不應該看他不能幹什麼，而是應該看他能做什麼，找出他的長處，確實做到「人盡其才，物盡其用」。

企業的發展因素眾多，但絕對會有一個關鍵因素，在李嘉誠看來，這個因素就是人才的吸引和使用。李嘉誠多次在接受傳媒訪問時表示，企業能否吸引到足夠的人才，將是在商業競爭中勝出的關鍵。

有人總結說，李嘉誠的成功是因為他周遭聚集著一群志同道合、才華橫溢的商界英才。在長江發展到一定的規模之後，李嘉誠便開始著手提拔和發掘人才，他打破東方家族式管理企業的傳統格局，構架了一個擁有一

流專業水準和超前意識而且組織嚴密的現代化「內閣」，來強化他苦心經營起來的龐大王國。

在用人方面，李嘉誠認為，只有像長江一樣具有博大的胸襟，認可他人的長處，才能得到他人的幫助。而成就事業最關鍵的，就是要有人能幫助你，樂意跟你工作；所以，無論是剛創業的時候，還是後來公司發展期，李嘉誠始終把任用人才視為經營管理的重點。

李嘉誠深諳用人之道，因而讓一批有才華的人跟著他埋頭苦幹，同甘共苦。周千和曾回憶道：「那時，大家的薪酬都不高，才百來港紙（港幣）上下，條件之艱苦，不是現在年輕人所想像的。李先生跟我們一樣埋頭拼命做，大家都沒什麼話說。」

多年來，長江有起有落，但不管營運狀況如何，都鮮少有跳槽者，這就是李嘉誠吸引和使用人才的成功之處；反觀一些無法順利飛黃騰達的人，若真要說他們有什麼缺失的話，那就是不曉得任用人才，致使企業發展受到阻礙。

李嘉誠懂得知人善用、重用年輕人，才得讓長江急速擴展及壯大，股價由最初的六元港幣上升至百元港幣，這都和他不斷提拔年輕人有著絕對的關係。

霍建甯於1985年升任長實董事，兩年後提升為董事副總經理，時年三十五歲，如此年輕就坐上香港最大集團的要職，在香港實屬罕見；周年茂1985年任長實董事副總經理時也才三十歲出頭，負責長實系的地產發展，具體策劃多項大型住宅建案的發展事宜，不負眾望；而由祕書一職提拔為長實董事的洪小蓮，全面負責長實公司建案銷售時不到四十歲，正是這些青年才俊的鼎力幫襯，李嘉誠才能演繹出巨額財富的傳奇神話。（長實系已與和黃集團整合，現稱為長和系）

揚長避短是管理者用人的基本策略，一位優秀的領導者應該學會容忍

員工的缺點，並積極挖掘出他們的優點，用長處彌補其短處，讓每個人都能發揮專長。世界上沒有樹葉是相同的，人亦是如此，每個人都有自己獨特的價值，假如你能讓員工發揮自己的所長，再透過團隊的互補，缺陷就會越來越少，利用資源整合的概念，以一人之長，補一人之短，如此一來，公司的整體績效就能提升。

在用人方面要遵循揚長避短的原則，松下幸之助也曾說：「一個人的才幹再高也是有限的。長於某一方面的偏才，才為我所用，將許多專精於某一項的人融合為一體，才能組成無所不能的全才團隊，發揮出巨大的力量。」

1. 如何知人

俗話說：「不知人之短，不知人之長；不知人長中之短，不知人短中之長，則不可用人。」知人是用人的前提，每個人的優、缺點並存，長短處一起存在，但有的人內秀而外拙，才不外露，很不容易發現；有的人雖博學多智，卻只會紙上談兵，難以將才能展現出來。

而我們到底要如何去瞭解這些人呢？你或許可以試著從信任出發、從瞭解入手，知其德才和學識，明其優劣長短，從其發展的過程中觀察，要想準確、清楚地瞭解一個人，不能只看文憑和檔案，也不能僅憑感覺和印象，我們就要深入瞭解，全面分析，這樣才能辯其才能，明其本質，做到真正的「善任」。

2. 如何善任

善任的重點在於揚長避短，不過，怎麼樣才能揚長避短呢？首先，你要學會量才使用，有的人善於管理，有的人懂業務，所以在選才時要以「質」為依據，以「質」為調配，這樣才得以出體現人才的長處；且要注

意團隊結構，人才群體的組成應注意知識結構、年齡分層、專業類型、性格特點等合理搭配，這樣才能有效運用員工間的互補效應。此外，我們還要注意重要職位的流動，也就是選拔優秀的人才擔任重要崗位。

要用好人才，就必須「擇人任勢」。我們不可能具備各種才能，勝任一切崗位，每個人都有最適合他的位置；而這就需要領導者在「知人」的基礎上，給予人才最恰當的安排，形成員工配置的最佳組合，達到最完善的效益。

李嘉誠語錄

「要知人善任，每個人都有長處和短處，好像大象食量以斛計，螞蟻一小勺便足夠。各盡所能，各得所需，以量才而用為原則。」

✎ 言傳身教，培育人才

李嘉誠對於人才的妙用，在於能善於突破故有的、傳統的育才模式，緊跟時代的潮流，建立出創新、適合企業實際所需的人才培育模式，為企業的發展，奠定堅實的人力資源基礎。

世上沒有現成的人才，一個人不可能生來就具備卓越的見識，優秀的員工都是透過艱苦的磨煉而成的。但求得人才後，又怎麼辦呢？總不能把他們擺在辦公室做觀賞，或是直接用其才能，馬上派他衝鋒陷陣，這都是十分不恰當的作法；身為一位領導者，不僅要善於發現人才，更要有效地培養他們，這樣才能妥善地將人才為己所用。就好比你從市場上買來一盆花，平時要給它澆水、施肥，細心照護，它才能盛開美麗的花朵；反若是對它置之不理，那它早晚會因缺失營養而枯萎。同樣地道理，一個人要想

成大器，就得經過艱苦的磨煉，否則，他就如同一塊等待雕刻的璞玉，無法散發出光采；李嘉誠深諳其中道理，因而十分注重人才的培養。

李嘉誠出錢讓公司元老周千和與他兒子周年茂遠赴英國進修法律，體現出其培育人才的超人眼光和魄力，周年茂還在唸書的時候，李嘉誠就把他當作長實未來的核心幹部來培養；父子兩人一同出國進修，如此優厚的待遇開創了企業培養人才之先河。周年茂學成後，被李嘉誠指定為長實公司的發言人，兩年後憑著實力，被遴選為長實董事；周千和更升為董事副總經理，父子倆均成為集團內的核心人物。

李嘉誠悉心培育兒子李澤鉅和李澤楷的過程，更被眾人廣為推崇。在李氏兄弟很小的時候，李嘉誠就經常帶著他們去擠電車和巴士，甚至在路邊觀察一位賣報小女孩邊賣報邊做功課的情景，讓他們瞭解窮苦人家求學的艱難，以培養他們將心比心的價值觀，不因為自己家境優渥、生活安逸而導致價值觀有所偏差。兩兄弟念中學時，李嘉誠便帶著他們參與公司的內部會議，用李嘉誠的話說：「帶他們到公司開會，不是教他們做生意，而是要他們知道，做生意不是簡單的事情，得花很多心血，開很多會議，靠許多人的幫助，才能成事。」

而大兒子李澤鉅十五歲、小兒子李澤楷十三歲時，就被父親送去美國讀書，除唸書及必要的生活開支外，其餘的休閒零用錢，他們得利用課餘的時間，自己打工賺得。李澤鉅在麥當勞做夜間兼職，每天都做到深夜，讓他深深體會到掙錢的辛苦，更磨練了身心；李澤楷則在高爾夫球場當了三年多的球童，這些辛苦的經歷，使他們兄弟悟出不少為人處事靈活變通的道理，因而打下了日後經商那堅毅不屈，但又圓融的態度，讓他們無往不利。

兩名兒子迅速在商界脫穎而出，小兒子李澤楷更負有「小超人」之美譽。李氏兄弟說：「我們很感謝父親從小對我們所付出的栽培教育。我們

從父親那裡學到的不僅是如何成為出色、賺錢的商人，更重要的是如何做一位正直的商人。」

是的，長和集團相當於一所學校，李嘉誠就是一位老師，他將一塊塊璞玉琢磨為璀璨的玉石，不厭其煩、循循誘導。他底下員工約有數十萬人，皆在他的精心雕琢下成為卓越之才，其平生所學也得到了施展，李嘉誠不僅成就了他人；成就了長和集團；更成就了他輝煌的一生。

曾有哲學家說：「領導者的責任歸結起來，就是做決策、識人用人這兩件事，而做決策，本質上就是在培養人才。」領導者透過決策，讓下屬執行，而所謂的「實踐出真知」，一個人大多的經驗都來自於實踐執行，因為在執行的過程中，我們才能獲得成長，將能力提升。人才興，事業旺，唯有培養卓越的人才，公司才會有卓越的成績，這樣公司的發展才得以蒸蒸日上，不斷成長。

而一般談到用人，應該所有的老闆都希望能找到最頂尖的人才，但松下電器創始人松下幸之助卻不這麼想，他有著一套獨特的「七十分」求才法。

松下幸之助曾指出，他招募人才時只有一個原則，那就是不會重金聘請那些一百分的頂尖人才，而是偏好於七十分的中上人才。特別是他剛創業時，公司的名氣還不大，找不到優秀的人才，但他卻不以為意，反而積極率領這些被普遍視為次級品的員工一同拼搏，成功打下松下電器的企業版圖，證明了松下獨特的用人哲學的確有他的道理。

在他眼中，一百分的頂尖人才雖然才高八斗，但做事情時容易以自我為中心，不懂得參考其他人的意見，且他們通常較為自負，會認為自己能獲得升遷是理所當然的事情；一旦工作不順利，他們就會不斷抱怨公司、抱怨別人，從不懂得自我反省。所以，這類的員工或許有一流的才能，但卻不一定能替公司帶來多大的貢獻，甚至可能對團隊的向心力產生負面影

響。

相較之下，七十分的人才，他們會低頭思考自己的不足，懂得借助外界的力量提升自己，比頂尖的人才更努力、更有成長的潛力，更能融入團隊。而且他們會認為自己的成長，來自於公司對他們的栽培，因而對公司更加忠誠。

不是只有名校畢業的人，才是成功的保證，只要具有潛力、肯努力，都有機會能成就一番事業。松下幸之助的「七十分」用人哲學，也可做為領導者選才時另一個思考的方向。

因此，你不僅要善於發現人才，更要注重人才的培養。一個盆栽，你要為栽種物修剪枝葉，它才能釋放出奪目的光彩；而人才就如同盆栽，同樣需要你精心培養，澆水、施肥、修剪枝葉⋯⋯等等，日後他的成就亦是你的驕傲。

253

李嘉誠語錄

「帶他們到公司開會，不是教他們做生意，而是要他們知道，做生意不是簡單的事情，得花很多心血，開很多會議，靠許多人的幫助，才能成事。」

視員工為己出，投以溫情

↘ 對員工實施溫情管理

俗話說：「欲曉之以理，必先動之以情。」李嘉誠認為，如果領導者希望員工全心全意地投入到工作之中，甘願為工作付出，那就要妥善運用「情」，讓員工知道你很「疼」他。且領導者所表現出的「情」，並非一定得透過重大的事情才能體現，它也可以表現在一些細微的事情上，而這些小事往往都是在日常工作中，不經意展現出來的。它可能是一句貼心的話；或是一個善意的微笑；或是老闆總細心地聆聽他們的心聲；或是記住每一位員工的名字；亦或是與員工愉快地聊天；或是你懂得適時曝露自己的缺點，拉近與員工之間的距離。這些事情看起來雖然微不足道，但卻能不經意地溫暖他們的心，引起員工內心的感動，進而把精力全投入到工作之中，回饋於公司。

在《三國演義》長阪坡之戰中，曹軍輕軍前進，曹純率領五千名精騎追擊劉備軍。危急之時，張飛殺入曹軍營內，保護劉備且戰且退；趙雲則負責保護劉備家小，但在他奮勇衝出戰場時，卻不見劉備的兩位夫人和幼子劉禪。趙雲又駕馬殺入重圍，在傷兵的指引下，找到了甘夫人，殺死曹軍部將後又救下糜竺，於是命糜竺保護甘夫人退到長阪橋東岸。然後再次奮勇殺入敵陣找尋糜夫人，幸而在一堵土牆下找到了身負重傷、懷抱著劉禪的糜夫人。趙雲請糜夫人上馬，糜夫人不願意拖累他們，將劉禪交給趙雲之後，便轉身投入身後的枯井。

而久未看見趙雲前來，這時竟有小人對劉備說：「趙雲北投曹操去

了。」劉備表示不相信：「子龍不棄我走也。」果然不一會兒，趙雲就抱著劉禪趕了過來。

趙雲大戰長阪坡，九死一生救出少主劉禪，當他從懷中把仍在熟睡的劉禪抱給劉備時，劉備接過來，就把孩子摔到地上，說：「為汝這孺子，幾損我一員大將。」果然，趙雲感動地說：「雲雖肝腦塗地，不能報也。」

劉備透過摔孩子這一動作，再加上後面感人肺腑的一句話，使得趙雲跪拜在地，表示自己無以回報主公的心情。作為一位卓越的領導者，就要透過語言或行為來表達對員工的厚愛，只有這樣才能真正感動、激勵他們，使其為你謀取更多的利益。

那麼，有哪些言行舉止能讓員工覺得老闆很「看重」他呢？下面我們就簡單地介紹幾種行之有效的方法。

1. 記住每一位員工的名字

據說，凱撒大帝（Caesar）能叫出他軍隊裡成千上萬名將士的名字，他透過熟記他們的名字，提升士兵對他的忠誠度，在作戰時甘願奮勇殺敵。每個人都對自己的名字十分敏感，倘若你能準確記住每位員工的名字，在與他們交談的時候，適時地叫出對方的名字，他就會感受到你對他的重視，認為自己在老闆心中有一定的位置。

因此，作為一位領導者，無論你帶領的團隊有多大，你都應該盡可能地記住每位員工，讓他們覺得自己在老闆心中是獨一無二的，擁有一定的地位；而且，如果你帶領的是個小團隊，那麼除了記住每位員工的名字之外，你更要費心地去瞭解他們，比如每個人的優、缺點，這樣才能有效調動人力，因地制宜，提高工作效率，確實達到效果。

2. 適當曝露自己的弱點

在員工的心目中，老闆的形象都是極其完美的，他們會認為領導者高高在上，在無形中產生老闆與員工之間的隔閡，無法有效的溝通交流。那麼該如何改善情況呢？每個人都有缺點，若一味地掩飾並非能為自己帶來好的結果；因此，你沒有必要掩飾自己的缺點，在與員工的互動時，展現最真實的自我，適時地暴露自己的缺點。讓他們知道就算身為老闆，也不是聖人，跟普通人一樣有著缺點，如此一來，他們就會覺得「原來大家都一樣，都是普通人」，在不知不覺中產生親切感，拉近彼此間的距離，不會因為職業階級上的區分而疏遠，感受到老闆的真情。

3. 與員工聊天

在工作之餘，或者是下班後，主管可以邀請員工一同喝咖啡或是一起吃午餐……等等。在非上班時間，輕鬆地與他們聊天，並盡量避免談論工作上的事情，試著談論工作以外的話題，比如興趣、愛好、家庭之類的，不僅能讓他們喘口氣，感覺老闆不是高高在上的，更能讓彼此成為朋友，培養出革命情感。

4. 多說貼心話

有時候，在某些特定條件下，主管若能適時說些貼心話，會讓員工覺得備受主管信任及看重，進而收買他們的人心。每位員工都希望自己能在富有人情味的團隊下工作，而這就跟領導者是否善解人意，是否體恤、關心他們有著很大的關係。比如，員工請假回去照顧生病的母親，等他上班的時候，你可以問問他母親的狀況；當員工臉色不太好，你不妨走到他身邊，問他出了什麼事情；如果員工經常在你面前談起他正在讀高中的兒子，那麼你不妨關心他兒子的課業成績如何。這些雖然都是一些事，但卻

能讓他們時時想到你的關愛，因而更加賣力工作。

5. 善意的微笑

　　無論在什麼時候，員工都不希望看到老闆黑著一張臉，這樣只會加深他們在心中對你產生排斥，使彼此之間的距離越來越遠。如果一名老闆能在面對員工時，不時地露出善意的微笑，他們可能會覺得自己在你心中的表現不至於太差。善意的微笑可以讓你所樹立的威信增添一股親切感，讓他們心情愉悅的工作。

6. 聆聽員工的意見

　　千萬不能因為身分不一樣，資歷比較高，就不重視員工的想法和意見。很多時候，他們所提出的想法和意見，可能是他經過幾天的認真思考所想出的建議；但無論辦法是否可行，你都應該要認真地聆聽他們的意見，在較恰當的地方給予一定的讚揚，不足之處則及時地進行引導，不僅能讓他們有所成長，更能提升他們的自信心。

　　對待員工就是要「以情動人」才能真正打動他們，激勵他們更賣力的工作。領導者管理員工的目的便在於使工作順利開展，進而讓團隊擁有前景，不斷發展壯大；而這需要由你來啟發他們，讓員工知道你「關愛」他，以情動人，從日常小事做起，真正的感動他們，使他們全心全意地為公司奮鬥。

李嘉誠語錄

「你可以毫不誇張地說，一間大企業就像一個大家庭，每一位員工都是家庭的一分子。就憑著對家庭的巨大貢獻，他們都應該取其所得，反過來說，其實是員工的付出，養活了整間公司，公司應該反過來感謝他們才對。」

多聽聽員工的意見

李嘉誠幾乎從來不生氣，每天都掛著標準笑臉。但他真的沒有生氣過嗎？不曾因為什麼事情而感到難過嗎？發過火嗎？……有時候在面對記者的追問，那些跟隨著他十年以上的員工總一臉茫然，因為實在想不起來他生氣的樣子。

記者又問他們李嘉誠強勢嗎？公司的高階主管反問：「如何定義強勢呢？儘管李嘉誠做事果斷非常迅速，但他並非咄咄逼人，相反地，他很熱意傾聽我們的意見，如果建議是對的，他便會遵重我們的想法，而不是固執己見。」

因此，作為一名領導者，在向員工下達命令及任務時，都應該先徵詢對方的意見及看法，若老闆只懂得做出決策，勢必會讓下屬產生怨言，因而對任務反感，導致任務無法有效執行。且詢問員工的意見，能讓你更加瞭解他們，強化彼此間的關係；下屬也能透過與領導者間的溝通，妥善瞭解老闆想要的結果，進而在執行任務前，做規劃及準備，讓任務有效地完成，獲得最高的效益。

所以，領導者在傳達命令前，不妨試著徵詢一下部門主管或員工的意見，以準確下達命令，讓任務順利達成，避免在過程中產生不必要的錯誤

或資源浪費。

　　張先生是一間大企業的總裁，他在向員工傳達任何命令前，都會事先徵求他們的意見，哪怕是讓員工有額外的特休假期，他也會提前通知對方。這樣一個好習慣，讓他每次分派出去的任務都能順利成功，取得良好的效果，員工也會更全心全意地投入工作任務之中。

　　有一次，他們公司研發了一種新產品，他需要一位經驗豐富的優秀業務為新產品打通市場，這是一件非常艱鉅的任務。但張先生在幾番斟酌後，決定交給一位頗具能力的新進員工負責。

　　「由你來為公司的新產品拓展市場如何？」張先生一派輕鬆地詢問那名新進員工，「我現在急需一位有能力的人擔任銷售顧問。」

　　那位新員工大吃一驚，他當然知道這件任務的艱鉅性，因而不得不思考自己的能力，是否真的能擔起這項重任。

　　張先生見他猶豫不決，便微笑著道：「怎麼樣？沒有信心嗎？任務雖然艱鉅些，但我很看好你的能力，俗話說『初生之犢不畏虎』，我就是看上了你的工作衝勁。」

　　由於老闆如此看重他，那名員工便鼓起了勇氣，接受了挑戰，著手新產品的銷售之路。

　　試想，若張先生沒有事先徵求他的意見，就擅自作出決定把這項困難的工作交給他的話，無疑會替這位員工帶來極大的壓力，進而影響到工作有效的進行。張先生的高明之處就在於，當他徵求員工意見時，他已經事先給予這名員工強大的後盾——信任感，給予他絕對的信心；而正是這信心才能使工作得以順利地展開，獲得成功。

259

1. 讓傳達的命令更加清楚

如果員工沒有預先得到任何通知，就莫名其妙地被賦予使命，對他們而言，不僅沒有任何的心理準備，對任務也不是很清楚，很有可能導致任務失敗。但如果主管在傳達命令前，能事先徵求員工的意見，他們就能明確地知道任務為何；工作難度為何；是否能勝任這份任務……等，只有對任務有了較詳盡的理解，才能讓員工更妥善地完成。

2. 對員工的尊重

在日常生活中，我們請求別人幫忙一件事情時，都會先徵求對方的意願，這不僅是一種禮貌，更是一種尊重。因此，當領導者在向員工下達指示時，也應該要體現出這樣的尊重，只有尊重員工，才能換來他們積極工作的態度；只有尊重員工，才能贏得他們的信任。就算他們是你的下屬，也不希望被主管任意差遣，叫他們做什麼就做什麼，不徵求他們的意願。如果員工在接受任務時有這種感覺，他就會帶著抵觸情緒執行任務，不利於工作有效開展。

3. 化解員工的情緒

有時候，老闆派遣的任務有可能太簡單或太困難，所以才需要在徵求員工意見時，說清楚任務的內容及難度，並根據員工的能力情況，化解他們的情緒和壓力。比如你所下達的任務太過於簡單，而該員工的能力又非常優秀，他可能會產生輕忽的態度，這時你就要在旁進行提醒；而當你所下達的任務難度太大，負責的員工能力又普普通通，就會使他心理產生畏懼、排斥感，因此，你要適時地給予對方建議及信任感，增強他的自信心。

領導者在下達任務前，要記得事先徵求員工的意見，不僅是為了清楚地向他們傳達資訊，也是對他們的基本尊重。除此之外，還可以有效地化解員工對工作的排斥心態或輕視的態度，這都是工作能否順利開展的重要前提。

李嘉誠語錄
「要成功，聽取別人意見是第一步。」

⚓ 只有平庸的將，沒有無能的兵

李嘉誠認為，長和集團之所以能擴展到今時今日的規模，主要歸功於每位員工的鼎力合作和付出，且最令他感到驕傲的是，公司營運了數十載，中高層員工的離職率不到1％，比香港任何一家公司都要少。

只有平庸的將，沒有無能的兵。舉凡優秀的領導者，他們總可以從身邊挖掘人才，並充分發揮他們的潛能；而那些拙劣的領導者，只會抱怨公司無人才可用，於是優秀的領導者帶領人才不斷走向成功，而拙劣的領導者則在抱怨中走向沒落。若你身為老闆，千萬記得要適時的將權力放手給別人，有些領導者老喜歡操心，他的心無時無刻都在擔心這擔心那，一刻也無法鬆懈，整顆心都緊繃著；無論是大事還是小事，他們都不放心交由別人去做，總是親力親為。當然，凡事親力親為，是一種負責任的態度，但過於親力親為的話，就是以自我為中心了。給員工充分的信任感，將權利放手給他們，這才是應有的成功者的風範，你會發現你收獲得多更多。

有一次，《明報》記者採訪李嘉誠：「您的智囊團究竟有多少人呢？」

李嘉誠回答說：「有好多吧！凡是跟我合作過，打過交道的人，都是我的智囊團，數都數不清，比如你們集團（指明報集團）的廣告公司就是。」

原來，當初李嘉誠在發售新界的高級別墅建案時，曾委託《明報》旗下的廣告公司做代理商。這家廣告公司派人去別墅現場察看，發現別墅確實十分漂亮，然而美中不足的是四周的道路還沒修好，恰好當天下雨，道路泥濘不堪。

於是，廣告商向李嘉誠提議：「能不能遲些日子，等路修好、裝修好幾幢展示屋之後再正式出售？這樣不但賣得快，價錢也可拉高。」李嘉誠聽完不停點頭，感激之情溢於言表。

幹大事業的人，一定要有自己的主意，另外還要能聽進別人的意見。李嘉誠為人虛心坦誠，不但善用身邊的人，而且還很會利用外腦的智慧。

在李嘉誠的企業中，那些能幹的人才一般都是從員工慢慢爬到主管階層之中。舉例來說，早期長江的地產發展有周年茂，財務管理有霍建寧，大樓銷售則有女將洪小蓮；霍建寧、周年茂、洪小蓮三人，被稱為「長實系新型三駕馬車」。

二○世紀八○年代中期，「長實」管理層基本實現了新老交替，各部門負責人大都是三、四十歲的少壯派。李嘉誠的左右手，還有一個顯著的特色，就是聘用了不少洋人。李嘉誠認為，外國人是因為集團的利益和工作確確實實需要他們，用外國人管理外國人，更利於相互間的溝通。

還有最重要的一點，這些老牌英資企業與歐美澳有密切的業務關係，長實集團日後必然要邁向國際化，任用外國人做「大使」，利於開拓國際市場和海外投資，因為他們具有血統、語言、文化等方面的天然優勢。

李嘉誠說：「決定大事的時候，我就算心裡百分百肯定，我也一樣會召集幕僚們，匯合每個人的資訊一起研究，集思廣益，排除百密一疏的可能。這樣，產生錯誤的機會就微乎其微；只要每個人意見都差不多的時候，那就

可說是真的沒有問題了。」

　　就這樣，李嘉誠廣泛採納大家的意見和智慧，積極利用外腦的力量，在經商道路上實現了一次又一次的躍進。李嘉誠不僅自己善於廣采博納，融匯眾智，他也如此要求下屬，把「用人」的學問發揮到了極致，因而形成彼此間的信任感。

　　每個人的智慧是有限的，因此，我們要明確自己的使命，做一位出色的決策者，而不是隨著自己的情緒去拒絕他人的意見，這樣才能發揮團隊的力量、借助團隊的智慧做出正確的決策。

　　市場競爭依靠的是團隊的力量，而不是領導者孤軍奮戰；領導者一定要善於採取各種手段，發揮員工的智慧和力量，從而提升公司的整體成效。劉邦奪取天下，依靠得是張良的謀略、韓信的統帥、蕭何的運籌，正是團隊眾志成城的結果，才得以在秦末農民起義的浪潮中脫穎而出，順利建立起大漢王朝。

　　李嘉誠之所以能夠創建龐大的財富帝國，成功的秘訣便是善於借助外力，也就是借助別人的智慧賺錢。在他的公司裡，既有中國人，也有外國人的身影；既有高級律師、會計師，也有管理等領域的精英。這些人有的是他的「員工」，有的是為公司提供服務的「外腦」，中西結合，洋為中用，李嘉誠在人才上精打細算的本事著實讓人佩服。

　　出色的領導者不是一味顯露自己的才華，而是應該善於調動各種資源，發揮團隊的智慧，最終實現預期的發展目標，在商業競爭中取得勝利。從管理角度來說，全面聽取各方意見就是發揮團隊智慧的重要形式，所以老闆要善於兼聽各方意見，也能因此培養出彼此的默契，讓主管和下屬之間擁有一定的信任，做決策時能更有效率。

　　只有足夠信任別人，才能放心地將事情交辦給對方；你只有放鬆了自

己，才不會那麼執著地想要自己親自去做。所以，不要太過操心，讓自己過得輕鬆一點，將某些人和事交給別人去辦，這樣自己才能輕鬆起來。

1. 肯定下屬

英國女演員兼詩人喬吉特·勒布朗說：「人類所有的仁慈、善良、魅力和盡善盡美，只屬於那些懂得鑒賞它的人。」任何一位員工都希望能在工作中獲得肯定，尤其是主管的認可，美國著名的企業管理顧問史密斯（Goldsmith）指出：「一名員工再不顯眼的好表現，若能得到領導的認可，都能對他產生無比的激勵作用。」

2. 信任員工

信任是一個很簡單的詞，卻包含著深妙玄機，信任產生的心態就是認可，領導只有認可了員工才會信任他。一位管理學家曾說：「我相信員工具備必須的技能和設備，以推動我所授權執行的任務，這樣我才能更專心地思考策略問題。」

生活中，一個人操心得太多會使自己身心疲憊，但如果將別人能做的事情交給其他人去做，自己只是觀看或指導，反而會輕鬆很多。當然，要想培養這樣的習慣，首先應該學會採納他人的意見，信任別人以及放鬆自己。

李嘉誠語錄

「我老說親人並不一定就是親信，一個人你要跟他相處久了，你覺得他的價值觀跟你一樣的，那你就可以信任他；你交給他的每一項重要工作，他都會做，這個人就足以做你的親信。」

恩威並施，**管理**有度

↘ 責己以嚴，樹立榜樣

　　李嘉誠認為，若想要樹立威信，就必須先做好榜樣，《尚書》也說：「新官上任三年後，需考核其功績，再決定升遷或辭退。」因此領導者若想樹立起自己的威信，就必須先做好榜樣。很多老闆總抱怨員工不服從命令，不把他放在眼裡，導致彼此之間的關係越來越疏離，工作任務越來越難開展下去。其實，員工不服從命令的主要原因在於：領導者沒有威信，沒有拿出該有的果斷、敏捷，因而難以使他們信服於你。李嘉誠經商數十載，雖居於高位，但仍嚴格要求自己，時時樹立一個好的榜樣給員工觀摩，充分展現出領導者的風範，讓員工心服口服。

　　古代，縣官上任接班時，要做的事情很多，不僅要拜廟上香，地方的孔廟、關帝廟、文昌廟、城隍廟必拜，以表現出自己尊儒崇道，就算是地方神也十分恭敬；另外還要清倉盤庫、糧倉、物料庫，全部數量都要核對清楚；巡查監獄、視察城防；對簿點卯，即對照簿冊上所記載的官員、侍從等花名冊，也要一一查對；且傳喚考生童，將本地的學生集中，親自出題測驗，瞭解學識情況；並拜訪鄉紳，依序為區域內的皇親國戚、與自己同級的卸任官員，再來便是豪門大戶。最後，則是貼出告示，告知百姓自己從何月何日開始接受訴訟，審理公堂。

　　有的老闆總沒有提出明確的指示，對於自己作出的決策也存有疑慮，所以經常出現朝令夕改的情況；有的老闆則是在關鍵時刻，拿不出果斷的裁示，面對抉擇時優柔寡斷，致使與成功失之交臂；還有的老闆唯唯諾諾，無論大事小事，都無法拿定主意，總希望由員工或其他高階主管來想

辦法。

　　以上這些作法，都會顯得領導者的威信不足。一名領導者的做事風格往往決定著他的權威性，如果領導者能具備敏銳的觀察力，在關鍵時刻作出決定，讓工作卓有成效地開展下去，那這樣便是有威信的領導者，更是令員工所欽佩的前輩；只要員工相信你的能力所在，他就會絕對服從你的命令，信服於你。

1.　切忌朝令夕改

　　領導者在做任何決定的時候，都要經過深思熟慮，三思而後行，對全部事情都要有所掌握，才能清楚分析利與弊，作出正確的決策；而不是靈光一閃，腦中突然蹦出了什麼點子，就急急忙忙地傳達下去，等到工作開展時，才發現這個想法行不通，又趕緊下達命令停止。

　　如果領導者在實際工作中，總這樣「朝令夕改」指示員工的話，將引起他們的反感，甚至對你的能力產生質疑。因為對於員工來說，他們是負責執行的人，任何一項任務都需要事前準備，等他們準備就緒，開始執行任務時，你卻突然下令停止，這無疑是造成他們的困擾和麻煩，降低工作效率，更浪費他們的時間；所以，朝令夕改的行為會削減領導者的威信，影響員工對你的信任。

2.　切忌優柔寡斷

　　當絕佳的機會產生的時候，富有野心的員工會主動向主管請示報告，但這時領導者的個性如果過於優柔寡斷，遲遲無法做出決定的話，可能使公司失去此等絕佳的機會；甚至讓他人捷足先登，使員工感到失望，進而對公司失去信心。當初項羽設置鴻門宴時，便是因為自己一時的猶豫，劉邦才得以順勢逃脫，因而替自己樹立一位大敵，致使自己最後在烏江自

列。因此，無論是說話、做事，領導者都應處事果斷，不拖泥帶水，避免因優柔寡斷而壞了大事。

3. 要自己作主

有的老闆雖然沒有明確的判斷力，但他懂得交給手下的團隊討論，由他們尋求出解決的辦法；無論大事還是小事，他都靠智囊團作決定，自己只等待最後的結果。

老闆並非聖人，有時也會有無法做出決定的時候，所以，可以適當地傾聽一下員工的建議，但建議畢竟只是用來參考，最後還是要綜合自己的想法作出決定。如果你只曉得全盤聽員工的建議並操作之，時間久了，他們也會認為你毫無能力可言，對你產生不屑的態度，甚至是另謀他路。無法拿定主意的老闆，很難讓員工產生信賴感，自然不會服從於你的命令。

總而言之，作為一名領導者，無論說什麼話、做什麼決定，都要「三思而後行」，不可在關鍵時刻反倒陷入猶豫不決的情境。且在日常工作中，一旦決定了，就不要輕易地改變，要堅定地執行下去，但前提是這個決定是正確的，以免你的錯誤決策，導致全軍覆沒。

> **李嘉誠語錄**
> 「作為一名領導者，第一最重要的是『責己以嚴，待人以寬』。」

✎ 無為而治，制度管理

「立法不難，行法為難，凡立一法總須實實行之，且常常行之。」立

法並不困難，難得在於正確執法，只要制定了一項法令，就要確實地執行它，且長期地堅持下去。李嘉誠用人的基本原則雖是「無為而治」，但在平常工作裡，他對員工仍十分嚴格，尤其是公司的基本制度，他更要求員工必須確實遵守。

因此，李嘉誠「賞罰分明」的態度，可謂是「賞時不吝千金，罰時六親不認」，員工立了戰功，他的獎賞不吝千金；可是一旦下屬違反了公司制度，哪怕是親朋好友，他也絕不姑息。《孫子兵法》曰：「主孰有道？將孰有能？天地孰得？法令孰行？兵眾孰強？士卒孰練？賞罰孰明？吾以此知勝負矣。」

李元度是曾國藩麾下的得力幹將，曾國藩也自稱與李元度「情誼之厚始終不渝」，兩人交情匪淺。在咸豐年間，天平軍攻打徽州，由於徽州是祁門老營的屏障，其得失關係重大，李元度還領兵前去救援，但李元度本身只是一個文人，不善於帶兵，所以曾國藩生怕有什麼閃失，當即與李元度約法三章，一再囑咐他要守住徽州，不得輕易出城迎戰。然而，當太平軍來襲時，李元度卻違反了曾國藩的命令，不理會他叮囑、出城迎敵，致使戰得一敗塗地，丟失了徽州。悔恨之下，曾國藩為嚴肅軍紀，上疏彈劾，李元度因而失去了官職。

但另一方面，對於應該嘉獎的將才良士，曾國藩卻是有功即賞。雷嘉澍是一名不知名的縣守，但因為太平軍攻打時未成功鎮守住，因而被江西扶臣罷免丟了官職。但他平日厚愛百姓，是難得的清廉官，深受百姓愛戴、深得民心，所以左宗棠知道之後，便利用他聲望，委任他接下當地招兵、訓練軍隊等大事。日後，太平軍又再次進攻，雷嘉澍便與左宗棠率眾會戰，成功告捷。曾國藩知道後，上奏咸豐帝，陳述其事為雷嘉澍邀功，同時，請求聖上取消對其的處罰，讓雷嘉澍到自己的軍營聽差，以觀後效，日後再加以提

拔。

李元度雖與曾國藩交情深厚，但不聽勸告導致徽州丟失，因而讓曾國藩大義滅親，上疏彈劾，有人指責悖離恩義，但曾國藩仍為了整肅軍紀，鐵血無私，不管與自己交情如何，一旦違反軍令便絕不姑息，這就是曾國藩的嚴懲不貸；另外一方面，曾國藩對那些有功之士卻不畏前嫌，毫不吝惜，為其邀功，真的做到了賞罰分明。

吳起說：「進有重賞，退有重刑。」在日常工作中，領導者需要做到獎罰分明，才能確實肅清紀律，否則，團隊不像團隊，工作自然就沒有什麼效率。獎賞，是很有必要的，天下熙熙，皆為利來，皆為利往，所謂「重賞之下，必有勇夫」獎賞之後，員工才會盡職盡責，全心為你效力；有賞就必有罰，這是必然的，違反了規章制度便應該予以懲罰，當然，罰並不是將犯錯的下屬一棍子打死，而是給他機會，讓他加以改正、成長。

僖負羈是春秋時代的曹國大夫，曾救過晉文公的命，算是晉文公的救命恩人。後來，當晉文公進攻曹國時，為了報答他先前的恩情，於是向軍隊下令，不准侵擾、迫害僖負羈，如果有人違反命令，將處以死刑。

然而，其大將魏平和顛頡卻不服從命令，他們帶領軍隊包圍了僖負羈的家，放火焚燒房子。魏平更爬上屋頂，想將僖負羈拖出家中殺害；不料，屋頂的梁木因承受不了他的重量坍塌，使得自己被壓在屋瓦下面，幸好顛頡及時趕到，才將他救了出來。

晉文公知道這件事後，大為震怒，氣得要懲罰違抗命令的將領。大臣趙衰向晉文公請求道：「他們倆人都曾替國君立下汗馬功勞，殺了不免可惜，還是讓他們戴罪立功吧！」晉文公說：「功是一回事，過又是一回事，賞罰必須分明，才能讓其他將士們服從命令。」於是下令革去魏平的官職，並將

顛頡處死。從此以後，晉軍全體上下，都知道晉文公賞罰分明，無人再敢違抗命令。

這是一則「賞罰分明」的典故，事實證明，領導者若想拿出威嚴、整頓紀律，就要做到賞罰分明。因此，「賞罰分明，賞罰有信」是管理員工的重要手段之一。

武侯問曰：「兵以何為勝？」吳起對曰：「以治為勝。」又問曰：「不在眾乎？」吳起對曰：「若法令不明，賞罰不信，金之不止，鼓之不進，雖有百萬，何益於用？」

賞是為了激勵，罰則是為了警醒，賞罰分明是領導者要遵循的原則。人生在世，應剛柔並濟，只有柔不能立事，只有剛不能立威；唯有賞罰分明，剛柔並濟，才能做到號令如山，獲得員工的效忠。

李嘉誠語錄

「無為而治」要有好的制度、好的管治系統來管理。集團在全球五十多個國家經營多元化業務，僱用超過二十九萬名員工，而我們員工大都在西方國家，如果你沒有良好的制度和足夠的將領替你管理，那會產生非常大的困擾。」

✎ 恩威並施，寬嚴並行

「用人之智去其詐，用人之勇去其怒」意思是說，用人要用他的智慧，而摒棄他的奸詐；用他的勇氣而摒棄他的暴躁，如此恩威並施，軟硬皆用，才能征服人心。李嘉誠認為，恩威並施，就是在駕馭員工的時候，不僅要施之以恩，感化影響，從而贏得他們的信任；更要施以權威，查驗

所為，使員工有敬畏之感。

恩威並施，其實就是同時使用恩惠與懲罰此兩種手段，自古以來，那些卓越的政治家、統治者都懂得軟硬策略、施以恩惠，讓他人臣服於自己，同時，又不忘以武力和懲罰來對付他們叛亂的行為。

但在現實生活中，許多領導者通常會走向兩個極端：一是對員工太好，凡事都容忍，手段過於軟弱；二是對員工太嚴格，凡事都苛責，手段過於強硬，導致員工不再聽從你的指示。其實，太弱或太強的方式都不適合駕馭員工，若想要統領他們，你就要先瞭解他們，每位員工適合施展的手段都不盡相同，對症下藥，該強的時候強硬，該弱的時候容忍；如此一來，你才能成功地領導、統御他們，否則即便你再怎麼使出渾身解數，也無法順利征服人心。

李嘉誠待人謙和，對下屬也很體貼，但他看不慣做事馬馬虎虎的人，只要有人在工作中粗心大意，他都會嚴格指正出來。對於那些做錯事的人，李嘉誠則會提點出需要注意的地方，避免以後重複犯錯，並給予他改正的機會。

一方面給予利益，另一方面「嚴」字當頭，這顯示了李嘉誠恩威並施的人才管理手腕。也就是說，李嘉誠善待下屬絕不是盲目的，在為他們利益著想的同時，李嘉誠仍堅持嚴格要求每個人。

這種賞罰有度的做法，有效地調動了員工的積極性，提升了整個團隊的運作效率，使集團在商戰中屢戰屢勝。李嘉誠這樣總結經驗：

「我們每個行政人員，都有他的職責，有他自己的消息來源和市場資料，而這些資源在我們決定一件比較大的事情時，就能派上用場了。我自己在外面也很活躍，也可以搜集到不少市場訊息，但決定大事的時候，我就算百分之一百清楚，我也一樣召集幕僚，匯合各人的資訊一起研究，因為決策就是應該集思廣益，畢竟百密總有一疏。這樣，當我得到他們的意

見後，看錯的機會就微乎其微；當各人意見都差不多的時候，那就絕少有出錯的機會了。」

有時候，一些新來的員工辦事拖拉，身上有官僚主義的影子，李嘉誠會要求對方立即改正。他說：「我很不喜歡人說些無聊的話，開會之前，我會預先通知與會者準備有關資料。到開會時，他們已經預備了所有的問題，而我自己也準備妥當，所以大家在討論時，不會浪費彼此的時間，因為都已做過功課，也就能配合良好，提高辦事的效率。」

李嘉誠讓員工明白，承擔了責任就必須盡力做好自己的角色，不僅要保持強烈的責任意識，還要讓責任意識衍生出相應的能力，這才是對工作真正的負責；然後做到以結果為目標，專注行動過程，致力於提高自己的判斷力和行動力。

很多人會忽視工作中的小錯誤，但成功人士的經驗表明，工作無小錯，即便小錯誤也可能引起嚴重的後果，所以千萬不要因為錯誤過於微小，而忽視它。因此，身為管理者，你不僅要善待員工，更要將他們的錯誤指正，這不光光是以公司利益點出發，更是為了他們好；倘若犯錯的是你的孩子，你是否會置之不管呢？

日本索尼（SONY）公司是靠生產電子產品起家的，隨身聽是該公司早期重要的產品之一。那時，公司有一家分廠專責於遠銷東南亞的商品，但產品出現了一些問題，因此總公司不斷收到東南亞消費者的投訴。經過調查，發現是隨身聽的包裝出了問題，並不影響產品本身的品質，但董事長盛田昭夫知道後，卻不以小問題來處理。

於是，那位分廠廠長被叫來陳述自己的錯誤。會議上，盛田昭夫對他嚴屬的批判，而那位廠長在公司工作了幾十年，沒想到會在這麼多人的面前被訓話，心裡十分難過、丟臉，忍不住哭了起來。

　　會議結束後，廠長神態窘迫地走出會議室，打算向上遞交辭呈。這時，董事長的祕書走了過來，邀他下班一塊兒喝酒，兩人進了一間酒吧，廠長問：「我現在是被公司拋棄的人，你怎麼還如此看得起我呢？」祕書說：「董事長一點兒也沒忘記你為公司所作得貢獻，今天也是出於無奈。會後，他擔心你為此事心生芥蒂，特意命我來請你喝酒與你聊聊，紓解一下心中的委屈。」聽了這話，廠長的心裡平衡了些，對今天的事情也不那麼在意了。

　　盛田昭夫是恩威並施的好手，在涉及公司利益的事情，他絲毫不敢懈怠，哪怕只是一個小錯誤，他也要究責到底，希望員工們以此為戒。但考慮到這位廠長是位老員工，為公司奉獻許多心力，如此嚴厲的指責似乎不那麼恰當，於是又讓祕書來施以恩惠，表達自己的歉意。如此一來，廠長在不知不覺中接受了先前的批評，從而心生感激，更竭盡全力為公司效力。

　　那領導者到底該如何做到恩威並施呢？正如松下幸之助所說：「經營者對於員工，應是施以慈母的手，但緊握鍾馗的利劍；平日裡關懷備至，犯錯誤時嚴加懲誡，恩威並施、寬嚴相濟，如此才能成功領導整間公司」。

李嘉誠語錄

　　「員工平時做事若馬馬虎虎，我會十分生氣，一定會加以嚴厲批評；但如果他是做錯事，就應該給他機會去改正。」

273

The Legend of Richest Man

第 6 章
深謀遠慮的
投資之道

- 錢滾錢才是王道

- 有多少賺多少，不輕易借貸

- 分散風險，穩操勝券

- 具備良好態度，以敬畏的心看待投資

　　華人首富李嘉誠經常舉一個例子：「一個人從現在開始，每年存一萬五左右，並都能投資到股票或房地產，獲得每年平均20％的投資回報率，四十年後財富會增長為一億兩百八十一萬元。」李嘉誠對於投資有極其獨到的眼光，投資了多處生意，被譽為投資大師。

錢滾錢才是王道

✎ 華麗蛻變，錢生錢才是經商真諦

在投資界裡，人們最渴望的投資就是「滾雪球」，說白話一點就是用錢來賺錢，讓錢變得越來越多。假設我們身處於一處雪地，隨手捏了一個雪球，然後把它放在地上，貼著地面不斷向前滾動，那我們一開始所捏製的小雪球，就會在滾動的過程中，夾帶著地面的雪變得越來越大，到最後形成一顆巨大的雪球，這就是投資的訣竅。而身為投資大師的李嘉誠，他正是最善於「滾雪球」的人。

而巴菲特（Warren Buffett）也是擅用「滾雪球」方式的著名投資大師。他將「滾雪球」的效應運用到投資各個方面，他很詳細地闡述了一個道理：「要想把雪球滾大，需要兩個條件：第一是必須要有很高的山、很長的坡；第二是要有很濕的雪。」

巴菲特認為股票就是一座很高的山，他說：「我非常幸運，在十七歲的時候就對股票非常瞭解，所以我的山聚積的非常高。」而投資機會就是所謂「很濕的雪」，他這樣詮釋著：「以低於實際價值的價格去購買一檔股票。」當這樣的投資機會出現的時候，那就代表「濕雪」出現了，巴菲特這樣說：「我只不過是在固定的時間，選擇了一支特殊的股票，而且我只會選擇一、兩種股票，儘管有數千種股票可以選擇」。

巴菲特滾雪球的基本步驟：

第一步：首先尋找高山長坡，也就是弱水三千，我只取一瓢飲；

第二步：然後等待濕雪，在關鍵點投入決定性的力量；

第三步：之後便是滾雪球——我每天都希望我的雪球變得越來越大。

索羅斯（George Soros）曾說：「在金融市場裡，選擇比勤奮更重要。」以前人們累積財富，靠得是勤奮而非選擇，而巴菲特之所以會說要選擇一座很高的山，是因為投資股票或其他項目所累積財富的速度，往往比當老闆經營公司快得多。

起初，巴菲特也只是從小投資入手，但慢慢地，他開始逐步擴大投資的範圍，讓小雪球變成大雪球，他所擁有的財富自然也越來越多。當然，所謂的「滾雪球」也是需要一些條件的，並不是隨便一顆雪球都可以滾大，就好比前面提到的，你要具備兩個條件：很高的山，以及濕潤的雪地。否則，雪球可能變得越來越小，或直接滾下山崖，那對我們而言都不是好的結果，導致一無所獲。

在投資界，李嘉誠是首屈一指的人物，他也宣導著「滾雪球」思維，但跟巴菲特的滾雪球不大一樣，李嘉誠的雪球思維是——增長型戰略。而這所指得是持續增加收入、並有持續盈利的增長，這種增長的核心來自於為產品或服務找到一個穩定、不斷擴大的需求。

1. 需要一個穩定的需求品

一般在選擇投資標的時，會選擇較容易入手的商品或是產業，像巴菲特的投資大多是生活「必需品」，比如可口可樂、麥當勞、石油等等。而李嘉誠也是如此，他所選擇的投資標的不外乎是這類產業，因為這樣可以從自己生活周遭，觀察到大環境的需求及趨勢，以利及時做出調整、改

變。

2. 選擇合適的投資機會

選定一個穩定的投資產品後，就要開始選擇合適的時機了，而那時機正是產品蓬勃發展或準備竄出市場的階段。我們不可能去考慮快要被市場淘汰的產品，也不可能去選擇正在走下坡的產品，這對我們來說，本身就是一種冒險；所以，最合適的時機就是產品被觀注，準備積極發展的時候，從而讓我們的投資達到理想的結果。

有一條財富定律是這麼說的：「對於白手起家的人來說，如果存到第一個百萬要花費十年的時間；那從百萬到千萬元，也許會需要五年；但再從千萬元到億元，只需要三年就足夠了。」投資也是如此，當你有過經驗後，雪球與長坡便不再那麼難尋。

李嘉誠語錄

「賺第二個一千萬時要比賺第一個一百萬簡單容易得多。」

↘ 不賭為贏，保住資本

在投資界有兩條鐵律：第一條，永遠不要虧損；第二條，永遠不要忘記第一條。這也是李嘉誠始終在宣導的重要投資原則之一，其實這兩條鐵律的真正含義是：在投資過程中，投資者關注的不應該只有賺錢，而是要確保自己的資本，因為資本是投資最有力的基礎及後盾。所以在投資中，我們要確保資本的安全，也就是我們在投資的時候，要隨時注意自己不賠

錢。因此，若要體現一位投資者應有的態度，就要以保住資本為第一目的，如同一句老話：「態度決定一切。」也就是在投資時要慎重又慎重；正所謂「不賭為贏」，有效地保住資本，其實也是一種賺錢的方式。

　　有位億萬富翁，他打算高薪聘請一位私人司機，由於提供的待遇非常優渥，招募的消息一傳出，應徵信函從四面八方湧來。經過一輪又一輪的嚴格篩選，最後剩下三位候選人，而這三位不論是在技術、人品等方面都不分伯仲，難分軒輊；因此，富翁決定親自擔任最後測驗的主考官。在最後的測驗中，富翁向他們提出一道題目：「假如我現在就坐在你駕駛的車裡，而前面是一個懸崖，你能開到距離懸崖邊多近的距離才停下？」

　　第一位回答說：「我能開到距離懸崖邊只有10公分的地方才停下來，並且絕對保證您的安全。」

　　第二位搶著回答說：「我能開到距離懸崖邊1公分的地方才停下來，並且絕對確保您的安全。」

　　輪到第三位回答，他看上去就是一位有多年經驗的老司機，說道：「我確實不知道我能開到距離懸崖多近的地方才停下來，但我知道，懸崖邊很危險，距離那裡越遠越好，所以我會在離懸崖邊很遠的時候就先停下來。」

　　最後，第三位候選人被富翁選中成為他的司機。

　　投資和開車，這兩者表面上來說是完全不相干的，但其實有著相同的道理；所有的投資者都如同司機，而股票就是汽車，車上坐的人即代表我們的資本；因此，我們一定要確保車裡的安全，才有機會投資賺到錢。如果我們在一次的投資中，就賠得血本無歸，那我們還有什麼資本再去投資呢？

　　好比說，巴菲特的兒子霍華德（Howard Buffett）當初在經營農場的時

候，為了償還自己的債務，他開始接觸投資。但因為霍華德對股票沒什麼
經驗及概念，所以在剛接觸的時候，他像市場上許多投資者一樣，看到股
市走勢一片大好就盲目地大筆買進，當股市情況低迷就心慌意亂，忙著將
股票拋售出去；結果可想而知，這樣的投資方式不僅沒賺到錢，還賠掉了
原先的資本。

巴菲特聽說兒子投資股票失敗後，心想正好可以給他上一課，於是告
訴他：「投資的目的雖然是賺到更多錢，但很少會有人去想如何才能保證
自己賺錢。要想保證自己獲利，你就要記住：一定要確保自己投到股市裡
的資本安全，做一些自己都沒有把握的投資，在挹注資金前一定要先詳盡
的分析，等到完全有把握之後再採取行動。因為盲目的投資很可能導致我
們血本無歸，甚至是傾家蕩產，所以保住資本才是投資賺錢最重要的前
提，市場處處都隱藏著風險。」

李嘉誠每筆投資就都遵循著「永遠不要虧損」的原則，這句話聽起來
簡單，甚至理所當然，該是每個人都應該明白的道理，但要真正準確執行
卻很難。因此，對李嘉誠而言，不虧損的投資，那才是最安全的投資；也
就是說，投資中安全是第一位，保住自己的資本是首要目的。

1. 任何時候都要給自己留一條後路

在投資中，無論效益為何，我們都要力求先保住資本，因為擁有資本
是投資最基本的前提。日常生活中也是如此，不管在什麼樣的情況下，我
們都要為自己留一條後路，千萬別等到山窮水盡，才驚覺前面沒路了；為
自己留一條後路以防萬一，才是最謹慎的做法。

2. 在任何時候安全更重要

不管是現實生活還是投資，任何時候安全都是最重要的，換言之，活

著比什麼都好，只要我們還活著，我們就有資本去打拼、去奮鬥，去重新打造屬於自己的一切。所以，無論遭遇失敗還是挫折，我們都要打起十二萬分的精神努力活著，這樣我們才有資本繼續走下去。

　　在形勢大好的情況下，有誰能經得住誘惑呢？又有多少人經不住誘惑，盲目地進行投資，最終導致慘敗呢？李嘉誠就是把安全放在第一位，才因而能將財富累積得越來越多，他不管做什麼投資生意，優先考慮的絕對是如何保住資本，因為有了資本，即便這次投資失敗，也還有下一次機會；但如果因為盲目投資而造成失敗，那恐怕是難以東山再起了，因手中已沒有資本可運用。

 李嘉誠語錄

「資本是投資的基礎，莫以豪賭姿態去投資。」

有多少賺多少，不輕易借貸

投資第一課：不輕易借貸

投資除了以保住資本為首要目的外，次為重要得便是「不輕易借貸」。李嘉誠從小就明白一個道理，若想要賺更多的錢，累積財富才是第一步，而非先尋求別人的幫助。李嘉誠靠著在茶樓當堂倌，在工廠擔任業務員的那段時間，不斷地累積自己的財富，然後才把這些錢用來投資。

當然，李嘉誠知道可以利用借貸的方式更快獲取資本，但他認為這樣並不妥當，因為投資本就是一件有風險的事，假如你拿著借來的錢去投資，那等於是拿把刀抵在自己的脖子上，你一方面要償還借貸，另外一方面又要擔心自己的投資是否會失敗，在這雙重的心理壓力下，肯定會無法在投資時作出正確的決策。

美國人超前消費（指脫離自己收入水準和收入能力的盲目消費行為）的風氣聞名全世界，他們不愛存錢的習慣讓人震驚。曾有一家網站GOBankingRates.com 訪問五千位美國人：「你們銀行的帳戶裡有多少存款？」結果有62％受訪者說他們的存款低於一千美元（折合台幣約三萬元）。由於他們消費習慣的不同，所以美國人身上幾乎都背負著一定的債務，而這債務的高台就是經由自己建築而成，李嘉誠非常不贊同此類的作法，無疑是將自己推入險境。

阿美是一位公務員，月收入三萬元。去年11月，她如願買了一間小套房，拿到房屋權狀那天，阿美如釋重負地說：「我終於不用再租房，脫離無殼蝸牛一族，我現在是有房子的人了。」

但買房後的日子似乎沒有想像中的好，每月的房貸壓得阿美喘不過氣來，她身上背負著「一天不工作，就會付不出錢」的精神壓力，不敢玩樂、不敢生病，除了買書外不敢有其他高消費支出。阿美發現，雖然有了間自己的房子，但她不同於其他購屋者滿面春風，反倒變成貨真價實的「房奴」了。

阿美常常想，要是她當初不選擇買房，那錢足以讓生活品質提高；如果不買房，那錢足以讓自己多一份孝敬父母的心意；如果不買房，那她勢必活得更有尊嚴、更自在，不必承受現在這些精神壓力。而如今，雖然擁有了房子，但卻失去了幸福；自己得到房子的同時也得到了壓力，這真是一種悖論。有時，阿美總會這樣問自己：「買房難道是一種美麗的錯誤嗎？特別是對於像我這種收入水準的人而言。」但轉念一想，要是不買房會怎麼樣呢？那就要持續租房，買房子變「房奴」，但不買房子又是流浪一族，這兩者之間的矛盾無法平衡，也許就只能企盼薪水看漲。

現今房價居高不下，即便政府有意降低投資客的數量，以減緩房價升漲的幅度，可效果實在有限，驚為天人的高房價已經無法輕易改變。但大多數的無殼蝸牛、年輕人，還是會決定當房奴，只要在力所能及的情況下，過著較拮据的生活就好；反之，建商所獲得的利潤高得讓人不好意思說出口，形成無法平衡的極端。

廣大的消費者已經習慣成為房子、汽車、信用卡的「奴隸」，雖然每個人嘴上都顯得心不甘情不願，但卻樂得享受當下的生活。知名的經濟學家曾說：「適當的超前消費是可被允許的，但那是基於有急迫需求的情況下，然後再經由適當的方式來償還這筆債務，而非習慣性的超前消費。」

李嘉誠十分不贊成借貸，他更看重年輕人憑藉自己的能力賺錢，累積財富，然後再憑藉這些資產去做投資，或者做自己喜歡的事情。如果他的

孩子們喜歡上某種東西，那絕對得靠自己存錢購買，而非借錢購買，他也不允許，因為借貸後所要償還的利息往往才是最令人吃不消的。

1. 學會累積財富

理財是一門學問，更是一條通往財富的必經之路，且財富並不是只靠一點點累積的，必須在儲蓄的基礎之上進行正確地理財，才能帶來源源不絕的財富。當財富積聚起來的時候，你得要細心地打理，它才會萌發出更多的利益，因此，學會理財，能為自己創造出越來越多的財富。

2. 借貸需要控制在自己的能力範圍之內

假如自己沒有償還貸款的能力，那絕對不要借貸，即便你有一定的償還能力，切記要將借貸的金額控制在能力範圍之內。比如，你的月薪只有兩萬四，但你想貸款買輛跑車，就算你有償還貸款的能力，但銀行在審核的時候，根本就不會把你列為核發款項的物件，因為以你的收入根本無法在還款期限內攤還款項。

李嘉誠說：「我一直有個原則，就是我很留心現金流，所以我手頭始終具備足夠的資金，若我隨時想發展另一個行業，我都有資源、資金揖注。」他認為投資最重要的指標便是現金流，自從六十多年前成為一位企業家以來，他一直都在關注現金流。

因為李嘉誠認為，只有具備良好的現金流，才能進軍其他產業或投資，他曾用一個比喻闡述自己不主張借錢投資的觀念：「從1950年至今，我的個人資產從來沒有減少過，還不斷增加；要做到這樣，首要原則便是不能有負債。而在1956年之後，我就從沒有欠過債，我的負債是這個（李嘉誠辦公桌上有一座大、小北極熊雕像，負債指得是小北極熊），而我的

現金是這麼多（指另一隻大北極熊）。」因為秉持著這個原則，李嘉誠才能保持穩健的投資獲利，也只有這樣，他才始終具備經濟實力。一旦遭遇危機，他隨時都有一筆資金能夠避險，李嘉誠也不斷告誡身邊的人，甚至是長江公司的投資者。

▲大小北極熊示意圖。

李嘉誠語錄

「慎重對待借貸問題。」

✎讓金錢成為我的奴隸，而非讓自己成為金錢的奴隸

　　生活中，我們常聽到：「天下熙熙，皆為利來，天下攘攘，皆為利往。」的確，對於人們來說，金錢的威力是無比巨大的，它可以讓你吃到美味的大餐；可以買到舒適美麗的衣服；可以提高生活的品質；可以買到任何你想得到的東西。在現今社會之下，若沒有錢，人生便是萬萬不能，一個人若身無分文，將面臨寸步難行、無法生存的窘境。

　　金錢，是讓我們享受物質生活的主要條件，但並非一定能讓我們享受「幸福」的生活。「家有金山、銀山，不過一日三餐」，房子再大，晚上

睡覺不過一張床，衣服再華麗，也不過是用來遮醜避寒。

　　洛克斐勒（John D. Rockefeller）曾寫過一封信給他兒子，信中有這麼一段內容：「兒子啊，在這個世界上，除了聖人之外，絕大多數的人都受到利益的驅使，而這是一種特殊的力量，將人們暴露在人性的外衣下。也就是說，利益是光照人性的影子，在它面前，一切與道德、倫理有關的本質都將現形，且一覽無餘。也許你會認為我的話過於決斷，但多年的經歷告訴我，事實就是如此。在我年輕的時候，我便體認到金錢的重要性，但我同時也看到更高層面的含義，它不僅能幫我過上衣食無憂的生活，如果巧妙地投資，將它花出去，又能換帶來道德上的尊嚴；而兩者相比較而言，我認為後者更能讓我內心彭湃。兒子，沒有什麼比為了賺錢而賺錢更可憐、更可鄙的了，我所懂得的賺錢之道：『讓金錢成為我的奴隸，而非讓自己成為金錢的奴隸。』我就是這樣做的。」

　　的確，生活中任何人都要生存，所以人們才會因地因時制宜，千方百計地想法子掙錢，有的出賣自己的勞動力；有的出賣自己的知識；有的出賣自己的智慧；有的出賣自己掌握的資訊。金錢只有在我們消費它的時候，才能體現它的價值，放在家中，比廢紙更讓我們勞心費力；存在銀行，又只是一個數字，當我們過分看重金錢時，金錢就失去了它原本的使用價值。

　　馬克思說資本家對利潤的追求是貪得無厭的，但其實不僅是資本家，每個人都有追求利潤最大化的本能和動機，因為錢是人存在於世上最基本的條件之一，只是有的人超過了頭，把對金錢的追求視為人生最終且唯一的目的。

　　《白鹿原》中有一句話是這麼說的：「房是招牌，地是累，攢下銀錢是催命鬼。房要小，地要小，養個黃牛慢慢搞。」現實生活中確實是這樣，人們常說，沒有金錢萬萬不能，但其實金錢並非真的萬能，像錢就買

不了我們的健康、壽命、幸福，所以，我們不應該過分地追求金錢，尤其是不能以破壞法律和道德的底線為代價。

郎咸平與李嘉誠曾共同舉辦了一場對外的公開會議，現場有人向李嘉誠問道：「李先生，您成功的關鍵是什麼呢？」而李嘉誠的回答只有兩個字：「保守。」此一回答令全場所有人士無不感到驚訝。

在李嘉誠經營之道中很重要的一點是，他手中有充足的現金流，但絕不輕易融資，以降低企業負債。且李嘉誠的成功關鍵在於保守，這確實是他與眾多企業家的不同之處，有不少企業的資本負債比都近乎100％，這對一間公司來說是非常危險的，一旦遭遇市場波動，就可能面臨資金鏈斷裂的風險。

因此，經濟學家郎咸平認為，衡量一個真正偉大企業的標準，不是看它在經濟好的時候能賺進多少錢，而是看它在面臨經濟大蕭條時，碰到危機衝擊時是否能屹立不搖，這才能體現出企業真正的實力。

李嘉誠一向善於謀篇布局，謀定而後動，是一名花90％的時間來考慮失敗及其應對之策的偉大商人，在他數十年的經營生涯中，他表現出足夠的耐心，決不會因為一時的衝動而行事，致使自己被金錢所套牢。

李嘉誠語錄

「其實也沒有什麼特別的。光景好時，決不過分樂觀；光景不好時，也不過度悲觀。」

分散風險，穩操勝券

↘ 投資需要分解風險

在投資界有一句至理名言，那就是——不要把雞蛋放在一個籃子裡。意指投資需要分解風險，以避免在孤注一擲失敗後產生巨大的損失。專業投資人認為，把雞蛋放在一個籃子裡，雖然有機會獲得集中投資帶來的超值收益，不過更有可能擔當集中投資失敗帶來的巨大風險。

但李嘉誠並不這麼認為，他覺得我們都不應該把自己框線住，市場時時都在變化，所以永遠要替自己留下後路，千萬不要以豪賭的態度進行投資，發展永遠不忘穩健，反之亦然，我們更要在穩健中成長。

李嘉誠在生意場上堅持著「有所為有所而不為」，他之前曾在巴哈馬當地投資酒店、碼頭、機場及高爾夫球場等生意，當時巴哈馬政府向他表示可以給他一張賭場的經營執照，擴展其業務。公司主管告訴他，就算集團不做賭場生意，每年也會有一億五千萬元港幣的收益；但李嘉誠所想的是，就算集團的收益降低，也絕對不做賭場這個生意，因為他認為：「有所為有所不為。」有些原則是絕對不會改變的，因而婉拒了營業執照。

前面有提到，李嘉誠曾說過：「我會不停地研究每個項目可能會在壞情況下出現怎樣問題，所以往往會花費90％的時間考慮失敗。」就是因為這樣，才讓公司創立至今，從沒有發生過資金上的問題，從來沒有。

李嘉誠說，從集團上市到現在，假設有股東拿著股息再買進股票，絕對能翻倍獲利，就算不再購入任何一張股票，也絕對收益滿滿。而這不僅僅適用於經營管理，也適用於投資；投資有著一定的風險，絕對不能把所有的資源都投入在單一項目，所以當你投入一筆資金時，要思考好每項投

資後的結果。

因此，我們在做任何事情前，一定要先想到可能產生的後果，李嘉誠也說：「從前，我們中國人有句話這麼形容做生意：『未買先想賣。』你還沒有買進來，你就要先想到之後要怎麼賣出去，你要先想到若失敗會怎麼樣。因為不管是100％的成功或是50％的成功，其實差不了多少，而且根本不重要。但如果是一個小漏洞沒有及早修補，那就可能帶來很嚴重的問題。」

所以只要察覺出有虧損問題可能產生時，即便影響的金額不大，也應該事先避免；李嘉誠會和相關部門一同商量討論，眾人集思廣益看該如何解決可能虧損的問題。

任何事情均要考量好自己的能力，才能去平衡風險的問題。一帆風順是不可能的，李嘉誠在過去經營時，也曾碰到許多政治及經濟方面的起伏，但他心中始終謹記，世上並無常勝將軍，所以在風平浪靜之時，我們要好好計畫將來、仔細研究，事先評估可能出現的意外及解決辦法。

李嘉誠之所以能在不景氣的時候大力發展，就是因為他在市場鼎盛的時候，就先看到潛伏的危機，並設想到當危機來臨時該如何做出應變，當其他企業都在為了經濟蕭條苦惱時，他早就替自己想好了出路，且隨時準備好走在那條道路上。

李嘉誠常說「審慎」也是一門藝術、一門學問，雖然要能把握住適當的時機，做出迅速的決定，但這不能當作你每次面臨失敗時的藉口，因此你要步步為營。

而且全球性的金融危機永遠都是不期而至，突然猛烈一擊，為人們的生活帶來極大的影響，而全球各大企業則視應對能力產生不同程度的打擊。李嘉誠更在2007年金融海嘯之後，只要出席重大媒體記者會，便不忘叮囑大家謹慎投資。

「景氣好時，我們絕不過分樂觀；景氣不好時，也不必過度悲觀，這一直是我的集團經營的原則，也是我投資的原則。在衰退期，我們總會大量投資，以長遠的角度看這項資產是否有贏利潛力，而不是該項資產當時是否便宜，或者是否有人對它感興趣，我歷來只做長線投資。」

「眼光放大放遠，發展中不忘記穩健，這是我做人的哲學。進取中不忘穩健，在穩健中不忘進取，這是我投資的宗旨。」這是李嘉誠的投資原則，在面臨金融危機之時，我們的確應該向這位華人商業領袖學習這種寵辱不驚的精神。

李嘉誠語錄

「不要把雞蛋放在同一個籃子裡。」

如何有效降低投資的風險

如何才能降低投資的風險呢？李嘉誠沒有具體的回答，他只堅信自己「不熟的不買」，他幽默地說：「投資最重要的就是知己知彼，百戰不殆。」在作戰中，假如敵我雙方的情況都瞭解清楚了，那即便作戰百次也不會有什麼風險。

市場宛如戰場，當我們無法清楚瞭解投資市場的時候，更應該謹慎投資，否則我們就得承受過多始料未及的風險。只要試著觀察李嘉誠過往的投資經歷，不難發現他總選擇一個自己最瞭解的物件進行投資；他認為這樣可以最有效地降低投資風險，因為投資物件是自己熟悉的，這個物件自然會是自己最瞭解的，可以避免許多投資時的不確定性。但假如投資失敗，即表示自己所做的努力不夠，或是還不夠瞭解投資物件本身的資訊。

李嘉誠的投資理念有很多與巴菲特（Warren Buffett）不謀而合的地方，巴菲特曾說：「我們的注意力應該放在公司的賺錢能力上，從現在開始到未來五年、十年的收益。如果我們認為他的股票價格跟賺錢能力值得投資，那我們就買，能夠賺錢的公司才是我們應該關注的。倘若不瞭解，那就不要投資，但並非每支股票皆是如此，而是我們要確定自己的選擇是對的。假如市面上有一千檔股票，但有九成的股票我都不瞭解，那我只會選擇我知道的投資。」

巴菲特最重要的投資理念之一是：不熟悉的不買，投資時要考慮到自己的能力範圍。投資大師凱恩斯（Keynes）也曾說過一句話：「隨著時間的流逝，我越來越相信，正確的投資方法就是將大筆資金投入到自己瞭解的企業上，以及完全信任的管理人員當中。那些認為可以透過將資金分散，把資金投注到一無所知或毫無信心的企業中，就可以限制風險的觀念是完全錯誤的。且一個人的知識和經驗是有限的，所以很少會有超過兩家或三家的企業值得我完全信任。」凱恩斯這番話，巴菲特完全贊同，而且督促自己在實際投資中遵循這樣的投資理念。

巴菲特曾說：「市場交易就像上帝一樣，它會幫助那些自助者，唯一和上帝不同的是，它不會原諒那些不知道自己在做什麼的人。」巴菲特也坦言，自己最瞭解的行業包括保險、媒體、消費品、供電、紡織等等。1973年，他收購了《華盛頓郵報》大約十億六千萬美元的股份，成為《華盛頓郵報》的第二大股東。不過，早在入股之前，巴菲特十分瞭解報紙這項產業了，因為他年輕時曾做過派報員、報僮的工作，熟悉報業各環節的流程，他還十分瞭解《華盛頓郵報》公司內部的狀況，以及它的經營狀況；而正因為對《華盛頓郵報》的詳細瞭解，巴菲特對於其發展前景十分有把握，才萌生入股的念頭。

後來順利成為《華盛頓郵報》的第二大股東，巴菲特憑藉著對報紙這

個產業的瞭解，幫助該公司在員工管理和經營策略方面做了很大的調整、改善。儘管巴菲特在購買《華盛頓郵報》股份後，股價持續下跌了幾年，但後來仍躍升、增長了一百倍，一直到1998年，《華盛頓郵報》的市場總值增加到二十七億美元。

在這個投資案例中，巴菲特憑著對該公司的瞭解，最終贏得了成功。且巴菲特始終沒有放棄《華盛頓郵報》的股票，甚至不斷地購入。在2003年的時候，巴菲特在報業的投資已共贏利十二億美元。

而2013年華盛頓郵報公司宣布用兩億五千萬美元出售《華盛頓郵報》及其資產給亞馬遜公司執行長傑弗里‧貝索斯（Jeff Bezos），但巴菲特仍是《華盛頓郵報》最大外部股東。

1. 做事情之前應有充分的瞭解

投資之前一定要對投資的企業有一定程度的瞭解，進而對它未來的發展有一定的期待，這樣才能保證投資能有穩定收益。

2. 瞭解自己的能力

有時候我們常以為自己懂了，但要向他人解釋的時候，才發現自己其實是一知半解。所以，我們不但要對各行業瞭解得更深入，也要更瞭解自己的能力界限在哪裡。在任何時候，只有更瞭解自己，才能將事情做得完善，應對時能更從容自在。

我想「英雄所見略同」說得十分有道理，不管是西方的巴菲特，還是我們現在所討論的李嘉誠，觀念都是大同小異。對李嘉誠來說，投資人生也是一樣的道理，一定要對自己所做的事情有全面性的瞭解，才能進行百分之百回報的投資。他常常告誡自己的孩子，不管做什麼事情，都要對其

有詳細的認識，這樣才能把事情做好。假如我們對自己所做的事情全都不清楚，那就好比一位懵懂的學生一樣，這樣是永遠不會成功的。

李嘉誠語錄

「經營一個企業，我們要知道自己的優點和缺點，更要看對手的長處，掌握準確、充足資料做出正確的決定。」

293

具備**良好態度**，以敬畏的心**看待財富**

投資需要良好的心態

　　在現實投資中，投資者的心態都容易受市場變化的影響，即便是市場一個小小變動，都可能引起眾人內心一陣慌亂，導致他們的行為變得毫無章法，不是急於買進，就是急於賣出。而之所以會有這樣的條件反射行為，就是因為投資者對自己的資金過分關注，未具備良好的心態。李嘉誠認為，假如市場稍有風吹草動就馬上採取相應的行動，這樣是賺不到錢的，一名成功的投資者應該必備的一種素質，就是心理能對市場不可避免的波動做好一切準備，面對市場的千變萬化，要有一個良好的心態，並隨時保持鎮定，時刻保持清晰的思緒；這樣即便市場出現對自己不利的情況，也能應對自如，從容面對。

　　格雷厄姆（Benjamin Graham）曾對巴菲特（Warren Buffet）說：「一位真正的投資家，極少被迫出售其股票，他們擁有不管在任何時候，都能對當下市場情況置之不理的能力。」

　　在巴菲特十二歲那年，用自己那獨到的眼光，以每股三十八美元左右的價格買下了三支「城市服務」的優先股，他還慫恿姐姐一起購買那三支股票。但沒過多久，那三支股票的價格卻一下子跌倒二十七美元，氣得姐姐每天都在向他抱怨：「股票被套牢了。」這對當時尚年幼的巴菲特來說壓力很大。

　　後來，那三支股票好不容易回升到四十美元，巴菲特見狀，著急地將手中持有的股票全數賣掉，在扣除傭金之後，巴菲特只從中獲得五美元的盈利。而最令人惋惜地是，當他將股票拋售之後，戲劇性的情況出現了，

那三支優先股竟快速地從每股四十美元漲幅至兩百零二美元，令他相當懊悔，認為自己沉不住氣，失去一個獲得更多利潤的機會；姐姐反倒因為沒有拋售股票，藉此大賺了一筆橫財。

經過這次的事件，巴菲特學到了慘痛的教訓，他深深明白，不要過分重視於買賣的價格，更不要只顧眼前的蠅頭小利，面對投資一定要保持良好的心態，深思熟慮後再做決定。

巴菲特的兒子曾這麼訴說著他父親成功的秘訣：「他從來沒有受過外界的影響和誘惑，只是在不斷地閱讀和思考。」

1. 做一杯可口的檸檬汁

當你第一次嚐到檸檬時，那一口酸入心脾的味道，你會立即齜牙咧嘴忙不迭地想吐出來。如果上天給你一顆檸檬，的確是件令人鬱悶的事情，但你得想辦法把它做成甜的檸檬。檸檬雖然又苦又酸，難以下嚥，若你把它榨成汁，加上糖或是倒點蜂蜜，卻能變成味道甜美的檸檬汁；雖然生命酸苦，但我們卻能自己把它變得甘甜。

2. 將不利條件變為有利

北歐有一句話：「冰冷的北極風造就了強盛的維京人。」上天雖然把冰冷的北極風給了維京人，但維京人不因為北極風而喪失生活的方向，而是更妥善利用北極風，因而造就了他們的強盛。所以在面對一些生活中的困苦，悲觀的人只曉得怨天尤人、自暴自棄，甚至是一蹶不振，失敗自然會一直緊緊跟著他們；但樂觀的人就會反面思考，懂得把這些不利的條件轉化為自己能利用的東西，所以他們往往能登上成功的寶座。

你不可能靠著市場的風向標致富，你要記住，不要試圖弄清整個市場

的風向到底是什麼，你只要弄清楚自己投資的物件，並全神貫注就夠了。無論在任何時候，都不要讓自己喪失準確的判斷能力，不要受別人或大環境的影響；即便市場千變萬化，作為投資者的你，只要抓住最基本的東西，對投資標的有清醒客觀的認識那就夠了，千萬別被外在因素所影響。

李嘉誠和巴菲特的投資理論告訴我們，在市場很冷清時買進，投資者可輕鬆自如地挑選便宜好貨；當市場擠得水洩不通時，雖然價格不斷飆漲，投資人一片大好，人們爭相買進，但你一定要果斷出手，這樣不僅可以賣個好價錢，還可以避掉高處不勝寒的風險。這個道理淺顯易懂，可是實際做起來，未必能步步經營，處處留心。所以，投資者一定要保持對股市的敏感度，也要有自己的客觀分析，然後再作出決定。

在所有人衝進去時及時抽身，不僅股票投資如此，這在任何一個範疇都適用；及時抽身妙就妙在它展示的是一種長遠的眼光，競爭的智慧，一種積極的放棄行為。及時抽身就是要在賺錢的時候積極放棄，未雨綢繆；這是一種積極的、主動的戰略性的撤退和放棄，是為了追求更高的目標而採取的進取姿態，看似守勢，實則進攻。

李嘉誠語錄

「做生意要記住手頭上永遠要有一樣產品是天塌下來你也能賺錢的。」

謹慎對待投資

在投資市場上，最好的投資方法不是大量地買進股票，而是要等待恰當的機會，謹慎投資。在投資之前會考慮很多的因素，比如說，對不熟悉

的領域我從來不投資，投資之前要全方面瞭解企業的各個方面等，投資者應該學會思考，隨時隨地都要知道自己在做什麼，投資切忌盲目。

而當其他的投資者越草率的時候，李嘉誠就會更加地慎重，這也是每一位投資者都應該要有的認知。當股市開出紅盤的時候，面對一片大好形勢，許多投資者都會失去理智，不去考慮價格，不考慮產品的內在價值，只曉得不斷湧進。大多數投資者都會在產品狂飆時以很高的價格持續購入股票，殊不知自己所付出的價格，根本不符合長期投資效益。

李嘉誠認為，在實際投資的過程中，我們要時刻保持謹慎的態度，以避免做出衝動的決定，以至於讓自己血本無歸。其實，不管是在投資市場，還是在現實生活中，不管是做人做事，還是說話，我們都要謹慎小心。

公司準備進行人事異動，提拔優秀員工擔任辦公室主任，小李和小王都是候選人，他倆不僅實力相當，關係還十分要好。

有一天，經理把小李叫進辦公室，告訴他公司目前屬意由他來接任辦公室主任。小李聽到之後很高興，心中的一塊大石頭總算落了地，喜悅之情溢於言表，跟經理之間的對談也開始輕鬆起來，經理隨口問道：「那你覺得小王這個人怎麼樣？他做事的態度如何？」小李一臉不屑，口無遮攔地說起小王曾鬧過的一些笑話，以及對小王不利的事情。

幾天過後，正式的人事命令下來了，小李看到後十分驚訝，因為升職的並不是他，而是小王！經理再次找到了小李，對他說：「年輕人，在工作上，隨時都要謹言慎行啊！」原來，經理在和小李談話之後，又找來小王談話，當時，經理有意地向小王透露主任將由小李擔任。對此，小王表示願意接受小李的領導，對小李的工作能力更是讚不絕口；而就是因為這點，經理隨即改變了內心的想法，讓小王擔任主任。

何止是投資有風險呢？生活中處處有風險，我們要時時保持謹慎的心。無論我們當時的情緒處於什麼樣的狀態，說話、做事都要謹慎；謹慎不僅體現出一個人的修養，更顯示著一個人的度量。小李的多嘴讓經理看到了他內心的浮躁和輕狂，認為他的穩重還差一些，因而改變了主意，讓謹慎的小王擔任主任。

李嘉誠從來不做盲目的投資，假如沒有一定的把握，他一定不會出手。對此，他總是跟那些浮躁的年輕人說：「在投資之前一定要做足功課，不要盲目投資，投資的時候一定要保持理性和謹慎。假如沒有好的投資對象，還不如持有現金，這樣對於自己的資產更有保障。」

他始終認為，一位成功的投資者應該具備的極為重要的素質就是謹慎，他說：「集團在尋找收購的公司時，我們所持的態度就好比在尋求另一半，必須放開心胸、主動積極，但不應倉促莽撞。」

而不僅是投資，在生活中也是一樣，當我們在做一個重要的決策時，一定要謹慎，把各種情況都設想到。

 李嘉誠語錄
「當大街上遍地都是鮮血的時候，就是你最好的投資時機。」

正確的態度將我們引向致富之路

洛克斐勒（John D. Rockefeller）曾說：「正確的態度將帶領我們走向致富之路，但錯誤的態度卻可能導致人財兩空。」這句話是要告誡生活中的年輕人，一定要樹立正確的財富觀，如何妥善處理我們的錢，而這在大多時候決定了我們的人生。

在物質生活水準急速發展的社會，有些人會形成一種「唯錢是親」的偏差價值觀，導致這問題產生的原因是：生活的環境過於優越，因而在金錢上鋪張浪費。要知道，奢華的物質生活容易使人產生一種貪得無厭的心，但物質的追求往往又難以獲得自我滿足，這就是為何貪婪者大多並不快樂的根本原因。另外，一個過於注重物質生活，再富裕也會千金散盡，最終導致人財兩空。

李嘉誠雖然擁有無比的財富，他的孩子可以說是「含著金鑰匙」出生，完全可以像很多富家子弟一樣，從小衣食無憂，長大後順其自然地繼承父輩留下的巨額家產。但李嘉誠不想讓兒子成為這樣的人，因為他自己是在極其惡劣的環境裡奮鬥出來的，所以他在給予孩子良好教育的同時，時刻不忘在日常生活中對其加以磨煉。

李嘉誠對兒子言傳身教、精心培養，在嚴格要求兒子的同時，也嚴格要求自己。在對社會捐贈方面他始終都是大手筆，但他的日常生活卻十分平淡、克勤克儉、不求奢華，直到今天，他手上戴的還是只廉價的手錶，穿得仍舊是十年前的西裝，住得也是以前的房子。李嘉誠說：「如今，我賺錢不再是為了自己，因為我已不再需要更多的錢。」

李嘉誠的榜樣形象不僅教育了自己的兒子，也間接影響了全公司的員工。集團某位高階主管曾非常感慨地說：「李嘉誠先生是多間公司的老闆，他從其他公司收取的酬金，不論多少全部都會撥歸於集團。每年在公司實際所得只有五千元，而且還不是每家公司五千元，福利津貼也都沒有。所有豪華汽車、遊艇，都是私人的，而午餐除了應酬宴客之外，也是由他個人支付。」

有一次，大學尚未畢業的李澤楷，利用暑假期間到公司打工，他曾經半開玩笑地對父親抱怨說，自己是公司待遇最低的職員，李嘉誠聽到後，微笑著搖搖頭說：「不對吧，爸爸才是呢！」

在李澤鉅、李澤楷放「單飛」之前，李嘉誠經常教育兒子做生意要穩健、重信用、守諾言。先前接受《金融時報》的記者採訪時，李嘉誠很坦誠地說：「我喜歡友善地交易，喜歡人家主動來找生意。我常教育我兩個兒子，要注意考慮對方的利益，不輕易佔任何人的便宜。」

可以說，從李澤鉅、李澤楷出生到長大成人，李嘉誠教他們最多的是怎樣做人，怎樣從古代聖賢的著作中吸收做人的營養。李嘉誠認為，作為企業家，每時每刻都在與人打交道，注意人們怎麼想，會怎麼做，以及做什麼，都是日常工作中的一種必要。

李嘉誠說：「工商管理方面要學西方的科學管理知識，但在為人處世方面，則要學中國古代的哲學思想。不斷修身養性，以謙虛的態度為人處世，以勤勞、忍耐和永恆的意志作為進取人生的戰略。」

一次，洛克斐勒（John D. Rockefeller）拿到兒子西恩的應酬消費帳單，他看完後皺起眉頭，認為兒子最近在應酬上的消費有點過頭，於是開門見山地跟西恩談起這個話題。

「你不覺得你最近應酬的開支有點太多了嗎？我記得，公司的客戶沒有什麼豪門貴族吧，怎麼會花這麼多錢。你是以款待貴族的方式來招待我們的客戶嗎？我並不是在乎錢，我只想知道你是不是也跟他們一樣有了豪奢的消費觀念。」

「爸爸，這樣做，完全是為了吸引客戶啊！您想想看，客戶在參觀我們的公司後，用一般的餐點招待他們畢竟不太好看，又顯得我們沒有合作的誠意。」

「西恩，我不否認應該展現公司的誠意，但過於鋪張浪費就是不可取，客戶內心真正在乎的是我們能否為他們帶來利潤，而不是浪費錢財。他們不是傻瓜，客戶也精明得很，那些一擲千金、花錢如流水的人，只會讓對方對

你敬而遠之，因為他們會認為你所花的錢不正是跟他們的交易所得到的利益嗎？因而對公司產生不信任感，更可能導致生意告吹。」

洛克斐勒將語氣緩和一些說道：「我們的錢有兩種用途，一種是投資事業，期待著高收益；一種是透過消費來得到快樂與幸福。」

「但在花錢這一問題上，如果我們一直和別人做比較，那麼，我們的開支將會越來越大，存款也會越來越少，能用在投資上的錢也越來越少。因此，我們必須控制住自己花錢的欲望，可維持一定程度的生活水準便足矣，在此之上的寬裕不妨視之為自己努力的額外報酬——正餐後的甜點吧。」

西恩若有所思地說：「爸爸，或許真的是我錯了，我會加以改正的。」

「西恩，我並不是要你去過貧苦、苦行僧似的生活，而是要樹立正確的金錢觀。錢財有著極大的用處的，累積財富的過程也不容易，但敗家卻很簡單；如果你害怕自己控制不住自己花錢的話習慣，那不如將這些錢幫助那些需要幫助的人，世上這些人實在太多了。」

總之，生活中的年輕人，如果你心中有個財富夢，那麼，在追求財富的同時，你還要樹立正確的金錢觀，決不能揮霍無度，適度消費、理性投資會幫助你賺取更多的財富，當然，在擁有一定的財富後，你還應該感恩社會、將你的財富發揮其正確的價值！

我們是否擁有財富與我們對待財富的態度和創富過程中明智的選擇關係極大。金錢的奧妙無窮，創富的過程也很複雜、艱難，所以，一個人要成功創富，那絕對少不了對金錢的正確態度。

不管是李嘉誠早期那困苦的人生經歷，還是現今飛黃騰達的富豪人生，他的做人態度跟習慣，都不曾隨著時間而改變，他依舊謹記父親的教導，時時審視自己；因此，對於李嘉誠，我們要學得不光是他獨到的投資眼光，還有他做人做事的態度。唯有學會做人、做事，我們才能邁向成

功，倘若我們只曉得經商而不會做人，勢必會損失許多機會，兩者的關係是相輔相成，環環相扣的。

 **李嘉誠語錄**

「貪婪是最真實的貧窮，滿足是最真實的財富。」

李嘉誠大事年表 Chronology of events

<table>
<tr><td rowspan="4">命運乖舛</td><td>1928</td><td>• 7 月 29 日，李嘉誠在廣東潮州出生。</td></tr>
<tr><td>1932</td><td>• 9 月進入北門街觀海寺小學就讀。</td></tr>
<tr><td>1940</td><td>• 因七七事變（1937 年）爆發中日戰爭，為躲避日軍侵略，全家逃難至香港，投靠舅舅莊靜庵。</td></tr>
<tr><td>1943</td><td>• 父親李雲經病逝。為養活母親和三名弟妹，李嘉誠被迫輟學，踏入社會謀生，開始學徒、工人、業務員生活，但仍利用工作閒暇時間自行進修、學習。</td></tr>
<tr><td rowspan="9"></td><td>1948</td><td>• 李嘉誠 20 歲便已任職塑膠公司業務經理、總經理。</td></tr>
<tr><td>1950</td><td>• 李嘉誠離開塑膠公司，在筲箕灣自行創辦塑膠廠，命名為「長江塑膠廠」。</td></tr>
<tr><td>1957</td><td>• 長江塑膠廠移址，移至北角工業大樓，並更名為「長江工業有限公司」，積極發展塑膠花及其他塑膠製品。</td></tr>
<tr><td>1958</td><td>• 開始拓展地產業，先後在北角（1958 年）、柴灣（1960 年）建造了兩座工業大廈。</td></tr>
<tr><td>1963</td><td>• 李嘉誠與莊月明（其表妹）共結連理。</td></tr>
<tr><td>1964</td><td>• 8 月 1 日，長子李澤鉅出生。</td></tr>
<tr><td>1966</td><td>• 11 月 8 日，次子李澤楷出生。</td></tr>
<tr><td>1967</td><td>• 香港左派（親中人士）發生暴動，致使地價暴跌，李嘉誠趁勢以低價購入大批土地儲備。</td></tr>
<tr><td>1971</td><td>• 李嘉誠成立長江地產有限公司，集中所有資源，全力發展房地產業。</td></tr>
<tr><td>事業起步</td><td>1972</td><td>• 「長江地產有限公司」更名為「長江實業地產有限公司」，其股票在香港證券交易所、遠東交易所、金銀證券交易所掛牌上市。</td></tr>
</table>

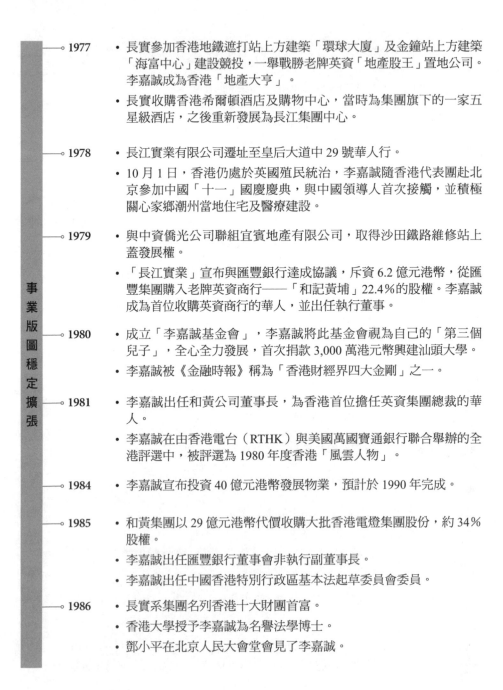

事業版圖穩定擴張

1977
- 長實參加香港地鐵遮打站上方建築「環球大廈」及金鐘站上方建築「海富中心」建設競投，一舉戰勝老牌英資「地產股王」置地公司。李嘉誠成為香港「地產大亨」。
- 長實收購香港希爾頓酒店及購物中心，當時為集團旗下的一家五星級酒店，之後重新發展為長江集團中心。

1978
- 長江實業有限公司遷址至皇后大道中 29 號華人行。
- 10 月 1 日，香港仍處於英國殖民統治，李嘉誠隨香港代表團赴北京參加中國「十一」國慶慶典，與中國領導人首次接觸，並積極關心家鄉潮州當地住宅及醫療建設。

1979
- 與中資僑光公司聯組宜賓地產有限公司，取得沙田鐵路維修站上蓋發展權。
- 「長江實業」宣布與匯豐銀行達成協議，斥資 6.2 億元港幣，從匯豐集團購入老牌英資商行──「和記黃埔」22.4％的股權。李嘉誠成為首位收購英資商行的華人，並出任執行董事。

1980
- 成立「李嘉誠基金會」，李嘉誠將此基金會視為自己的「第三個兒子」，全心全力發展，首次捐款 3,000 萬港元幣興建汕頭大學。
- 李嘉誠被《金融時報》稱為「香港財經界四大金剛」之一。

1981
- 李嘉誠出任和黃公司董事長，為香港首位擔任英資集團總裁的華人。
- 李嘉誠在由香港電台（RTHK）與美國萬國寶通銀行聯合舉辦的全港評選中，被評選為 1980 年度香港「風雲人物」。

1984
- 李嘉誠宣布投資 40 億元港幣發展物業，預計於 1990 年完成。

1985
- 和黃集團以 29 億元港幣代價收購大批香港電燈集團股份，約 34％股權。
- 李嘉誠出任匯豐銀行董事會非執行副董事長。
- 李嘉誠出任中國香港特別行政區基本法起草委員會委員。

1986
- 長實系集團名列香港十大財團首富。
- 香港大學授予李嘉誠為名譽法學博士。
- 鄧小平在北京人民大會堂會見了李嘉誠。

304

事業版圖穩定擴張

1987
- 李嘉誠出任汕頭大學校董事會名譽主席。
- 和黃集團收購加拿大赫斯基石油 43% 權益,開始向海外拓展業務。
- 《富比士》初設立全球富豪榜,李嘉誠即上榜。

1988
- 李嘉誠與李兆基及鄭裕彤,成功奪得溫哥華 1986 年世界博覽會舊址的發展權。又與李兆基、邵逸夫、周文軒、曹文錦等合作,競標投得新加坡展覽中心發展權。

1989
- 李嘉誠獲加拿大卡爾加里大學頒發的榮譽法學博士銜。

1990
- 夫人莊月明女士突發心臟病逝世。
- 宣布投資 135 億港幣發展藍田匯景花園、茶果嶺麗港城及天水圍發展嘉湖山莊計畫。
- 李嘉誠出席汕頭市第四屆迎春聯歡節晚會,時任汕頭市市長陳燕發向李嘉誠頒發「汕頭市榮譽市民」證書及金鑰匙。同年,汕頭大學落成。
- 和黃集團與英國大東電報局及中信集團合作,發射亞洲第一枚通訊衛星「亞洲衛星一號」升空成功。
- 時任香港總督衛奕信向李嘉誠頒發「商業成就獎」。

1991
- 李嘉誠以長實系四大公司(長實、和黃、嘉宏、港燈)名義捐款 5,000 萬元港幣援助華東災區。
- 李嘉誠及其長實集團購入加拿大赫斯基石油公司 95% 股份。
- 李嘉誠基金會對汕頭大學捐款達 6.5 億元港幣。

1992
- 時任中共中央總書記江澤民會見李嘉誠。同年被聘為「港事顧問」。
- 李嘉誠辭去香港上海匯豐銀行董事會副董事長職務。
- 在深圳成立合資的深圳長和實業有限公司。
- 李嘉誠參加中、港、台攜手聯組的海南洋浦土地開發有限公司的投資,開發洋浦自由港及投資地產。
- 李嘉誠受聘為廣州中華民族文化促進會名譽會長。

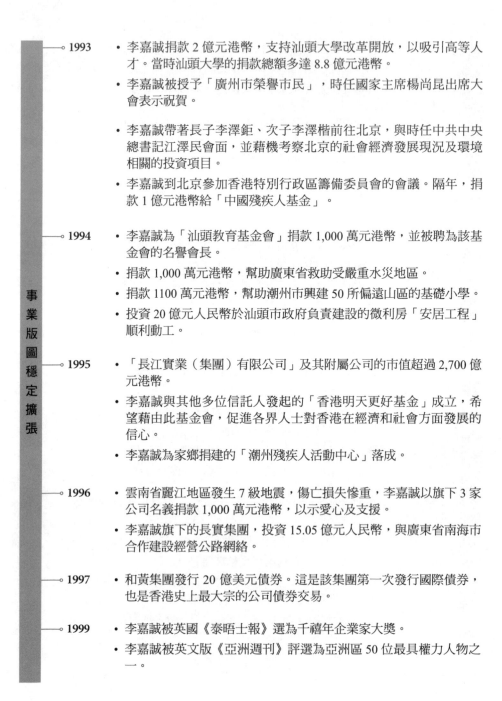

1993
- 李嘉誠捐款 2 億元港幣，支持汕頭大學改革開放，以吸引高等人才。當時汕頭大學的捐款總額多達 8.8 億元港幣。
- 李嘉誠被授予「廣州市榮譽市民」，時任國家主席楊尚昆出席大會表示祝賀。
- 李嘉誠帶著長子李澤鉅、次子李澤楷前往北京，與時任中共中央總書記江澤民會面，並藉機考察北京的社會經濟發展現況及環境相關的投資項目。
- 李嘉誠到北京參加香港特別行政區籌備委員會的會議。隔年，捐款 1 億元港幣給「中國殘疾人基金」。

1994
- 李嘉誠為「汕頭教育基金會」捐款 1,000 萬元港幣，並被聘為該基金會的名譽會長。
- 捐款 1,000 萬元港幣，幫助廣東省救助受嚴重水災地區。
- 捐款 1100 萬元港幣，幫助潮州市興建 50 所偏遠山區的基礎小學。
- 投資 20 億元人民幣於汕頭市政府負責建設的微利房「安居工程」順利動工。

1995
- 「長江實業（集團）有限公司」及其附屬公司的市值超過 2,700 億元港幣。
- 李嘉誠與其他多位信託人發起的「香港明天更好基金」成立，希望藉由此基金會，促進各界人士對香港在經濟和社會方面發展的信心。
- 李嘉誠為家鄉捐建的「潮州殘疾人活動中心」落成。

1996
- 雲南省麗江地區發生 7 級地震，傷亡損失慘重，李嘉誠以旗下 3 家公司名義捐款 1,000 萬元港幣，以示愛心及支援。
- 李嘉誠旗下的長實集團，投資 15.05 億元人民幣，與廣東省南海市合作建設經營公路網絡。

1997
- 和黃集團發行 20 億美元債券。這是該集團第一次發行國際債券，也是香港史上最大宗的公司債券交易。

1999
- 李嘉誠被英國《泰晤士報》選為千禧年企業家大獎。
- 李嘉誠被英文版《亞洲週刊》評選為亞洲區 50 位最具權力人物之一。

事業版圖穩定擴張

事業版圖穩定擴張

- 《富比士》世界富豪排名榜中，李嘉誠排名第 10 名，首度超越李兆基資產，成為新一代華人首富。
- 李嘉誠獲英國劍橋大學榮譽法學博士。

2001
- 李嘉誠基金會開始實施「寧養計畫」，提升公立醫院寧養設備及用品，讓癌症病人能得到妥善的醫療照護，並額外設立 8 間寧養中心。
- 長江實業（集團）有限公司及聯營的和記黃埔有限公司被《亞洲週刊》評為「2001 年國際華商 500 強」冠亞軍。
- 旗下 TOM 集團以 8,530 萬港幣（台幣為 3 億 8,000 萬元）收購台灣最大的青少年中文雜誌與書籍出版集團尖端出版社，取得台灣青少年雜誌市場的領導地位。
- 旗下 TOM 集團收購城邦集團（台灣主要中文雜誌與書刊出版商），讓 TOM 成為台灣最大的雜誌圖書出版集團投資者，並搭建起大中華地區最大的中文印刷媒體平台。當時收購價高達 3 億 7,000 萬元港幣（折合台幣約為 16 億 5,000 萬元）。

2002
- 《富比士》世界富豪排名第 23 位，資產 100 億美元，連 3 任華人首富。

2003
- 和記黃埔公司實際挹注 1.17 億美元（折合台幣約為 35.1 億元）與同仁堂組成「同仁堂和記醫藥投資公司」，占 49％的股份。
- 李嘉誠在《富比士》世界富豪榜排名第 28 位，以 124 億美元資產，蟬聯華人首富。

2004
- 和記黃埔與廣州白雲山合資成立廣州白雲山和記黃埔中藥有限公司。合資公司投資總額為 3.45 億元，註冊資本 2 億元，雙方各占 50％股份。
- 南亞海嘯，李嘉誠透過旗下的和記黃埔及李嘉誠基金會，捐出 300 萬美元至受災地區。
- 李澤鉅代表公司捐贈港幣 1 億元，用於建設中國國家游泳中心「水立方」。
- 李嘉誠在《富比士》世界富豪榜排名第 19 位，以 170 億美元資產，蟬聯華人首富。

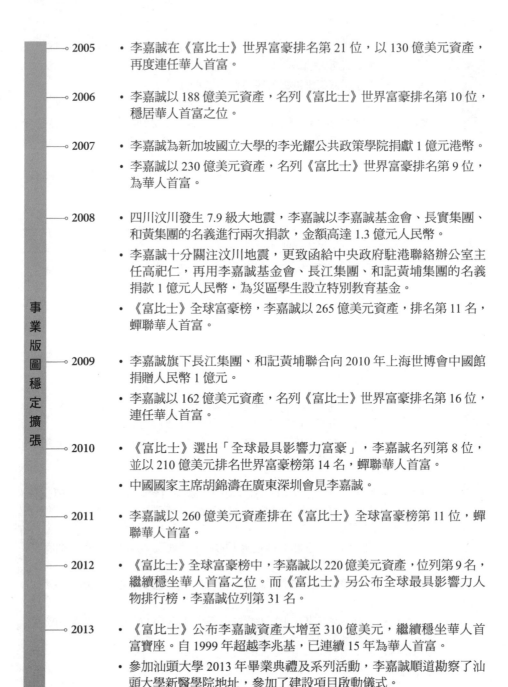

2005
- 李嘉誠在《富比士》世界富豪排名第 21 位，以 130 億美元資產，再度連任華人首富。

2006
- 李嘉誠以 188 億美元資產，名列《富比士》世界富豪排名第 10 位，穩居華人首富之位。

2007
- 李嘉誠為新加坡國立大學的李光耀公共政策學院捐獻 1 億元港幣。
- 李嘉誠以 230 億美元資產，名列《富比士》世界富豪排名第 9 位，為華人首富。

2008
- 四川汶川發生 7.9 級大地震，李嘉誠以李嘉誠基金會、長實集團、和黃集團的名義進行兩次捐款，金額高達 1.3 億元人民幣。
- 李嘉誠十分關注汶川地震，更致函給中央政府駐港聯絡辦公室主任高祀仁，再用李嘉誠基金會、長江集團、和記黃埔集團的名義捐款 1 億元人民幣，為災區學生設立特別教育基金。
- 《富比士》全球富豪榜，李嘉誠以 265 億美元資產，排名第 11 名，蟬聯華人首富。

2009
- 李嘉誠旗下長江集團、和記黃埔聯合向 2010 年上海世博會中國館捐贈人民幣 1 億元。
- 李嘉誠以 162 億美元資產，名列《富比士》世界富豪排名第 16 位，連任華人首富。

2010
- 《富比士》選出「全球最具影響力富豪」，李嘉誠名列第 8 位，並以 210 億美元排名世界富豪榜第 14 名，蟬聯華人首富。
- 中國國家主席胡錦濤在廣東深圳會見李嘉誠。

2011
- 李嘉誠以 260 億美元資產排在《富比士》全球富豪榜第 11 位，蟬聯華人首富。

2012
- 《富比士》全球富豪榜中，李嘉誠以 220 億美元資產，位列第 9 名，繼續穩坐華人首富之位。而《富比士》另公布全球最具影響力人物排行榜，李嘉誠位列第 31 名。

2013
- 《富比士》公布李嘉誠資產大增至 310 億美元，繼續穩坐華人首富寶座。自 1999 年超越李兆基，已連續 15 年為華人首富。
- 參加汕頭大學 2013 年畢業典禮及系列活動，李嘉誠順道勘察了汕頭大學新醫學院地址，參加了建設項目啟動儀式。

事業版圖穩定擴張

事業版圖穩定擴張

- 李嘉誠透過旗下的風投公司 Horizons Ventures 投資一家國外比特幣支付初創公司 BitPay。

2014

- 李嘉誠將屈臣氏近 25% 股份（約 440 億元港幣）賣給新加坡主權基金淡馬錫，獲現超過 710 億元港幣。

- 李嘉誠收購愛爾蘭 Awas 航空租賃公司旗下約 100 架飛機資產，為李嘉誠自 2010 年來最大的收購交易。

- 李嘉誠資產維持在 310 億美元，位列《富比士》富豪榜第 20 名，仍居華人首富之位。

2015

- 長實集團與和記黃埔集團進行重組，將兩個集團的業務合併，並創立「長江和記實業有限公司」，以整合兩集團的非房地產業務，及原先在長江實業地產有限公司底下的房地產業務；重組主要目的為創造股東價值、理順業務範疇，加強公司透明度。

- 《富比士》全球富豪榜，李嘉誠以 333 億美元資產，位列排行榜第 17 名，蟬聯華人首富。

2016

- 《富比士》全球富豪榜公布，中國王建林先生以 287 億美元資產，排名第 18 名，超越李嘉誠的 271 億美元資產，將李嘉誠擠下長達 17 年的華人首富之位。

2017

- 李嘉誠以 312 億美元資產，位列《富比士》全球富豪榜單第 19 名，與新一代華人首富王建林（全球富豪榜第 18 名）相差 1 億美元資產，位居華人富豪榜第 2 位。

- 新聞爆出李嘉誠將對汕頭大學撤資，結束長久的資助關係。李嘉誠一直以來皆直接將款項捐給學院，但校方以「學院聘請教授、教師，或者舉辦活動都應先經過學校批准」為由，致使雙方意見不合，讓李嘉誠萌生撤資念頭。但之後李嘉誠基金會與汕頭大學雙方分別公開否認撤資消息，基金會更發表聲明，將持續對教育投入資源，並表示汕頭大學對李嘉誠而言是超越生命的承諾。

退休後致力於公益

2018

- 《富比士》全球富豪榜公布，李嘉誠以 349 億美元資產，位列排行榜第 23 名。

- 5月，李嘉誠舉行股東大會，宣布退任，結束了 46 年的董事局主席生涯，轉任長和資深顧問。長和由其長子李澤鉅升任董事局主席。

2019

- 《富比士》全球富豪榜公布，李嘉誠以 317 億美元資產，位列排行榜第 28 名。

- 夏季香港爆發大規模《反對逃犯條例修訂草案》運動（反送中運動），8 月 16 日李嘉誠以「一個香港市民李嘉誠」的名義，於香港主要報章頭版或內頁刊登全版廣告，他認為香港長期繁榮穩定，繫於一國兩制行穩致遠，今日香港要停止暴力，堅守法治。

- 11 月，李嘉誠基金會鑒於全球經濟疲弱，外加反修例運動的衝擊，宣佈以 10 億港元幫助香港中小企業步出營運困難，分為三期發放，主要發放行業包含飲食業、零售業、旅遊業及小販同業。

2020

- 面對新型冠狀病毒疫情，李嘉誠基金會捐款港幣 1 億元，支援武漢前線醫護抗疫。

- 《富比士》全球富豪榜公布，香港李兆基先生以 281 億美元資產，排名第 26 名，超越李嘉誠的 217 億美元資產，將李嘉誠擠下香港首富之位。

- 9 月，李嘉誠基金會同時向本地四間大學捐資共 1 億 7,000 萬港元，以支持多個科技項目，協助香港提升實質競爭力，受惠院校包括香港大學李嘉誠醫學院、香港中文大學醫學院、香港科技大學，以及香港教育大學。

2021

- 1 月，李嘉誠基金會捐款 2,000 萬港元，資助寶血醫院（明愛）全膝關節置換手術計畫。

- 《富比士》全球富豪榜公布，李嘉誠以 354 億美元資產，重登香港首富之位。

- 4 月，李嘉誠基金會捐資 3,000 萬港元，提升香港中文大學李嘉誠健康科學研究所科研空間及設施。同月，捐款 400 萬港元資助香港腎臟基金會「家居血液透析」項目。

- 6 月，長江集團聯同李嘉誠基金會宣布送出港幣 2,000 萬元的禮券，舉行抽獎，鼓勵市民接種疫苗。

- 由於寶血醫院（明愛）全膝關節置換手術計畫第一期的反應非常熱烈，李嘉誠基金會因此於 7 月增加 2,000 萬港元資助，與寶血醫院合作續推第二期。兩期共捐資 4,000 萬港元，惠及逾 500 名患者。

退休後致力於公益

2022
- 2月至3月，李嘉誠基金會因應2019冠狀病毒病香港疫情，捐6,000萬港元給香港私家醫院接收公立醫院非染疫病人，另外捐500萬港元，給護理安老院購置防疫抗疫物資和應急之用。
- 《富比士》香港50大富豪排行榜公布，李嘉誠以360億美元資產，蟬聯香港首富。
- 4月，李嘉誠旗下公司和越南在地的萬盛發集團及日本的歐力士集團，共同投資越南的地產項目，當地媒體也報導李嘉誠和胡志明市長相見歡。
- 5月，基金會聯同長江集團各捐款300萬港元公益金及時抗疫基金。5至6月，500萬港元支持香港護理專科學院推動專科護士持續教育，1.5億港元助香港中文大學醫學院科研經費，支持香港教育大學普及AI教育課程。
- 7月，人民幣1,000萬元捐助汕頭大學醫學院第一及第二附屬醫院腎透析患者輔助項目。

2023
- 《富比士》香港50大富豪排行榜公布，李嘉誠以390億美元資產，蟬聯香港首富之位。
- 4月，人民幣1億元資助潮州市人民醫院新建綜合樓。
- 6月，李嘉誠長孫女李思德任長實集團企業業務發展部經理。李嘉誠家族第三代正式亮相。
- 8月，1,000萬元人民幣資助汕頭大學醫學院附屬醫院貧困病人補助項目。捐款港幣100萬元，與香港歌劇院合作推出「李嘉誠基金會與香港歌劇院青年歌唱家海外交流計畫」，以支持培育本地藝術家。同月，大公報報導指出，李嘉誠在2019年反修例事件期間，透過李嘉誠基金會向警察福利基金捐出4,000萬元，以支持紀律部隊「止暴制亂」。
- 9至10月，逾6,000萬港元資助香港大學李嘉誠醫學院及香港中文大學醫學院提升人工智慧的教學應用，及支持香港教育大學推動AI普及認知教育。

2024
- 《富比士》香港50大富豪排行榜公布，李嘉誠以362億美元資產蟬聯香港首富。
- 3月，港幣1,000萬元支持養和醫院「心臟導管介入資助計畫」。

2025
- 李嘉誠早在2023年就大膽預測2025年的房價將會迎來大調整，賤如白菜沒人要？！

長江支流一覽
Structure of CK

李嘉誠

為整合長實及和黃旗下房地產業務而創立。

| 李嘉誠基金會（1980 年創立） | …慈善機構… | 長江和記實業（2015 年合併創立） |

由李嘉誠創辦，希望更有系統地資助香港及世界各地有需要的機構。並透過教育加強人力和文化資源及醫療專案，建立一個關懷的社會。

李嘉誠基金會分支：
- 其他公益項目
- 奉獻文化
- 醫療發展
- 教育改革
  - 長江商學院（於 2002 年創立。）
  - 汕頭大學（於 1980 年創立。）

李嘉誠每年都會出席汕頭大學畢業典禮，並上台致詞。

長江和記實業分支：
- 其他產業
  - 長江生命科技集團（於 2000 年創立。）
  - TOM 集團（於 2000 年創立。）
  - 和黃中國醫藥科技（於 2006 年從和記黃埔拆分，獨立上市。）
  - Hutchison Telecommunications (Australia) Limited
- 電訊產業
  - 和記電訊香港（此為香港上市公司，另有亞洲集團負責其他地區業務。）
- 能業產業
  - 赫斯基能源（集團於 1987 年收購。）
- 基礎建設
  - 長江基建集團（於 1996 年創立。）

312

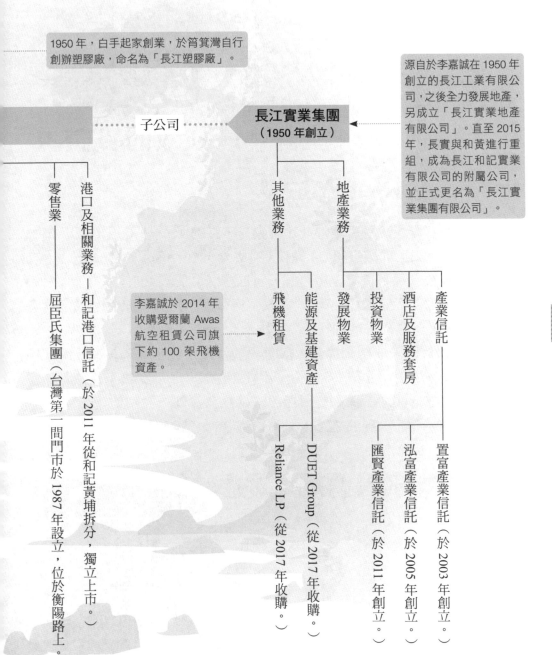

1950 年，白手起家創業，於筲箕灣自行創辦塑膠廠，命名為「長江塑膠廠」。

源自於李嘉誠在 1950 年創立的長江工業有限公司，之後全力發展地產，另成立「長江實業地產有限公司」。直至 2015 年，長實與和黃進行重組，成為長江和記實業有限公司的附屬公司，並正式更名為「長江實業集團有限公司」。

長江實業集團
（1950 年創立）

······ 子公司 ······

其他業務

地產業務

李嘉誠於 2014 年收購愛爾蘭 Awas 航空租賃公司旗下約 100 架飛機資產。

飛機租賃

能源及基建資產

發展物業

投資物業

酒店及服務套房

產業信託

Reliance LP（從 2017 年收購。）

DUET Group（從 2017 年收購。）

匯賢產業信託（於 2011 年創立。）

泓富產業信託（於 2005 年創立。）

置富產業信託（於 2003 年創立。）

零售業

港口及相關業務

屈臣氏集團（台灣第一間門市於 1987 年設立，位於衡陽路上。）

和記港口信託（於 2011 年從和記黃埔拆分，獨立上市。）

313

史上最神奇的24堂課

被禁 70 年的全美歷史上最具影響力的潛能訓練課
任何導師都不願意教給弟子的秘密課程
促成比爾‧蓋茲輟學創業的「私密教程」
如今想一窺其神奇之奧秘並學習的朋友有福了，

「史上最強の24堂課」最強效的實體課
震撼登場！！

　　被政商各界精英聯手隱秘百年的成功禁書──查爾斯‧F‧哈尼爾 (Charles F.Haanel) 創作的《史上最神奇的 24 堂課 (The Master Key System)》，市面上的翻譯本多達數十種，書本容易取得，但針對這 24 堂課開設的實體課卻很少。在智慧型立体學習平台的精心策劃與籌備下，耗時 10 年的時間結合當代各大師開課，推出為期兩年的系列課程，堪稱培訓史上最強工程！

　　你過去在學校教育、成功學書籍、課程、演講裡，找不到的答案、解決不了的問題，都可以在「史上最強 24 堂課」中找到並解決。我們將有系統地透過內外兼修的最佳教程，助你發揮內在潛能、鍛鍊外在技能，完整傳授擁有**雙能**(能量＆能力) 的秘訣，讓你成為不被時代淘汰的大贏家！

引爆你的潛能，翻身逆襲 !!

本質競爭力

核心競爭力

KEY MASTER

能量、認知
思維、價值

能力、資源
人脈、圈子

挖掘你內心巨大的能量

最偉大的財富存在於內心的潛在力量
百年來最具影響力的「潛能開發訓練體系」
開啟財富與成功的金鑰匙——
史上最強 **24** 堂課

「史上最強 24 堂課」是全台唯一最完整、強效的個人天賦潛能開發體系，既有修練身心靈的潛意識訓練法，又有指導我們走向成功的方法與技能。這套潛能開發財富訓練生命改造計畫為期 2 年，每月上 1 堂 2 整天實體課，共 24 堂，提供了：**啟動潛意識｜潛能訓練｜思維開發｜培育自信力｜視覺化目標｜重塑人格與價值｜建構和實現夢想｜靈活思考訓練營｜暢銷書作者班｜公眾演說班｜AI 技巧實戰班｜借力眾籌班｜催眠式銷售訓練營｜ESBI 創富腦革命｜無風險創業**……等系列課程，將理論與實踐相結合，通過反覆對心靈的訓練來強化思想，你將學會如何開發無限潛能，並下定決心做出改變，訓練出更強大的自己，邁向巔峰！將財富、成功、健康、幸福盡握手中！

①
24堂課程
（理論＋實踐）

②
人生答案書
&最神奇的
內在力量書

③
**原版
英文書**

④
**繁體
中文版**

史上最強
24
堂課
完整版大全集

想知道蘋果賈伯斯、成功學之父拿破崙‧希爾、香港首富李嘉誠等成功人士獲得巨大財富的秘密嗎？

立即掃描 QR 碼，報名卡位！

上課時間 ◎ 開學日 2025.1/4 & 1/5

✓ 每月第一個週六及其後的週日開課
　（遇國定假日上課日期順延）

✓ 每一堂為 2 日全天班

✓ 每月 1 堂課，24 堂課需 2 年學成，可接受
　複訓，至功成名就為止！

學費 ◎ 兩年24堂課，定價 ＄998,000元

更多詳情請至〔新絲路網路書店〕查閱或撥打
📞 客服專線 02-8245-8318

真永是真

指引人生大道的明燈！
真理指引の知識服務

跨時代 ☑
跨領域 ☑
融匯古今 ☑
中西互證 ☑

「**真永是真**」人生大道，
條條是經典，字字是真理！王天晴大師率智慧型立
体知識服務團隊精選 999 個真理，打造「**真永是真**」
人生大道叢書，每一個真理均搭配書籍、視頻、課程等，並融入了數千本書的
知識點、古今中外成功人士的智慧，全體系應用，讓你化盲點為轉機，為迷航
人生提供真確的指引明燈！

333
本書

課程
演講

影音
視頻

999篇
真理

Mook
20鉅冊

……共 999 篇

真永是真

真讀書會 生日趴＆大咖聚

真讀書會來了！解你的知識焦慮症！

在王天晴大師的引導下，上千本書的知識點全都融入到每一場演講裡，讓您不僅能「獲取知識」，更「引發思考」，進而「做出改變」；如果您想體驗有別於導讀會形式的讀書會，歡迎來參加「真永是真‧真讀書會」，真智慧也！

2024 場次	2025 場次	2026 場次
11/2（六）	11/2（日）	11/7（六）
13:00~21:00	13:00~21:00	13:00~21:00

📍 地點：新店台北矽谷國際會議中心
（新北市新店區北新路三段 223 號捷運大坪林站）

立即報名

★ 超越《四庫全書》的「真永是真」人生大道叢書 ★

	中華文化瑰寶 清《四庫全書》	當代華文至寶 真永是真人生大道	絕世歷史珍寶 明《永樂大典》
總字數	8 億 勝	8 千萬字	3.7 億
冊數	36,304 冊 勝	353 本鉅冊	11,095 冊
延伸學習	無	視頻＆演講課程 勝	無
電子書	有	有 勝	無
NFT＆NFR	無	有 勝	無
實用性	有些已過時	符合現代應用 勝	已失散
叢書完整與可及性	收藏在故宮	完整且隨時可購閱 勝	大部分失散
可讀性	艱澀的文言文	現代白話文，易讀易懂 勝	深奧古文
國際版權	無	有 勝	無
歷史價值	1782 年成書	2024 年出版 勝 最晚成書，以現代的視角、觀點撰寫，最符合趨勢應用，後出轉精！	1407 年完成 勝 成書時間最早，珍貴的古董典籍。

> 「真永是真」人生大道叢書，將是史上最偉大的知識服務智慧型工程！堪比《四庫全書》、《永樂大典》，收錄的是古今通用的道理，具實用性跨界整合的智慧，絕對值得典藏！

更多課程請洽（02）8245-8318 或上 silkbook○com www.silkbook.com 查詢

從創意到暢銷・從素人到權威

華文自資出版平台
為您全程護航！

華文最強專業
出版經紀人

**不是出書就能知識變現，
　你必須出版一本暢銷書！**

在知識爆炸時代，書籍需具市場影響力才能
變現。華文自費出版平台憑藉豐富經驗和市
場洞察力，提供從內容策劃到行銷推廣的全
方位服務，助您塑造品牌，打造超級IP，實
現真正的知識變現！

6 大卓越服務，創造出版奇蹟！

POINT 1 *Publishing Strategy*
**出版布局，
提升品牌認可度**
透過精心策劃提高您書籍的行業
內外認可度，同時強化您的專業
品牌形象。

POINT 2 *Customized Service*
**專屬客製出版，
滿足個性化需求**
提供客製化的出版服務，從封面
設計到內容布局，都根據您的需
求和市場目標量身定制。

POINT 3 *Distribution & Marketing*
**最強發行網絡與行銷推廣，
造就暢銷書**
利用豐富市場經驗和策略，將您
的書打造成暢銷書，線上線下全
方位推廣達到最大市場影響力。

POINT 4 *Author Testimonials*
千位作者口碑見證
協助千餘位中台港澳及東南亞素
人作家出書，建立專業形象，吸
引目標客戶，高效市場引流。

POINT 5 *Standard Operating Procedure*
標準SOP，保證高效出版
嚴格標準作業程序，精密計劃與
執行，確保從稿件接收到書籍上
市的高效和順利。

POINT 6 *Copyright Transaction*
簡繁體版雙贏
成功輔導數百位素人作者出版簡
繁體版中文書，獲得高額簡體版
版稅，實現財富自由！

華文自助出版平台 *www.book4u.com.tw/mybook/*
讓您的書成為下一個暢銷傳奇！

 諮詢信箱：mybook@book4u.com.tw　　　或掃描QR碼

國家圖書館出版品預行編目資料

從細流到長江——李嘉誠首富傳奇／王擎天 著.. --
初版. -- 新北市：創見文化出版, 采舍國際有限公司
發行, 2018.03　面；公分--（成功良品；102）
ISBN 978-986-271-806-3（平裝）

1. 李嘉誠　2. 組織管理　3. 傳記　4. 職場成功法

782.887　　　　　　　　　　　　　106023659

成功良品 102

從細流到長江——李嘉誠首富傳奇

創見文化 · 智慧的銳眼

出版者／創見文化
作者／王擎天
總編輯／歐綾纖
主編／蔡靜怡　　　　　　　　　　美術設計／May
台灣出版中心／新北市中和區中山路2段366巷10號10樓
電話／（02）2248-7896　　　　　　傳真／（02）2248-7758
ISBN／978-986-271-806-3
出版日期／2024年8月6版15刷

全球華文市場總代理／采舍國際有限公司
地址／新北市中和區中山路2段366巷10號3樓
電話／（02）8245-8786　　　　　　傳真／（02）8245-8718

全系列書系特約展示門市
新絲路網路書店
地址／新北市中和區中山路2段366巷10號10樓
電話／（02）8245-9896
網址／www.silkbook.com

創見文化 **facebook** https://www.facebook.com/successbooks
本書於兩岸之行銷（營銷）活動悉由采舍國際公司圖書行銷部規畫執行。

本書採減碳印製流程，碳足跡追蹤，並使用優質中性紙（Acid & Alkali Free）通過綠色碳中和印刷認證，符合歐盟&東盟環保要求。